Criatividade em Propaganda

Dados Internacionais de Catalogação na Publicação (CIP)
(Câmara Brasileira do Livro, SP, Brasil)

Barreto, Roberto Menna
   Criatividade em propaganda / Roberto Menna Barreto. – 15. ed. – São Paulo : Summus, 2016

   ISBN 978-85-323-0002-7

   1. Criatividade 2. Propaganda I. Título

04-0696   CDD-659.101

Índices para catálogo sistemático:

1. Criatividade em propaganda   659.101
2. Propaganda: Criatividade   659.101

Compre em lugar de fotocopiar.
Cada real que você dá por um livro recompensa seus autores
e os convida a produzir mais sobre o tema;
incentiva seus editores a encomendar, traduzir e publicar
outras obras sobre o assunto;
e paga aos livreiros por estocar e levar até você livros
para a sua informação e o seu entretenimento.
Cada real que você dá pela fotocópia não-autorizada de um livro
financia um crime
e ajuda a matar a produção intelectual.

Criatividade em Propaganda

Roberto Menna Barreto

summus editorial

CRIATIVIDADE EM PROPAGANDA
Copyright © 1978, 1982, 2004 by Roberto Menna Barreto
Direitos desta edição reservados por Summus Editorial.

Capa: **Camila Mesquita**

Baseada na capa da 1ª edição de Rodrigo Octávio

Impressão: **Sumago Gráfica Editorial**

Este livro teve sua 1ª edição publicada em
co-edição com a Escola Superior de Propaganda e Marketing
por ocasião do 25º aniversário de sua fundação.

Summus Editorial
Departamento editorial:
Rua Itapicuru, 613 – 7º andar
05006-000 – São Paulo – SP
Fone: (11) 3872-3322
Fax: (11) 3872-7476
http://www.summus.com.br
e-mail: summus@summus.com.br

Atendimento ao consumidor:
Summus Editorial
Fone (11) 3865-9890

Vendas por atacado:
Fone (11) 3873-8638
Fax (11) 3872-7476
e-mail: vendas@summus.com.br

Impresso no Brasil

A MEUS AMIGOS,

Cid Pacheco
Francisco Marcelo Cabral

As pessoas que vencem neste mundo são as que procuram as circunstâncias de que precisam e, quando não as encontram, as criam.

(Bernard Shaw)

A verdade é nua para que cada um a vista como queira.

(anônimo)

sumário

Prefácio à 12ª edição 11

Introdução à 3ª edição 15

Introdução à 2ª edição 17

Um prefácio múltiplo (por Marcos Margulies) 19

Introdução 21

1. Os labirintos da iniciação 23

2. Inspiração 39

3. Sua cabeça está a prêmio 51

4. O problema principal... é descobrir o problema 71

5. Teorias: tudo o que você não precisa saber sobre elas 85

6. Criando para que outros creiam... e façam! 107

7. Criatividade tem hora! 127

8. O homem criativo: o que faz, como vive, quem é 147

9. Som! Luzes! Ação! (Propaganda sendo feita) 171

10. Criatividade visual 181

11. Criatividade editorial 199

12. Televisão: tudo diferente, só que a mesma coisa 237

13. Revisão. Integração. Testes. 249

14. À guisa de encerramento 273

prefácio à 12ª edição

Por que este livro fala de Fuscas que custam um milhão e trezentos mil cruzeiros...

Meus editores já sugeriram que eu atualizasse *Criatividade em Propaganda*, escrito em 1981 e publicado em 1982.

Alegam que fica estranho continuar editando livro que tem informações como: "o professor que tem 300.000 cruzeiros disponíveis, o que não é nem um quarto do preço do seu fusca... etc. etc." numa época em que o cruzeiro há muito não existe mais, nem o cruzeiro novo, nem o cruzado que o sucedeu, e, mesmo que existissem, o preço do Fusca jamais se manteria o mesmo daquela época, somado ao fato de que o próprio Fusca também não existe mais...

Eu lhes respondo que atualizar *Criatividade em Propaganda* seria, a meu ver, inegável exercício de adulteração.

Além de missão impossível.

Missão impossível

Estou há mais de 18 anos longe do mundo das agências – depois de ter conseguido o que José Roberto Whitacker Penteado (pai) considerava as três coisas mais difíceis de se conseguir em Propaganda: 1 – entrar; 2 – se dar bem; 3 – cair fora. Dedico-me hoje a prestar serviços de Treinamento e a dar Seminários em empresas; não teria como localizar, classificar, selecionar, comentar e inserir parte do que aconteceu, em termos de Criatividade publicitária, no Brasil, e no mundo, nessas últimas décadas.

Qualquer esforço nesse sentido resultaria, na certa, em algo capenga, incompleto, forçado, injusto, incompetente, deformado.

12 criatividade em propaganda

Adulteração

Não parte de mim a opinião de que este livro se tornou um clássico. E clássico – de acordo com um dos significados correntes do termo – é o que expressa, em sua área de abordagem, elementos de verdade atemporal, núcleos vitais de perenidade.

Qual o melhor livro jamais escrito sobre Propaganda? Possivelmente *Confissões de um Homem de Propaganda*, de David Oigilvy. Foi escrito exatamente vinte anos antes do meu. É talvez mais *atual* do que o meu...

O assunto dá pano para manga, para usar uma expressão atual. Quem se atreveria a atualizar o primeiro manual de ciência política (além de ser a primeira obra de Sociologia), muito consultado nos dias de hoje – *O Príncipe*, de Maquiavel? E o *Elogio à Loucura*, de Erasmo? Não, não, nenhuma comparação pretendida com o que escrevi. Estou apenas me divertindo em imaginar o que seria a "atualização" de um clássico...

No ano passado foi lançado, em edição corporativa, *O Diário de Negócios de Maslow* (Qualitymark). São pensamentos e ponderações acerca de gerenciamento, trabalho auto-realizável, criatividade, liderança e outros tópicos pertinentes, inclusive financeiros, escritos entre o final da década de 1950 e o início da década de 1960 (vale dizer, bem antes do impacto da computação) por um psicólogo brilhante (falecido em 1970), que deixou marcas indeléveis na sociedade e no mundo dos negócios. Seu prefaciador diz que Abraham Maslow apresentou idéias "que hoje são imperativas para o sucesso dos negócios na economia global". E mais: "dissertou acerca do empresarialismo como se estivesse descrevendo o que emana diariamente do Vale do Silício". Previsão minha, sem qualquer audácia: tais textos continuarão plenamente válidos ainda por muito tempo...

Transitoriedade e consistência

Tolos estão sempre correndo atrás da moda, da novidade, do último lançamento, da sensação mais recente, do *dernier cri* – tanto em termos de produtos, vestuário, restaurantes, *resort* de férias, quanto de teorias de Administração. Já indivíduos mais sábios, ou pelo menos realmente espertos, procuram *também*, e muito, o que é duradouro, se não mesmo o que é perene, imutável, atemporal. Arte, por exemplo, é atemporal.

Está você interessado em Criatividade? Bem, o episódio clássico do Eureka ocorreu três séculos *antes* de Cristo (com as mesmíssimas etapas que somente seriam sistematizadas por Wallas em 1926). E ocorreu com um profissional, como você e eu, às voltas com um problema do tipo daqueles que a toda hora sobram para nós dois...

Criatividade militar? A Bíblia relata, em Juízes 7:12/23, como os judeus derrotaram os madianitas, em número muito maior, "inumeráveis como gafanhotos na multidão", usando recurso surpreendente – o mesmo, *mutatis mutandis*, que Rommel empregaria, com seus tanques, para confundir os ingleses, *três mil anos depois!* Claro, em 1.000 a.C. judeus não saberiam lidar com tanques (uma técnica), mas as forças mentais que lhe garantiram a vitória, *naquela época*, mostraram ser plenamente válidas (e preciosas) no século XX, como serão, na certa, no XXI, no XXII... e por aí afora!

Há um interessantíssimo livro – *Liderança: o toque clássico* – que estuda os grandes pressupostos para a liderança desde o tempo de Homero (700 a.C.). Amigo, o que já funcionava em Homero, *e continua funcionando hoje*, é muito, MUITO confiável! Você não acha? Muito mais, penso eu, que qualquer tese "revolucionária" sobre esse assunto que apareça amanhã em *best-seller* ou na *Harvard Business Review*.

Aliás, consta que *Henrique VIII,* de Shakespeare, esgota toda a problemática, psicológica e factual, envolta no exercício da liderança humana. Montaigne erigiu, no século XVI, o que para muitos é a obra definitiva, insuperável, de auto-ajuda não religiosa. Estrategistas modernos – mesmo os de marketing – têm encontrado muito que aprender com *A Arte da Guerra,* de Sun Tzu, escrito há cerca de 2.400 anos.

E há mais um livro, que recomendo muito, cujo título original em inglês é bem instigante: *Se Aristóteles Dirigisse a General Motors* (no Brasil, *A Nova Alma do Negócio*, Campus). Ora vejam! O que grandes filósofos pregaram, ao longo dos tempos, não são curiosidades caquéticas – absurdas e ininteligíveis na cultura da empresa moderna, computadorizada, holística, globalizada. Nada disso. São premissas 100% válidas – infensas a qualquer necessidade de atualização – para serem aplicadas hoje mesmo, com lucro para todos, não só na General Motors como na Petrobras, na Lufthansa, no Banco do Brasil, em sua agência de propaganda, em seu escritório de contabilidade ou em seu estúdio de multimídia.

Mais especificamente sobre Propaganda

Em 1949, a Dover Publications, de Nova York, lançou *The 100 Greatest Advertisements*, com anúncios, alguns, de 1948, 1939, 1924, 1919, e até um de 1890 (da hoje superadíssima câmara caixote Kodak, com o soberbo slogan: *You press the button, we do the rest*). A edição esgotou-se rapidamente. Dez anos depois, a Dover reimprimiu a obra, sem necessidade alguma, é óbvio, de retirar qualquer dos 100 excelentes anúncios originais, mas vendo-se compelida a apresentar um suplemento com mais 13 peças. Hoje, um novo suplemento teria, digamos, 400 peças. Mas as 100 da primeira edição continuam plenamente merecedoras de figurar em qualquer seleção mundial.

14   criatividade em propaganda

O primeiro anúncio dessa coletânea, aliás, é citado aqui, em *Criatividade em Propaganda*. Trata-se de um mero classificado, escrito em 1900 por Ernest Shackleton, o famoso explorador, na busca de voluntários para sua expedição ao Pólo Sul: "Necessitam-se homens para uma viagem perigosa. Salários baixos, frio intenso, longos meses em completa escuridão, perigo constante, regresso duvidoso. Honra e reconhecimento em caso de êxito." Comentando mais tarde seu texto, Schackleton diria: "Parecia que todos os homens da Grã-Bretanha estavam decididos a me acompanhar, tão esmagadora foi a resposta a esse anúncio." Ninguém faria melhor em 2004.

A propósito: almoçando, em setembro de 2002, com Francisco Gracioso, presidente da Escola Superior de Propaganda e Marketing (ESPM), e vários de seus colaboradores, entre eles José Predebom e Alexandre Mathias, opinei que, para ensinar como fazer anúncios, talvez fosse uma boa idéia lançar mão, em aula, exclusivamente de excelentes exemplos surgidos durante a II Guerra ("Há um Ford no seu futuro"), ou mesmo antes, ou no máximo uma década depois. Alunos que aprendessem a coisa nessa faixa estariam, muito certamente, muito mais capacitados, *no essencial*, a criar grandes peças de persuasão em 2004 (sua atualização seria meramente técnica, formal).

Para finalizar

Não sei se me estendi demais para defender a opinião de que considero *Criatividade em Propaganda* "inatualizável".

Enquanto este livro, de 1982, bem datado, continuar vendendo, penso que sua informação básica, crucial, estará viva, preservada... e sendo absorvida.

Quando isso não mais ocorrer, este livro estará superado.

E deverá então – completado seu ciclo de vida reconhecidamente útil, desafiador mas espirituoso, alvo de críticas e admirações, e também, creio eu, aventuroso e realizado – morrer com dignidade, e ser esquecido.

Como, aliás, queira Deus que aconteça com cada um de nós.

Roberto Menna Barreto
Fevereiro de 2004

introdução à 3ª edição

Este livro se complementa com outro, que escrevi três anos mais tarde – *Análise transacional da propaganda* – também publicado por esta editora.

Se você acha que esta introdução é apenas um comercial, acrescento o seguinte: o outro é muito mais abrangente, muito mais desafiador – talvez até mais útil para você.

Não deixe também de lê-lo.

RMB

introdução à 2ª edição

Pessoas me perguntaram se *Criatividade em propaganda* ensina como ser criativo.

Eu lhes respondi contando a história daquela senhora que entrou numa loja e perguntou à vendedora:

– Eu gostaria de comprar uma camisola preta bem sensual e provocante.

– Minha senhora – respondeu a vendedora –, podemos lhe vender uma camisola preta. O resto é com a senhora...

Ao leitor interessado em ser mais sedutor e criativo em propaganda, penso que este livro pode lhe oferecer uma camisola preta...

RMB

um prefácio múltiplo

1. O prefácio do colega

Há muitos anos, trabalhei na J. Walter Thompson. Não encontrei ali Orígenes Lessa nem Roberto Menna Barreto. Do Lessa, ficou a fama, que ele deixava em todos os lugares por que passava. Do Menna Barreto sequer ficou um rastro. Contudo, naquela época, ele já começava a transmitir, não na Thompson, mas no mundo cá de fora, o seu grito da independência profissional.

Depois, durante as minhas andanças pelas agências de propaganda, o nome de Menna Barreto surgia aqui e acolá, em geral mencionado com certo espanto, talvez por ter conseguido formar "a maior agência pequena do Brasil".

Em 1975, encontrei Menna Barreto em carne e osso. Dinâmico, perspicaz, eventualmente bem-humorado, foi convidado para ministrar aulas na Escola Superior de Propaganda e Marketing, onde eu funcionava como coordenador. Como de costume, assisti à primeira aula do novo professor. E acabei assistindo a todas, junto com os estudantes: fiquei entusiasmado não só com a maneira de Menna ministrar as suas aulas, mas principalmente com o que ele ensinava. Fiquei sabendo que suas aulas na ECO – Escola de Comunicação da Universidade Federal do Rio – tinham sido registradas e datilografadas; abordei Menna a este respeito. Foi assim que nasceu este livro.

2. O prefácio do editor

Vibrei com o livro. Por inúmeras razões que o leitor na certa descobrirá desde os primeiros parágrafos. Este livro – assim creio – pode abrir muita cuca fechada por inércia. Num país de criatividade espontânea mas insuficientemente consciente, este livro pode ser até um best-seller.

Foi com estes anseios de produzir um best-seller e de contribuir para a libertação do pensamento criativo, indispensável a qualquer grupo social que não pretende se estagnar, é que decidi editá-lo. E, para ampliar a sua possibilidade comercial decidi, "criativamente", lançá-lo em companhia de outra editora, a "Summus".

20 criatividade em propaganda

Assim, este livro é uma co-edição entre duas editoras competidoras: a Summus e a Documentário*. A Escola Superior de Propaganda e Marketing concedeu seus auspícios para, com este livro, homenagear os seus 25 anos. E isto significa alguma coisa, não é?...

3. O prefácio do professor

Observo a frustrada avidez dos estudantes em saber. Sinto que o livro-texto, que a bibliografia, formam escudo para a própria insegurança do professor ou do estudante, desacostumados em enfrentar o posicionamento conquistado a partir da idéia própria. A idéia alheia, principalmente quando traduzida de um compêndio norte-americano ou francês, torna mais firme o chão que se pisa (se é que cérebro pisa sobre alguma coisa; muitas vezes apenas é pisado).

Livros indicados nas faculdades são, em geral, obras de autores suficientemente famosos para que o saber que divulgam não ameace a quem os recomenda; ou são engendrados pelas idéias suficientemente enraizadas para não criarem problemas.

Assim, não creio que este livro venha a ser indicado com muita desenvoltura pelos professores de comunicação, na verdade meus colegas. É um livro que incita à irreverência. Que louva o debate, o desacordo e até a contradição. Será que a faculdade, basicamente impositiva, tem a estrutura para agüentar isto? Será que o professor, mal pago e tratado com desapreço pela sociedade que não lhe dá condições para que dela participe plenamente, tem condições de perder, sem mais nem menos, o "status" de detentor da verdade, que Menna Barreto afirma jamais existir para um criador pensante?

Mas, também por isso, creio que o livro será lido. Pelos profissionais, indiscutivelmente. (É bom saber como um colega – e de certo modo competidor – chegou a romper as barreiras.) E pelos jovens. Que, no fundo, sabem que precisam pensar, que precisam criar, descobrir e desbravar. Porque se não o fizerem, naufragarão aos poucos, também eles, no mar da mediocridade.

Assim, a partir da confiança nestes leitores, mantenho a confiança no livro. Embora ciente de que este livro possa não encontrar seu lugar nas listas das bibliografias "institucionalizadas".

4. O prefácio do leitor

Puxa, que livro!

Marcos Margulies

---

* A partir da presente edição, será editado apenas pela Summus Editorial.

introdução

Kant ensinava que a criatividade não pode ser ensinada.

Kant, expoente máximo do idealismo subjetivo no século XVII, foi "posto de cabeça para baixo" pelos filósofos do século XIX. Mas essa sua opinião não o foi. Nem sequer no século XX.

Se eu tivesse certeza do que Kant tem certeza, eu não me meteria a dar um curso de criatividade publicitária. O que tenho certeza é que criatividade publicitária não tem muito a ver com a criatividade a que o professor de Königsberg se referia.

Assim, aceitei o desafio de tentar ensinar, nos limites máximos a que pude chegar, alguns modos de inventar e explorar possibilidades de elaboração de soluções e anúncios criativos. Essas possibilidades começam no espírito de cada um. Assim, procurei também ensinar, se possível, um estado de espírito.

Este livro, escrito à base dos resumos das aulas que dei na ECO*, foi ditado por outra razão simples: salvo engano, não há um único livro no Brasil que trate especificamente de criação publicitária. Com os resumos das aulas, escrevê-lo tornou-se tarefa fácil e obrigatória; mas também redundou num livro pouco metódico, discursivo, às vezes dispersivo. Tão dispersivo que não pôde ser intitulado "Criatividade publicitária", mas sim "Criatividade e propaganda". (Meu editor preferiu mudar o título para "Criatividade em propaganda").

Temo que contenha uma ou outra imprecisão nos seus exemplos, aspecto irrelevante no plano geral. Qualquer anúncio real que tenha sido citado desfavoravelmente, o foi antes de tudo (como qualquer pessoa inteligente perceberá) para fins meramente didáticos. Favor *não* enviar cartas à Redação.

---

* Escola de Comunicação da Universidade Federal do Rio de Janeiro.

Relendo-o, comprovo que é talvez um livro por demais opinativo, mal-comportado e livre-pensador. Reflete, nada subliminarmente, uma ou outra tentativa de autopromoção, ou de promoção de minha agência; uma ou outra irritação contra certas bobagens correntes em propaganda; uma ou outra impaciência, ao tratar de lições sobre autoconfiança, ceticismo e capacidade de *ver soluções.*

Espero que reflita também minha preocupação em ser absolutamente franco, e em ajudar quem está disposto a ser ajudado, nesse campo.

Afinal, não se pode culpar *demais* um livro por refletir seu autor.

RMB

1 os labirintos da iniciação

Pasteur formou-se com nota "medíocre" em Química, Einstein foi reprovado na Academia Politécnica, Darwin não conseguiu entrar na Faculdade de Medicina de Cambridge. "Beethoven – dizia seu professor de composição, Albrechtsberger – nunca aprendeu nem aprenderá coisa alguma. Como compositor é um caso perdido." Você também pode ser como eles. Mande seus examinadores e críticos para o inferno – e comece a viver!

Uma idéia é como um pássaro.

Em princípios de 1957 ingressei, simultaneamente, em duas instituições famosas: 1) a Faculdade Nacional de Direito; e 2) a J. Walter Thompson.

A Thompson era então a maior agência do Brasil. Na época, eu era colaborador esporádico (poesias) do célebre Suplemento Dominical do *Jornal do Brasil* (Reynaldo Jardim, Ferreira Gullar, Mário Faustino – autores da mais inteligente e polêmica renovação do jornalismo literário no país). Por outro lado, minha entrada na Thompson garantiu-me sentar – por um período experimental – na mesa até recentemente ocupada pelo escritor Ricardo Ramos (redator), que fora transferido para a filial de São Paulo.

O certo é que, a partir de 1957, com 21 anos, eu era, segundo alguns, o redator de propaganda mais jovem do Brasil. Os meses que se seguiram foram um dos períodos mais negros e humilhantes de minha vida. Desejo-o a poucos dos meus piores inimigos. Ele termina, muito tempo depois, com a primeira, a mais decisiva aula de propaganda que tive na vida, a aula que realmente me salvou de um fracasso estrondoso na profissão de publicitário!

Esta lição, que pretendo retransmitir ao leitor o mais fielmente possível, deve, a meu ver, ser o pano de fundo para um curso sobre criação publicitária. Espero que seja também capaz de trazer, para quem se inicie nessa curiosa carreira, tantas compensações como trouxe a mim próprio.

Antes, eu já tivera contato com texto de propaganda – *copy*, como é chamado – por intermédio de um ex-colega de colégio, meu vizinho, então redator da McCann Erikson (e hoje um dos donos de grande agência). Esse amigo era, e é, um entusiasmado, que vivia me falando dos milhões (na verdade 6 mil cruzeiros, uma fortuna em 1956) que ganhava na McCann, das oportunidades e aspectos faiscantes da propaganda, seus segredos, seus artifícios e maravilhas, suas técnicas sofisticadíssimas etc. Por outro lado, deixava que eu tentasse traduzir, em termos de *copy*, as provas de anúncios em inglês do Vick Vaporub, a serem veiculados no Brasil pela McCann. Eu passava boas horas da noite dando um duro danado, procurando lembrar-me e seguir o que o rapaz me ditava, mas quando lhe apresentava o resultado no dia seguinte, ele dizia que

26 criatividade em propaganda

estava sofrível, e que teria de mexer em tudo de qualquer jeito. Jamais soube até que ponto meus esforços foram úteis a alguém.

Curioso: quando eu passava a noite sobre um poema, o poema aparecia integral na imprensa; quando passava a noite sobre um anúncio do Vick Vaporub, o resultado era qualquer coisa raquítica que sumia sem deixar rastro...

Agora, eu tinha, na Thompson, uma oportunidade concreta, profissional, de aprender, oito horas por dia (e, além do mais, remuneradas), todas essas técnicas, macetes e segredos da criação publicitária. Uma oportunidade sonhada por tantos milhares de jovens que acorrem hoje às escolas de comunicação. Arregacei as mangas, abri os olhos e os ouvidos, passei a tentar fixar tudo que me era ensinado, decidi realmente aprender propaganda, e aprender depressa.

Na época, a Redação da Thompson era formada por três pessoas: Orígenes Lessa, o escritor, um segundo redator e eu. Lessa era um dos "monstros sagrados" da Thompson (e da propaganda brasileira). A bem da verdade, não fazia nada, ou melhor, fazia todas as principais campanhas da agência, as de maior responsabilidade – o que significava, na prática, cinco ou seis anúncios (dois ou três parágrafos cada um) por mês, esforço que lhe tomava talvez meia hora, se não exagero. O resto do tempo investia em seus contos, livros, colaborações, correspondência, e as eventuais reuniões com os contatos que, quando versavam sobre clientes, propaganda, campanhas etc., redundavam, visivelmente, em pura perda de tempo.

Sobre o segundo redator recaía o trabalho braçal da Redação: texto para um anúncio urgente da Standard Brands numa revista de panificação; diálogos para longos programas de rádio semanais para a Light; três textos urgentes para anúncios do chá Tender Leaf; entrevista a ser publicada amanhã cedo com o presidente do GEIA sobre o primeiro carro brasileiro; dizeres para isso; frase para aquilo; *slogan* para aquilo outro. O moço era sempre o primeiro a chegar, o último a sair, único a trabalhar aos sábados, não tirava férias – enfim, absorvia e capitalizava todos esses sacrifícios que o tornavam mais ranzinza do que a maioria de nós...

Para "aliviá-lo", cheguei eu. Antes, é claro, teria de aprender redação – uma técnica indistinguível daquilo que chamamos hoje, academicamente, criação publicitária. Primeira lição: redigir para *Seleções* uns anunciozinhos de jornal baseados nos temas dos artigos do próximo número. A coisa era mais ou menos assim: "Comeu rato ao molho de formol e não morreu! A extraordinária história do estudante preso num laboratório de Cincinatti etc. que você lê em *Seleções* de maio. À venda em todas as bancas". Cada artigo de *Seleções*, em cada mês, teria de inspirar um anúncio desses. Comecei a destrinchar a tarefa, orientado pelo segundo redator.

Comecei – e tudo o que fiz foi entrar na tenebrosa selva que marca o início de tanto aprendizado em propaganda. *Selva selvaggia,* na expressão de Dante, seguindo seu Virgílio. Seguindo o meu, mais e mais me afundava no emaranhado de normas, conselhos, princípios, reparos, doutrinas, detalhes, correções, esquemas, hipóteses, críticas com novas instruções – cada qual só funcionando num contexto específico, tudo encobrindo imponderáveis segredos de persuasão e sucessos de venda fantásticos.

Já se passam mais de vinte anos e não posso dar exemplos precisos. Se apelasse muito para a memória, minha imaginação na certa interferiria com caricaturas. Por exemplo, acho que, na época, se escrevesse num título PREÇO: APENAS 5 CRUZEIROS, meu guia se apressaria a demonstrar que a palavra "apenas", *embora correta,* afinal é negativa, lembra "penas", sofrimento, tristeza, coisa que ninguém quer; ou então "penas" de pássaro, coisa exótica, talvez nojenta. Se mudasse para: SOMENTE 5 CRUZEIROS, ele me faria ver, sem dúvida, que "somente", no caso, *embora correto,* é impróprio, porque lembra "mente", do verbo "mentir", nada indicado para anunciar "preço tão reduzido", a dona-de-casa não iria acreditar...

O exemplo pode ser irreal, mas os que trabalham em agência sabem o que quero dizer.

Os preceitos se acumulavam, as regrinhas se multiplicavam como piolhos, eu as anotava, processava e sistematizava – estava decidido a aprender! –, mas não conseguia redigir bulhufas. Nem sequer um único daqueles malditos "textículos" de *Seleções!* Cada tripinha de seis linhas que saia da máquina – após uma manhã inteira de contorcionismo cerebral – nada mais era que um bilhete duro, retorcido, simplesmente inaceitável. O lápis do segundo redator já não corrigia mais: ele ia direto para a máquina e pipocava um outro texto, muito melhor.

Enquanto isso, qualquer expectativa dos demais membros da agência – *layoutmen,* contatos, até o tráfego – quanto ao possível valor do "redator mais jovem do Brasil", essa expectativa começava a acabar. Minha produção era aquela: ruim e inútil. Eu andava pequenino pelos corredores. Tinha vergonha do envelope de pagamento que me chegava de quinze em quinze dias. Não abria o bico nas reuniões, as famosas seções de *brainstorms* (quando ainda era convidado para elas), simplesmente porque me sentia, eu *era* uma inutilidade total. Já percebia as indiretas, os comentários. . .

Afinal, o inevitável: o Augusto de Ângelo – gerente-geral – me chama e diz que eu não podia mais continuar na Redação. Me oferecia um lugar de assistente na gerência ou coisa que o valha. Um desfecho aparentemente feliz. Mas eu sabia que *jamais* poderia continuar naquela empresa, em nenhuma outra função, depois do meu fiasco. Disse ao Augusto que eu fora admitido como redator e deixaria a Thompson como redator. E comecei a esvaziar minha mesa.

28 criatividade em propaganda

Por todo o resto da semana não escrevi mais nada, nem me foi solicitado. Aguardava o bilhete azul a qualquer momento, no máximo viria na segunda-feira. No domingo, o Suplemento Literário do *Jornal do Brasil* publicou, na primeira página, um poema meu, relativamente longo, denominado "Pesca". Segunda-feira, às dez horas, Orígenes Lessa entra na Redação carrancudo (estranho que me lembre dele nesse dia como um urso) e me chama direto à sua sala. Joga o *JB* à minha frente:

– Como é que um cara capaz de escrever isso não é capaz de produzir nada, coisíssima nenhuma, na hora do expediente? Você é burro ou o quê? Desleixado? Desinteressado?

Hoje tudo isso são amenidades, mas na hora só faltei chorar. Desinteressado... Ferido, confuso, comecei a lhe descrever todo meu esforço, todas as tentativas de produzir baseado naquele universo de normas que, por tanto tempo, o segundo redator e outros mestres da agência me houveram transmitido. Levantei-me, trouxe-lhe os cadernos de apontamentos. Se cada anunciozinho de cinco linhas para *Seleções* redundava num disparate – veja! – não era por falta de atenção, de preocupação para com a observância dos princípios de uma ciência como a propaganda, uma arte com seus próprios cânones e estruturas, cheia de sutilezas que eu sabia de efeito decisivo quando por fim aplicados...

Lessa me olhava estupefato. Parecia que lhe faltavam as palavras. Vi que se concentrava para me responder, abanando a cabeça:

– Rapaz, você está maluco, você não sabe de nada, você está fazendo uma confusão dos diabos...

E então, achando a linha correta de raciocínio, deu início à insuperável preleção:

– Roberto! Propaganda... é uma merda!

– Miserável, maldito quem inventou a propaganda!

– O melhor anúncio não vale um bom conto ou um bom poema. A não ser para o imbecil que anuncia e para o imbecil que compra!

– Propaganda serve, sabe para quê? Para se ganhar dinheiro mais fácil! Para se ter tempo! Tempo de escrever, de ler, tempo de produzir coisa séria!

– Sabe o que é propaganda, rapaz? Olhe para este lápis. Você tem de fazer um anúncio sobre este lápis. Você fixa este lápis e rebusca na cabeça o que você pode dizer – não importa o que, nem como – capaz de levar o cara que vai ler *a comprar este lápis!* Você tem de convencer, de *vencer,* o sujeito! só isso!"

Em seguida rebuscou o mar de papéis de sua mesa – a mesa do Lessa parecia um pântano – e pescou de lá um documento desconcertante: era um Pedido Amarelo de Campanha, dessas de tanta importância, para a Thompson, que superava a competência do segundo redator para ir pousar no próprio Olimpo de um dos salários mais altos da propaganda no Brasil. Era um pedido de campanha para os novos Elevadores Autotronic, da Otis, que iam ser instalados pela primeira vez no país, no Edifício Avenida Central, no Rio.

– Toma. Faz cinco anúncios.

Saí da sala em transe. Não podia falar nada – não me distrair, não pensar em mais nada – para não perder um centésimo daquele estado de graça absoluto, imaculado. Fui para minha máquina e *adorei os* Elevadores Autotronic. E, mesmo sem conhecê-los bem, quis que outros o adorassem, meus leitores, para os quais escrevia agora, cara a cara, tentando envolvê-los não só com informações (extraídas do "Pedido"), mas também com todos meus pensamentos, palavras e obras.

E o curioso é que o fato de estar de repente me atrevendo a desenvolver uma campanha destinada ao Lessa não me deu nem sombra da insegurança de que era acometido face a meus textos e textinhos. Eu *sabia* que estava no caminho certo!

Depois do almoço, entreguei os anúncios ao Lessa. Ele corrigiu, rápida e objetivamente, como se chicoteasse, uma dezena de palavras e mandou sua secretária datilografar tudo, com a abreviatura OL. Disse-me apenas:

– De hoje em diante você só trata os textos comigo...

O ato seguinte é o da velha farsa burlesca. R.C. – um dos contatos – entra radiante na Redação, os dentes de coelho à mostra, não se continha:

– Lessa. Li sua campanha para a Otis. Vim lhe cumprimentar. Só você mesmo, Lessa. Textos ótimos! Diretos! Ótimos!

Vieram outros. Lessa era gozador. Aceitou modestamente com uma ponta de maldade, as homenagens – tão freqüentes, tão freqüentes...

Depois, numa roda, disse que fora eu o autor. E mais:

– Agora vou passar para ele outro pedido que está aqui na minha mesa.

E redigi a "importantíssima" campanha para os novos telefones JK, da Ericsson...

Não invento, não exagero, não floreio. Foi assim.

Um desfecho "à la bello Antonio":

O "redator mais jovem do Brasil" começava, finalmente, a redigir...

Que se passara afinal comigo naqueles meses todos?

Simples: eu estava mistificado!

É fácil reconhecer isso (hoje), como é fácil falar contra a teorização no campo da criação publicitária – e muita agência, média ou grande, sempre tem algum teórico com brilhantes teorias a respeito.

O difícil – porque é justamente o segredo que possibilita o "estalo", a descoberta, a produtividade fluente, a capacidade infalível de criar – é aceitar, em toda sua extensão, a evidência de que criação, em propaganda, é *um ato simples, banal, intelectualmente primário.*

30 criatividade em propaganda

Exige praticamente o mesmo talento vulgar de, por exemplo, produzir trocadilhos – ainda que deva refinar-se consideravelmente pela prática profissional e pelas exigências de persuasão de venda.

Não exige cultura – além da que se obtém no ginásio. Tampouco exige qualquer amadurecimento de personalidade. Ainda que a perspicácia psicológica possa ser valiosa, conheço grandes publicitários criadores (principalmente entre diretores de arte) cuja capacidade de observação de seus semelhantes não vai muito além da capacidade de reparar em seus traços mais cômicos, caricaturais. Um Proust seria inútil numa agência.

Sim, é verdade, a inteligência é fundamental – mas onde ela não é?

E, contudo, para uma atividade intelectualmente infantil e quase tola como a criação publicitária, milhões de miragens são artificialmente elaboradas, livros publicados, palavras complicadas proferidas, tudo visando, consciente ou inconscientemente, a uma valorização absurda dessa atividade... e à mistificação.

Três fatores aliam-se para comentar, ensinar ou descrever a criação publicitária como uma alquimia complicadíssima:

- As lucubrações dos teóricos;
- A conspiração dos medíocres;
- A estratégia de certas agências.

1. As lucubrações dos teóricos

É hilariante o que se fala e publica, de pretensiosamente didático, sobre propaganda, principalmente em sua área mais nevrálgica: a criação.

Vejamos:

Não se trata de discutir a validade de especulações (como a Teoria da Informação) mas, sim, reconhecer, face a toda evidência disponível, que tais especulações são inúteis, *quando não prejudiciais,* à prática da criação publicitária.

Numa agência, Marshall McLuhan pode ser leitura dignificante... para gerentes, contatos e mídias. Mas eu não o daria de presente de Natal a nenhum redator ou diretor de arte de minha agência: eles poderiam levar muito a sério o professor... Para estes, um *best-seller* como *A sangue frio*, um filme como *Odisséia no espaço* ou um *show* na *Sucata* têm incomparavelmente mais chances de serem compensadores à *prática* da criação publicitária do que qualquer preocupação quanto a processo sígnico, semiótica, implosão da informação, ou sutilezas do método heurístico...

Ney Figueiredo, um bem-sucedido homem de criação, já notou, num artigo, que "pelo menos entre nós, os teóricos raramente tem-se transformado em bons profissionais". E exemplifica: "É bom lembrar que um dos maiores especialistas em teoria da comunicação em nosso país, nunca se conseguiu firmar como publicitário. Quando se trata de falar sobre o assunto, ele era e é imbatível. Mas fazer anúncio é que não consegue. Tudo certinho, bonitinho, mas não funciona. Não vende. Não persuade".

Vejamos um exemplo prático do que quero dizer. Grande número de leigos e debutantes em propaganda conhecem a intrigante norma para produção de bons anúncios denominada AIDA. Trata-se da abreviatura, em ordem de entrada, de tudo o que um bom anúncio deve provocar no consumidor. Assim, ele deve primeiramente sobressair e chamar sua atenção; ato seguinte, prender seu interesse. Depois, antes que o consumidor escape, despertar-lhe o desejo, a vontade de ter, de usufruir o produto ou serviço anunciado. Mas esse desejo não pode ficar no ar; assim, o anúncio deve finalizar convertendo o desejo em ação: levar o consumidor a procurar um endereço, telefonar, comprar hoje mesmo.

Lindo. E verdadeiro. Não há dúvida de que todo bom anúncio, de uma forma ou de outra, atua dentro desse processo. Apenas uma "observaçãozinha": jamais, em tempo algum, qualquer bom anúncio foi produzido por alguém que tivesse a preocupação de seguir essa receita – ou qualquer receita. É como se, antes de bater um pênalti, você começasse a se preocupar com os inúmeros músculos da perna necessários para correr e chutar...

E nem me digam que tais receitas serviriam como teste para anúncios prontos: um anúncio pode atender, aparentemente, a todas as exigências formais... e ser uma droga!

Um bom anúncio é algo orgânico, é matéria viva. Em biologia, você pode colher matéria viva e dissecá-la no laboratório – como alguém dissecou, autopsiando anúncios, os princípios de AIDA e outros extratos. Agora, o que você não pode é partir de dissecações para chegar à matéria viva. (Não por coincidência, a homônima AIDA morreu enterrada viva, segundo Verdi, vinte séculos antes de Cristo).

Em criação, talvez a melhor forma de lidar com teorias é cumprimentá-las quando apresentadas... e esquecê-las.

2. A conspiração dos medíocres

Ciência alguma é tão difícil de ser entendida como alguns entendidos dizem que ela é. Ou melhor: "Todos os especialistas são conspiradores contra os leigos" (Shaw).

Gostaria de chamar a atenção, a propósito deste tópico, para uma personagem típica, em mentalidade e comportamento, da sociedade industrial: o *especialista incompetente.*

32 criatividade em propaganda

É um mito que a empresa moderna só funcione com equipes de indivíduos preparados em grau ótimo. Pelo contrário, os próprios vazios e contradições dos serviços – bem como a irracionalidade geral dos negócios – toleram sem maior prejuízo a incompetência profissional, e em escala muito maior do que muitas vezes estamos dispostos a reconhecer.

Qualquer indivíduo que tenha mediocremente abraçado uma especialidade, em qualquer campo – Engenharia, Medicina, Direito, Seguros, Investimentos, Consultoria etc. – pode atuar em prestigiosas empresas, ocupando, anos e anos, cargos teoricamente muito acima do seu nível de competência. É chocante verificar como firmas, mesmo algumas vitoriosas ou em expansão, são muitas vezes habitadas por tanta gente inepta ou burra, aparentemente ocupando postos-chaves. Como explicar? A conclusão lógica é que uns poucos, às vezes um único *sujeito* formi*dável,* aliado a circunstâncias favoráveis, é capaz de levar rapidamente para cima toda uma organização preenchida de seminulidades...

Contudo, o especialista incompetente enfrenta grave problema. Ele teme que os outros reconheçam sua incompetência. Então, camufla-se na própria especialidade, procurando torná-la, aos demais, ininteligível. Como tem consciência de que não atinge as exigências da função que assumiu, procura por todos os modos fazê-la parecer duplamente complicada e exigente. O raciocínio é óbvio: se *ele* consegue lidar com tal complexidade, sem dúvida é um gênio...

Cuidado com o médico que não lhe explica direitinho a doença que diagnosticou em você. Cuidado com o advogado que prepara para o juiz arrazoados que *você* não conseguiu entender. Cuidado com o corretor de Bolsa que, ao lhe recomendar uma ação, usa mais do que três termos sem significado concreto. Cuidado com o executivo que lhe mostra nunca ter tempo para nada, evidentemente de tanto executar. Cuidado com o psicólogo que "já tem" a interpretação para todos os impasses da alma humana. Cuidado com o economista que lhe cita qualquer outro economista, ou qualquer estatística de memória. Cuidado com o publicitário que apela para muitas expressões em inglês (exceto algumas consagradas, como *layout),* menciona o termo "imagem" mais de três vezes, ou assume uma atitude de grave circunspeção quando estão em pauta os "fenômenos" de criação em sua agência...

Para resumir: cuidado com qualquer profissional que, mesmo aparentemente sem intenção, lhe der consciência, nos primeiros dez minutos de conversa, de sua ignorância sobre a ciência dele.

Em contraposição, o profissional competente é, via de regra, um simplificador.

Nós o encontramos do mesmo modo em todas as áreas – e é sempre marca inconfundível de sua capacidade a maneira como reduz instantaneamente uma situação problemática... às vezes mesmo contra sua vontade ou seus interesses.

Nos gênios da criação, essa virtude chega ao paroxismo – ou mesmo à anedota: Oscar Niemeyer explicou a criação de Brasília num folheto de vinte páginas. Ravel e Debussy odiavam trocar idéias sobre música, em geral suas discussões eram sobre gravatas. Quando perguntaram a Faulkner como ele escrevia, o homem esclareceu: "Da esquerda para a direita". Quando perguntaram a Nijinsky como ele conseguia dar seu incrível salto em suspensão, ele ensinou: "E só dar um pulo bem alto e parar lá um pouco". Quando perguntaram a um famoso escultor quais as teorias e métodos que seguia na elaboração de suas esculturas, ele respondeu: "Eu compro um bloco de mármore e, depois, com o buril, tiro dele tudo o que não interessa".

Nas agências de propaganda, o problema do "especialista incompetente" é um pouquinho mais agudo.

Compreende-se: propaganda, afinal, lida com valores empíricos, difusos, subjetivos – por isso mesmo ideais à prática de mistificação.

Além disso, no organograma de qualquer agência, há muito pessoal não necessariamente criativo (gerência, contatos etc.), e pode ocorrer que muitos nessas áreas se sintam competitivamente inferiorizados frente ao pessoal de criação. Buscam então compensar sua insuficiência com prédicas e teorias – e já vimos em que geralmente isso dá.

Ainda mais, os salários de agência são proporcionalmente bem mais altos que em qualquer profissão, inclusive nas que (ao contrário da propaganda) exigem diploma universitário. Para o eventual especialista incompetente de uma agência, que ganha mais que seu primo advogado, torna-se verdadeiro imperativo justificar seu salário ao patrão, colegas e clientes em termos de brilharecos – embora sem nenhuma necessidade e, não poucas vezes, de forma contraproducente.

Pior ainda, nos casos graves, encontramos as artimanhas e obstáculos dos que querem aparecer, dos que se sentem ameaçados, dos que escondem o jogo, dos esotéricos que parecem donos de uma verdade que nunca revelam, etc.

Para os ingênuos, eles são outras tantas personagens a tornar os processos simples da criação publicitária numa feitiçaria de ingredientes complexíssimos e infinitas implicações.

Por fim, para os curtidos no assunto, são outros tantos especialistas incompetentes que conspiram contra os talentos, a favor da mediocridade – o único campo onde se sentem seguros.

Fulano, redator, após apresentar ao pessoal da agência excelentes textos para uma campanha, teve de enfrentar o súbito criticismo do executivo da conta, que se sentia visivelmente eclipsado na reunião. O homem fez uma careta, balançou a cabeça e freiou os trabalhos:

34 criatividade em propaganda

– Está faltando alguma coisa nesses textos, gente. Não sei o quê, mas falta.
– E girava a mão, com a palma e os dedos para cima, num gesto de quem não acerta com o que quer dizer.

Debalde o redator e todos os presentes tentavam localizar o que "faltava" de tão abstrato, etéreo, existencial, que não podia ser expresso senão por aquela torturada mímica.

– Falta o quê, afinal, Otávio?

E o Otávio (pseudônimo) debruçado sobre os textos, concentrando a atenção de toda empresa em sua pessoa, em sua perspicácia, mantinha o veto, ditado por sua extraordinária sensibilidade:

– Falta sim, falta qualquer coisa, é difícil dizer, mas *falta* – e torcia teimosamente a mão, com os dedos para cima.

Finalmente, alguém atinou com o "problema":

– Já sei, só pode ser isso!

E torcendo também a mão:

– Falta atarrachar uma lâmpada...

Nessa questão de especialistas, competentes ou não, podemos colocar a situação de forma ainda mais radical: o *homem criativo é fundamentalmente, por definição, um não-especialista.* Ou um antiespecialista, se quiserem. É justamente o fato de não seguir parâmetros lineares de raciocínio, nem se limitar a campos homogêneos de conhecimento, que lhe facilita descobrir relações surpreendentes, tomadas de setores às vezes incrivelmente longínquos um do outro.

Alex Osborn, aparentemente o sujeito que mais pesquisou e escreveu sobre criatividade, lembra que muitas das grandes idéias novas partiram de pessoas que não possuíam conhecimento especializado do problema em causa. Morse, pintor profissional de retratos, inventou o telégrafo. Fulton, também artista, imaginou o barco a vapor. Um mestre-escola, Eli Whitney, criou o descaroçador de algodão.

Um dia, Charles Kettering, inventor de um novo motor a diesel, recebeu uma visita importante. Disse ela: "Gostaria de falar ao seu técnico em termodinâmica a respeito do invento". "Lamento muito", respondeu Kettering, "não há ninguém aqui que saiba o que quer dizer termodinâmica, e muito menos um técnico. Mas se o senhor quiser saber como criei este motor, com prazer lhe mostrarei."

Especialistas são muito necessários para atuar em determinado plano de atividade, definido de antemão. Consertar equipamentos, por exemplo. Raramente geram soluções decisivas, pois estas quase sempre são constituídas de elementos ou métodos tomados de outros campos, alheios à sua especialização. "Sempre que tenho interesse em que determinado projeto não vá avante", dizia um conhecido líder europeu, "trato logo de confiá-lo a um especialista."

O homem criativo é um não-especialista por definição.
Voltaremos ao assunto.

3. A estratégia de certas agências

"Na mulher", dizia Milton, "tudo são aparências." Em propaganda também.

É humano que uma agência, na iminência de dobrar seu faturamento com a venda de milhões a um novo cliente, queira dourar ao máximo seu produto, e apresente sua campanha como fruto de um esforço coletivo gigantesco, obra do encadeamento de incontáveis talentos, semanas a fio, até a apoteose final.

Para tal explosão de criatividade, qualquer nome isolado soaria como uma mesquinharia ridícula. Não, o mérito é todo de uma entidade mítica, sem rosto, superior e irresistível, a única digna das enormes quantias que aguardam a aprovação do cliente no plano de mídia: a EQUIPE.

Quem já não ouviu falar dessa tecnocrática senhora?

Ela é uma conjunção olímpica de comunicadores, criadores, posquisadores, técnicos e sumidades anônimas, perfeitamente entrosadas, que debatem cientificamente todas as alternativas e aspectos do problema publicitário (cada qual dando contribuições em profundidade dentro de sua especialidade), de tal modo que quando a campanha começa a tomar forma (ao longo de dias e dias exaustivos), ela nasce como um pequeno "produto social", muito acima de qualquer mortal definido, porque criado por toda uma comunidade de cérebros a serviço do cliente...

– *Wrong again*, Watson. É uma pena que senhora tão prendada – e acima do bem e do mal – ainda não tenha nascido...

Sim, amigo, como é apresentada e "vendida", a EQUIPE simplesmente não existe, nem nunca existiu. É apenas uma mistificação a mais, e também outro fator de tirania mental contra quem começa em propaganda

Como estou vendo gente franzindo a testa na platéia, vou passar a palavra a David Ogilvy para falar um pouco sobre esse – como direi? – controvertido assunto.

Ogilvy forjou, em quinze anos, a partir do nada, uma das maiores e mais criativas agências americanas, sendo seu livro – *Confessions of an advertising man* – já traduzido em doze idiomas, um dos poucos que realmente dão a "receita do sucesso" (expressão do próprio autor, retirada de suas antigas experiências como assistente de cozinheiro num restaurante de Paris). Diz ele: "Algumas agências insistem até a loucura para fazer tudo em grupo. Fazem alarde sobre o 'trabalho em equipe' e desmerecem o papel do indivíduo. Mas nenhuma equipe pode redigir um anúncio, e duvido que exista uma só agência de qualidade sobre a qual não se projete a sombra protetora de *um* homem".

36 criatividade em propaganda

E, mais adiante: "Hoje em dia está em moda afirmar que um indivíduo apenas não pode ser responsável por uma campanha publicitária de sucesso. Esta estupidez de 'trabalho em equipe' é inútil palavrório – uma conspiração da qual só fazem parte os medíocres. Nenhum anúncio, nenhum *spot* de televisão, nenhum *layout* podem ser criados por um comitê. Há muitos diretores de agências que sabem disso. Mas secretamente. Por isso, mantêm os olhos bem abertos para descobrir aqueles raros indivíduos que põem ovos de ouro".

Alex Osborn, que já apresentamos, concorda com Ogilvy, e cita a filosofia do dr. Ernest Benger, exposta aos vários grupos de pesquisa da Du Pont: "Nunca se gerou qualquer idéia senão em um único cérebro... Não importa como se agite um pensamento para todos os lados, ou como se procure que outras pessoas coordenem esforços em torno dele; a verdade é que uma idéia é sempre produto de um único cérebro".

Mais importante ainda é a opinião de William Bernbach, pois trata-se do titular da agência sem favor mais criativa do mundo, a DDB (iremos citar trabalhos seus, várias vezes, neste livro). Também ele considera a criação um processo essencialmente individual, solitário. Atacando os *brainstorms groups,* comenta: "Uma girafa é um cavalo saído de uma reunião dessas".* "Equipe alguma jamais criou coisa alguma!"

O professor John Reynolds, da Stanford University, "salva" a questão dizendo que um só indivíduo pode formar um grupo de *brainstorm,* tendo a si próprio como único membro. Nesse caso, a eliminação dos padrões de julgamento internos e externos e o uso adequado das idéias anotadas podem resultar em muitas boas idéias e em alternativas que, posteriormente, talvez venham a ser avaliadas como soluções para um problema.

É o caso de dizer: multidão vale, contanto que não passe de uma pessoa.

"Será que a solução de problemas em grupo é o que nós pensamos que é?"– perguntam William Battalia e John J. Tarrant, em seu famoso livro "O Executivo, Esse Eunuco". "A convocação de uma reunião será a melhor maneira de gerar idéias inovadoras e eficientes, numa situação crucial?"

Os mesmos autores fornecem subsídios para a resposta: "Há cada vez mais provas de que talvez não seja. Para dar apenas um exemplo, psicólogos da Universidade de Minnesota realizaram uma experiência com oitenta executivos de uma mesma corporação. Cada executivo foi confrontado com um problema idêntico. Um grupo de executivos recebeu a incumbência de dar uma solução individual. Um segundo grupo foi organizado em equipes de quatro homens. Essas equipes discutiram o problema durante meia hora e,

---

* Não concordo – protestou, anos mais tarde, um famoso jornalista americano. "Nenhum comitê poderia jamais conceber e produzir uma coisa tão arrojada e tão radicalmente nova".

depois, cada executivo foi sozinho para a sua mesa, procurar solucioná-lo. Um terceiro grupo de executivos foi também dividido em equipes de quatro homens. Essas equipes ficaram juntas, discutiram o problema e, em conjunto, apresentaram uma solução.

Quando os resultados foram examinados, viu-se que os executivos que tinham abordado o problema individualmente haviam chegado a melhores soluções do que aqueles que tinham se reunido e depois procurado alcançar por si mesmos as soluções. Mas ambos os grupos tinham encontrado muito melhores soluções do que aquele que, desde o início, buscara soluções em conjunto".

Há uma forma sarcástica de colocar a coisa, conforme li recentemente: "Uma conferência é uma reunião de pessoas que individualmente nada podem fazer, mas que coletivamente podem decidir que nada pode ser feito". Ou como dizia um político mineiro: "Primeiro a gente decide, depois faz a reunião". (E não só em Minas: Winston Churchill assim definia a liberdade de debate que dava a seu gabinete, durante a Segunda Guerra: "O que espero, senhores, é que depois de um razoável período de discussão, todo mundo concorde comigo").

Reunião de criação na Thompson, 1958. Presentes: gerente, contatos, diretores de arte e *layoutmen*, três redatores, pessoal de rádio e TV etc. Todos excelentes profissionais (exceto eu), todos acordes quanto à excelência das técnicas de *brainstorm*, isto é, de criação em EQUIPE.

O executivo da conta já expusera as linhas gerais do problema, as idéias e sugestões eram agora trocadas livremente pelo grupo, entrecortadas de oportuno humor, cada participante preocupado em contribuir, sugerir e propor caminhos que, embora quase todos francamente impróprios (mas nem por isso menos dignos de serem apresentados, pelo que se espera de um *brainstorm*), alguns seriam, na opinião de uns poucos, passíveis, talvez, de serem desenvolvidos. Nenhuma idéia, porém – depois de cinqüenta minutos dessa movimentada "criatividade em grupo" –, parecia de longe levar à solução do problema...

Assim, a quem assistisse a coisa pela primeira vez, a retirada brusca do Lessa, da sala, daria a impressão de que ele se lembrara de súbito da necessidade de algo mais importante, como dar um telefonema, ou ver se já chegara sua correspondência, relativa à edição de seus contos na Romênia. Ficara tacitamente claro, para todos os presentes (que já tinham visto este fenômeno ocorrer antes) que tais *eram* realmente os motivos de "apenas uma pessoa a menos" nos esforços da EQUIPE. De forma que os trabalhos prosseguiam, mas um observador perspicaz notaria que o pessoal trabalhava agora com menos envolvimento.

Vinte minutos depois o Lessa voltava com a campanha pronta! É claro, haveria proveitosas críticas, melhoramentos e reajustamentos sobre os textos básicos. (Nessas ocasiões, é muito democrático nas agências pedir opinião até da telefonista ou do faxineiro...) .

Grandes sucessos de venda de uma grande agência como a Thompson (para mim, ainda hoJe, uma das melhores do país) partiram de reuniões como essa...

E quantas vezes – depois de uma semana inteira de debates na sala de reuniões refrigerada, com a presença de todos os profissionais envolvidos em uma grande conta, bem como a elaboração de hábeis relatórios sobre o desenvolvimento dos trabalhos – o redator Lauro Uller marcava encontro particular com Jimmy Abercrombie (diretor de arte) para o sábado de manhã, quando não havia expediente, e, partindo do zero, resolviam o problema, de ponta a ponta, num botequim da avenida Presidente Vargas...

Por essas e por outras, a formação de duplas de criação (redator e diretor de arte), começa a ser preferida por muitas agências.

Claro, uma dupla é apenas você-e-mais-alguém, algo com nome, identidade, estilo – atributos indispensáveis a fenômenos de criação, quaisquer que sejam.

Quando bem "azeitada", ela é incomparavelmente mais produtiva do que jamais foi, ou poderia ser a badalada "criatividade grupal".

Todas as fábulas sobre os poderes esotéricos e anônimos da EQUIPE são mais uma mistificação a inibir e dificultar o "estalo" e desenvolvimento pessoal de quem se inicia em propaganda.

Ela se soma ao mandraquismo dos incompetentes e às lucubrações esterilizantes de um tipo específico de teórico: o popular caga-regras.

Seria aconselhável, a meu ver, para quem queira se meter numa agência, e fazer carreira em criação, estar de antemão prevenido contra esses ossos do ofício.

Eu diria que a primeira atitude mental de um iniciante em propaganda, no campo da criação publicitária, seria manter uma atitude de dúvida a respeito de tudo – como no budismo (inclusive sobre tudo o que estou dizendo, e sobre tudo o que vou dizer).

2 inspiração

Fique certo de que as musas vão lhe dar o bolo...

Seria Bach capaz de compor hoje, como antes,
uma cantata genial por semana (ou, pelo menos, um jingle)?
Mesmo contando com um sintetizador eletrônico?

Ilustração: de uma brochura da CBS, Nova York.

Sempre que converso com leigos sobre criação – artística, publicitária, científica etc. (e chamo aqui "leigos" pessoas que não vivem basicamente de criação mental) –, deparo com uma palavrinha perigosa, dúbia, mais ligada à superstição do que à realidade.

Se indago a um grupo de alunos qual a condição mais importante para, por exemplo, um compositor compor uma excelente sonata (fiz o teste), a maioria responderá: inspiração.

Não, meus amigos. A condição mais importante para um compositor compor uma excelente sonata é ser ele um excelente compositor...

Creio, assim, que cabe estender algumas considerações sobre uma das mais correntes crendices que prejudicam a compreensão da criatividade: o valor da inspiração.

Temi, antes de desenvolver o que vai adiante, que estivesse introduzindo erudição fora de hora, dissertando sobre conjunturas da história e da arte para pessoas no momento apenas interessadas em melhorar suas chances de produzir boa propaganda comercial.

Temi, em segundo lugar, que depois de um capítulo inteiro aconselhando distância das teorizacões sobre criatividade, parecesse estar agora a introduzir teorias próprias.

Depois considerei que: 1) como o presente livro possa estar sendo lido por muitos universitários, e inclusive por muitos graduados de várias faculdades, talvez não fosse impertinência tentar mantê-lo num nível universitário; 2) o que segue não é teoria alguma, apenas mera explanação sobre o que sei dessa entidade tão celebrada por pessoas apartadas dos processos de criação, mas que se identifica (na forma com que hoje é objeto de culto), como mais um entrave aos processos *fáceis* e contínuos de produção criativa: a inspiração.

Ao contrário do que tantos julgam – isto é, que a inspiração seria um fenômeno constitutivo da condição humana pontilhando de luzes e milagres 40 mil anos de história da arte –, trata-se, na verdade, de um conceito muito moderno.

Ele nasce, historicamente, como elemento de valorização do artista individual.

O individualismo, na arte, como se sabe, só surge no Renascimento. Mais tarde, é reprimido no Barroco e no Classicismo, para retornar exasperado no Romantismo. Como é fácil provar, a inspiração, como problema, é um conceito romântico. É um conceito dos séculos XVIII e XIX e está muito longe de toda a dinâmica que presidiu as invenções humanas, nos últimos milênios, em todos os setores. Isso porque trata-se de um fenômeno, todos concordam, puramente *pessoal*.

O artista-artesão, altamente competente, psicologicamente integrado aos *fins* da sociedade em que vive, capaz de entregar suas obras (mesmo as obras-primas) seguramente, na data marcada, dentro do prazo contratado – como os artistas que construíram os templos da Antigüidade, os mosaicos bizantinos, as catedrais góticas, os relevos, estátuas e toda a literatura de milênios de cultura –, esses artistas jamais reivindicaram qualquer expressão *pessoal* naquilo que faziam. Em literatura, ainda podiam defender um ponto de vista, mas este era invariavelmente um ponto de vista coletivo, social.

Os criadores em todas as comunidades primitivas e arcaicas (sem exagero: admite-se hoje que jamais estilo algum superou, em pintura, as grandes obras do Paleolítico Superior), bem como os criadores de toda a Antigüidade (multidões) e de toda a Idade Média, Bizâncio e Oriente, Islã, África negra, América pré-colombiana (multidões, multidões), responsáveis por parte tão grande do patrimônio criativo humano, esses homens nunca pensaram em se "exprimir", se autoprojetar – e incluo nisso os autores da tragédia grega.

Que tenham efetivamente se projetado em suas obras – seja por meio do estilo, seja por meio da crítica e da análise psicológica, as quais, somente agora, na Idade Contemporânea, *nós* lhes fazemos – isso é outro assunto. Porém não havia neles a necessidade disso, para que houvesse a consciência... e o problema.

A consciência só surge com a filosofia individualista do Renascimento. Somente então o artista passa a reivindicar "pretensões" até então inéditas:

- a pretensão de ter uma visão pessoal do mundo e das coisas, e a sua obra ser uma representação dessa visão;
- e a pretensão de fazer uma obra imperecível, que pudesse se projetar para fora do tempo.

O Renascimento perde-se no Maneirismo. No século seguinte, as forças da reação afirmam-se na Contra-Reforma e invadem o mundo com sua expressão vigorosa e exuberante: o Barroco.

Pouco a pouco, desde o século XII, disputando o poder político, então monopólio da nobreza e do clero (os grandes senhores do mundo barroco e clássico) fortalece-se uma nova classe: a burguesia, capitalista e empreendedora. Ela introduz, a partir do século XVI, um novo personagem histórico, simultaneamente real e ideal: o navegador, o descobridor, o pioneiro – enfim, o herói.

Contra o convite à impessoalidade que os donos do mundo reservavam às demais classes, a burguesia acena com o homem diferenciado, dono de méritos próprios, naturais, inalienáveis.

Contra o tomismo, que justificava o *status quo,* surge o racionalismo, com esse novo valor explosivo: o subjetivismo, a razão!

O novo artista, que pressente e reflete a convulsão que abalará todo o mundo ocidental (sendo a revolução de 1789 a primeira grande revolução da história) deixa de ser o "fornecedor" gótico, barroco, maneirista ou rococó de palácios e catedrais, recusa-se a "cumprir ordens" e se autovaloriza, se imbui de todos os direitos que a revolução lhe assegura. Não só civis, como também psicológicos, espirituais.

Ele rejeita então aquela posição de apenas senhor (orgulhoso) de uma técnica altamente apurada e invariavelmente eficaz na emissão pontual de poemas, sinfonias, esculturas, templos, afrescos etc.

Ao contrário, ele condiciona tudo isso ao novo humanismo e às novas liberdades individuais em questão. As pretensões do Renascimento – entre as quais a de que a obra do artista é uma visão *pessoal* do mundo e das coisas – são agora reivindicadas ao extremo, a ponto de passarem a ser consideradas verdadeiras condições *sine qua non* da própria criação artística. Muita gente as considera assim ainda hoje.

O idealismo subjetivo – a maior construção filosófica da burguesia – sempre teve por base a idéia de que a única realidade é o nosso "eu". Como burguês livre, o artista romântico defende, subjetiva e objetivamente, a afirmação de seu "eu" em contraposição ao estado de servidão "impessoal" de seus antecessores. Assim, ele condiciona sua criação a um novo e indispensável fator que somente poderia nascer nele mesmo, do fundo de sua individualidade, e que não poderia ser controlado por quem quer que seja: a inspiração.

O artista passará agora a procurar, livremente, seus próprios temas, para entreter a burguesia vitoriosa (Schubert e o período Biedermeier, por exemplo).

Além disso, a inspiração passa a satisfazer nele uma nova necessidade: confia que ela preencherá a lacuna formada pela rejeição dos cânones tradicionais: a ode e o soneto; os retratos e os temas sacros; as cantatas e o concerto grosso. Tais formas são, evidentemente, outras tantas expressões do regime rejeitado.

O artista romântico precisa de inspiração como defesa de seus próprios direitos; precisa de inspiração para achar seus próprios temas – o novo "conteúdo" da arte – e por isso se introverte, se autoperscruta etc. E precisa de inspiração para desenvolver as novas formas de expressão artística. É muita precisão para um homem só.

Pouco depois, quando a revolução fracassa (em seus ideais políticos e sociais, e por isso também culturais e filosóficos), o artista romântico passa a ser o artista pessimista por definição – e, aí está, por exemplo, a distância que vai de Beethoven a Schumann.

Quando a burguesia faz explodir o *Ancien Régime,* explode também o mundo seguro, mas servil, do artista-artesão. Do artista profícuo e genial... sem inspiração.

Não se pode dizer que tenha sido uma espécie psicobiológica inferior. Durou milhares de anos mais que seu infeliz sucessor romântico. Em geral era mais satisfeito, "sadio", descontando-se suas desvantagens históricas. E produziu muito mais!

É interessante que justamente naquela época de confrontação – século XVIII e primeira metade do século XIX – uma arte, até então secundária ao longo de toda a história, agiganta-se e, em cem anos, vai aos pináculos atingidos pelas outras ao longo de cinqüenta séculos: a música.

Mais interessante será então assistir a essa confrontação de dois mundos – no intuito de averiguar a importância da inspiração na criação artística – tomando por personagens o punhado de gênios musicais que viveram nesse período:

- *Bach:* místico estático mas homem dos prazeres desta vida, pai de quinze filhos, autor (barroco) da maior obra musical de todos os tempos, e simultaneamente revelando pouco interesse na preservação dessa obra (os originais dos Concertos de Brandenburgo, por exemplo, ainda inéditos, foram encontrados, decênios mais tarde, servindo de papel de embrulho em uma loja comercial). Por obrigação de serviço, escreveu, durante anos, *semanalmente,* uma cantata. Calcula-se que devem ter sido ao todo 295 – das quais só subsistem hoje 198. Todas magníficas, sem exceção. Bach nunca escreveu para "exprimir-se", ao contrário, só compunha por encomenda, para fins litúrgicos, para a corte e para o ensino. Nenhum problema de inspiração.
- *Haendel:* também só compunha por encomenda – exceto pequenas peças para sua edificação particular, que guardava sem publicá-las. Homem do grande mundo aristocrático, empresário sempre envolvido em arriscadas operações financeiras, quando estava com seu último tostão isolou-se em seu estúdio durante 21 dias, saindo de lá com a partitura

completa do *Messias*. Era capaz, sempre, de compor na hora certa, talvez principalmente quando esta hora fosse a última antes da bancarrota financeira. (Incidentalmente, o *Messias* deu-lhe imenso lucro, possibilitando-lhe ajudar generosamente várias instituições caritativas e eclesiásticas).

- *Haydn*: quando, aos 27 anos, aceitou o cargo de diretor de Capela do palácio do príncipe húngaro Nicolau Esterhazy, conseguindo com isso segurança econômica, passou a produzir sem interrupção obras e mais obras, mais de oitocentas, entre as quais 127 sinfonias (25 por encomenda, para entidades musicais em Paris e Londres). O príncipe obrigava Haydn a compor num ritmo furioso, para "quebrar as pernas ao tempo", como ele mesmo dizia. Como o próprio Nicolau tocava baríto-no muito bem, fez com que Haydn escrevesse duzentas peças para esse instrumento.

- *Mozart*: sua capacidade de compor maravilhas, sempre que quisesse, era vertiginosa. Em seus manuscritos – como os de Bach, Haendel etc. – não há rasuras, tudo é inventado instantaneamente, graças a um gênio inesgotável. Compôs a magnífica abertura de *Don Giovanni* algumas horas antes da estréia da ópera, a ponto de os músicos da orquestra receberem as cópias em tinta ainda fresca. Às vezes, compunha com vários tinteiros coloridos à sua frente, onde mergulhava indiscriminadamente a pena, ora num, ora noutro. Quando a folha de papel se enchia, ele a atirava ao chão, debochadamente, para que o criado a apanhasse... e continuava a "brincadeira" em outra folha. Sem nenhum esforço, sem nenhum problema, escreveu cinco sinfonias geniais, totalmente diferentes entre si, num intervalo de semanas.

Todos – Bach, Haendel, Haydn, Mozart – para não citarmos ainda Gluck, Vivaldi e outros – "fornecedores" de música à classe dominante (aristocrática e clerical), relativamente orgulhosos desta condição, deste privilégio, todos "artesãos" absolutamente apoiados em formas tradicionais que cada um valoriza genialmente ao longo de sua vida. Nenhum com problema de inspiração.

Agora, Beethoven. Sai de Bonn, sua terra natal, em 1792, exatamente quando toda a corte renana é forçada a fugir à aproximação da revolução. Ingressa na corte de Viena, onde ainda vem a conhecer pessoalmente Haydn e Mozart, compõe duas sinfonias (haydnianas), mas já alimenta idéias radicais, a favor da República. Lê Kant e agora morre de amores pelo grande herói da Revolução Burguesa, Napoleão Bonaparte. Para ele – inspirado nele – compôs sua primeira obra indiscutivelmente individualista e monumental: a Terceira Sinfonia, a *Heróica*.

46   criatividade em propaganda

Bach foi aprisionado pelo príncipe em Weimar, por desobediência. Haydn, no seu contrato com o príncipe Esterhazy, comprometia-se a "conhecer o seu lugar; mostrar-se acomodado, sóbrio e modesto diante dos superiores; andar sempre de uniforme (como cabia a um criado); compor todas as músicas necessárias ao entretenimento de Sua Alteza; não compor nada, para quem quer que fosse, sem permissão de Sua Alteza; obedecer com a máxima pontualidade todas as ordens que viesse a receber de Sua Alteza etc.". Mozart era obrigado a comer com os cozinheiros e camareiros (bem como Haydn), e certa vez foi esbofeteado por um mísero condezinho.

Beethoven, partidário fervoroso da Revolução Francesa, vai conviver com a aristocracia vienense, porém numa relação nunca vista ou sonhada por seus antecessores. Inverteram-se os papéis: sua arrogância, mesmo para com os mecenas que tanto o protegiam e estimavam, não tem limites. Ai de quem desse um pio quando ele tocava, nos salões apinhados da nobreza austríaca: poderia, como certa vez o fez, interromper a audição e gritar "Não toco para porcos". Outra vez, no palácio do príncipe Lobkowitz, quando este observara, durante um ensaio, que a ausência de um dos três tocadores de fagote talvez não fizesse diferença, Beethoven fica furioso, suspende o ensaio, abandona o palácio gritando alto para que todos ouvissem: "Lobkowitz é um asno".

É o primeiro compositor a ditar condições a seus editores. Certa vez, quando estava dando aulas ao arquiduque Rodolfo, não consentiu que os lacaios o detivessem e os empurrou para o lado com as palavras: "Eu sou Beethoven". E há ainda o famoso episódio quando ele e Goethe deparam, numa rua de Teplitz, com toda a família real, inclusive a imperatriz da Áustria e os diversos arquiduques: enquanto Goethe cede o passo aos que se aproximavam, tira o chapéu e inclina-se num cumprimento respeitoso, Beethoven vai em frente, atravessando o grupo com os braços cruzados e o chapéu enterrado na cabeça, acintosamente.

O importante – a contrapartida desse comportamento – é que Beethoven foi o primeiro compositor que habitualmente não escreveu por encomenda, mas por inspiração e soberana vontade própria. Quando é ele quem manda, é o Napoleão da música. Quando os outros lhe querem mandar, e mesmo quando gostaria de obedecer, não sai grande coisa. Suas composições por encomenda são todas um fracasso.

Realmente, suas *Obras completas* – ao contrário das de Bach ou Mozart – estão repletas de peças fracas, "sem inspiração". A inspiração, para ele, passou a ser condição fundamental, o fenômeno que garantia seu próprio valor artístico e que o fazia eventualmente explodir com realizações superiores às de Bach, em profundidade. Algumas obras levaram anos e anos sendo escritas, amadurecidas, mudadas; seus rascunhos estão cheios de rasuras, correções, observações. Raramente, para não dizer nunca, cumpria os prazos de entrega com seus editores – o que era outra fonte de aborrecimentos.

Beethoven foi o primeiro, na história da música, a necessitar pateticamente da inspiração – e daí, uma vez, pensou ouvir quatro pancadas, imaginando ser o destino batendo à sua porta, o que inspirou a Quinta Sinfonia. Andava pelos campos, com um caderno nas mãos, inspirando-se nos regatos, na tempestade de verão, no canto dos pássaros, e compôs a Sexta! Cada sensação pessoal – a revolta, a melancolia, o amor, a tristeza pela partida de um amigo e a alegria por sua volta, até mesmo, no fim da vida, a "raiva pelo tostão perdido" – é processada pelo seu individualismo, pelo seu "eu" livre e rebelde, em música genial.

É depois dele que vão desfilar todos os sonhadores, românticos e abatidos escravos da inspiração.

Que temos nós a ver com tudo isso?

Este livro não trata da história da arte para que acompanhemos as vicissitudes do Romantismo até o que resta dele hoje em dia (trapos) – fenômeno que corresponde à progressiva frustração da classe que representa.

Mas o que já foi dito demonstra, acho, que a inspiração, como problema, de forma alguma pode ser considerada pertinente como condição aos processos de criação.

O máximo que podemos concordar é que ela representou uma condição aos processos de criação que se desenvolviam dentro da problemática típica do Romantismo.

Dessa problemática – histórica, filosófica, psicológica – quase nada resta hoje em dia, principalmente para os modernos artesãos da criatividade publicitária.

Mas é claro que, juntamente com nossas remanescentes ilusões românticas, ainda sobrevive uma dose bem forte de crendices sobre a inspiração.

O problema de inspiração tornou-se um exercício de *kitsch:* um Bach rigoroso, produzindo uma cantata por semana, chova, vente ou faça sol, não tem o apelo *kitsch* de um Beethoven descabelado, andando pela floresta, em êxtase de inspiração. Esse *kitsch só* envolve os deslumbrados ou desprevenidos. A cultura contemporânea é totalmente artesanal em espírito, é muito mais primitiva ou barroca do que romântica – muito mais Bach que Beethoven.

O domínio da técnica profissional – aplicada ao domínio de uma técnica *mental,* praticamente infalível, como um isqueiro a gás – voltou a ser a fonte segura de toda a sorte de tarefas de criação. Esta técnica mental pode, e deve, ser aprendida, assim como pode, e deve, ser continuamente aprimorada e enriquecida ao longo da vida.

Como os artistas-artesãos de todas as idades, o moderno homem de criação, em propaganda, é um servidor satisfeito e entusiasmado da classe domi-

48 criatividade em propaganda

nante: a indústria, o grande comércio! Ele produz obras excelentes, soluções magníficas, sempre, invariavelmente, *sob encomenda,* premido por toda sorte de exigências, e quase sempre sob terrível contingência de prazos! Pode-se dizer que *ele só sabe criar sob pressão!*

Como artesão, é muito bem recompensado por essa sua capacidade, essa técnica da qual muito se orgulha. Porém não se espera, absolutamente, que, em momento nenhum, em detalhe nenhum, ele se "exprima" ou marque sua individualidade nos anúncios que cria – ainda que em geral, na vida prática, seja um grande individualista. Ele cria para solucionar problemas da indústria, do comércio, dos clientes. Problemas reais, imediatos, prementes.

Essa posição incontornável – de precioso servidor do *establishment* moderno em suas mais prementes necessidades – tem levado muitos homens de criação a dilemas de foro íntimo: talvez a originalidade mais marcante desse artesão moderno, em contraste com seus antecessores, muito mais integrados aos fins da sociedade em que viviam, chancelados pela religião. Se, como dissemos, o Romantismo virou frangalhos, não quer dizer que as *idéias* da Revolução Francesa, e sucedâneos, tenham sido formuladas em vão. Não quer dizer que vivamos na Idade Média. Esse assunto tem interessantes desdobramentos que fogem ao tema do presente curso, mas cabe aqui assinalar que mentalidades totalmente adversas ao *establishment* não devem escolher uma agência de propaganda para ganhar a vida, por maior que seja o salário. Dá úlcera no estômago.

Sobre inspiração, vale ainda lembrar o que disse um poeta quando uma senhora lhe perguntou como conseguir inspiração para fazer um poema: "Minha senhora, um poema não é feito de inspiração. Um poema é feito de palavras".

Um anúncio genial também é feito de palavras. Palavras e imagens, ilustrações corretamente feitas com tinta e papel por quem sabe fazê-las, por quem aprendeu a fazê-las. Ou foto: algo realizado com filme certo, na câmera certa, sob iluminação certa – tudo revelado e montado com eficiência, num prazo determinado, em geral curto.

Praticamente nunca ninguém fez um anúncio por inspiração – logo, todo anúncio publicado, toda coletânea de anúncios dos Anuários Internacionais de Propaganda, por mais geniais que sejam, foram feitos por encomenda, sem dúvida sob premência de tempo e de outras exigências incontornáveis: objetivos de marketing, veículos, verba, concorrência, o diabo.

Note-se, contudo, nessa comparação entre poema e anúncio, o fato de a criação publicitária ser infinitamente mais primária do que aquela que enfrenta os problemas da grande expressão artística.

Aliás, tudo isso que estamos dizendo só terá utilidade para leigos. Ninguém numa agência jamais levou a sério esse "problema", e a própria palavra inspiração é totalmente *out* junto ao pessoal de uma agência. A procura por uma solução espetacular a que esta gente possa estar dedicada, em determinado momento, obedece a enfoques e padrões mentais absolutamente diferentes do conceito de inspiração que abordamos.

Contudo, consciente ou inconscientemente, o mesmo conceito ainda funciona como poderoso empecilho junto a leigos que poderiam expandir seus recursos de criatividade, mas temem os insondáveis caprichos desse fantasma...

TÉCNICA – eis a palavra perfeita para substituir inspiração.

Ainda no campo da música, vale a pena lembrar o que o grande músico Sarasate respondeu quando um crítico o classificou de gênio:

– Durante 27 anos pratiquei 14 horas por dia, e agora eles me chamam de gênio!

TÉCNICA PARA TER IDÉIAS: originais, decisivas, criadas em tempo certo e improrrogável.

E técnica é coisa para ser aprendida, desenvolvida, desdobrada, exercitada continuamente, testada, reformada. Dá uma mão-de-obra imensa, nos dois sentidos da expressão: pesquisas, discussões, divagações, rascunhos, julgamentos etc. (falaremos disso no Capítulo 8).

"Minhas invenções", dizia Thomas Edison, "são fruto de 1% de inspiração e 99% de transpiração."

Este livro vai tentar reunir alguns subsídios para esses 99% de transpiração...

3 sua cabeça está a prêmio

Ou você dá um valor muito alto a ela, ou será um mero número na memória de um computador.

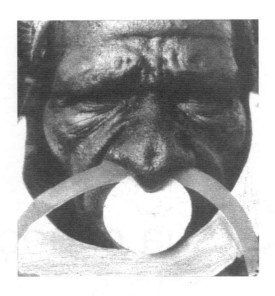

Este é um caçador de cabeças, da Nova Guiné.
Ele vive na Idade da Pedra, passa fome e caça cabeças.
Caça cabeça, caça cabeça, caça cabeça.
Ele tem uma grande coleção de cabeças...
Mas não melhora de vida.
Um dia a Idade da Tecnologia e da Comunicação
chegará até ele.
E ele organizará uma empresa e se empenhará
em melhorar de vida.
E para isso exigirá quadros de comprovado talento gerencial,
diretores que criem esquemas inteligentes de marketing,
planejadores abertos a novas idéias,
administradores sensíveis à situação geral dos negócios técnicos
com capacidade de análise e inovação.
E lutará por contar com uma Agência de Propaganda
eficiente, atualizada e extremamente criativa.
Este caçador de cabeça será um empresário
próspero, vitorioso, realizado.
Ele melhorará sempre de vida, a cada ano que passa.
Porque terá aprendido a caçar...
o que há *dentro* das cabeças.

A cem milhas da costa de Massachusetts, em pleno oceano Atlântico, vê-se uma bóia vermelha. Ela marca o lugar em que afundou o *Andrea Doria* – um luxuoso transatlântico de 30 mil toneladas, que marcou época. Ele jaz a 67 metros da superfície, onde um mergulhador só pode trabalhar quatro horas. Pior: ele jaz sobre o lado fendido, o que dificulta terrivelmente qualquer trabalho de resgate.

Muito pesado para ser suspenso, impossível de ser consertado, cheio de buracos para possibilitar o bombeamento de ar dentro do casco, lá está o *Andrea Doria esperando por uma idéia.*

Em terra, sabe-se que número bem grande de engenheiros mantém, particularmente, pessoalmente, o problema em pauta. Cada um, talvez em casa, antes de dormir, se deita e espreme o cérebro em busca da resposta: como retirar o *Andrea Doria* do fundo daqueles 67 metros?

Eles sabem que isso é basicamente possível com as técnicas de hoje. Talvez seja necessário construir um novo equipamento, sintetizar algum produto especial, combinar métodos conhecidos – mas a coisa é possível hoje. Não se cogitam soluções fora dos parâmetros da atualidade, soluções que não possam começar a ser postas em prática *imediatamente.*

Há um exemplo clássico de problema (inclusive apresentado em curso de criatividade) também no campo da engenharia: como colocar uma máquina de várias toneladas no fundo de um buraco estreito, considerando que não há guindaste nem corrente capazes de levantá-la?

A solução (caso tal necessidade fosse fundamental para um empreendimento importantíssimo) poderia ser saudada com a mesma emoção com que veríamos, finalmente, assomar à superfície o casco negro do *Andrea Doria.*

E no entanto trata-se de uma dessas soluções que poderiam ter sido encontradas por muita gente, por você: encher o buraco de gelo, empurrar a máquina sobre ele e esperar que o gelo se derreta.

Comprovada a viabilidade e excelência da solução, a segunda parte – como processar tal congelamento? – passou a ser secundária, quase burocrática. No moderno contexto tecnológico de trabalho, este segundo problema cabe mais a máquinas do que a homens. Talvez a um computador.

Se o exemplo da máquina no buraco é hipotético, pelo menos não o é certa técnica de engenharia de corrigir o prumo de edifícios: abre-se uma cavidade na base do lado em que o prédio está tombando, enchem-na de água e congelam-na. Congelando-se, a água se expande com força suficiente para levantar o prédio alguns milímetros. Ele é então calçado, e repete-se a operação. É uma solução consagrada, genial, mas, francamente, toda a formação técnica *imprescindível* à pessoa que a criou foi o conhecimento dessa propriedade da água ao passar para o estado sólido. Segundo ano ginasial.

Evidentemente, para que a idéia fosse um sucesso, houve um bocado de mão-de-obra, *know-how* de várias especializações capaz de abrir um buraco por baixo de um edifício que já está caindo, congelar água lá dentro etc. Mas são esforços, afinal, *posteriores* à solução. São problemas, por muito difíceis que se apresentem, burocráticos, a serem solucionados por uma questão de tempo e investimento. Um computador cabe bem nessa fase.

Se o leitor tivesse a chance de estar seriamente envolvido com a tarefa de aprumar a Torre de Pisa e fosse o primeiro a enfrentar esse tipo de problema – certamente, mais cedo ou mais tarde, também encontraria a solução do congelamento da água.

Críticos teóricos do capitalismo no século passado, previram a decadência da imaginação no sistema. Papo-furado: nunca ela foi tão benquista, pelo menos em função de suas aplicações pragmáticas.

Grandes corporações americanas instalam, por conta própria, terminais de computador na residência de seus cientistas. *Just by chance*: um dia, um deles, vindo com a esposa do cinema, por exemplo, se lhe ocorrer uma hipótese fugidia, terá recursos imediatos para equacioná-la. Entre milhões de possibilidades, um dia pode vir a *idéia* que revolucionará os destinos da empresa...

E tal é a regra: todos os setores da moderna sociedade tecnológica apresentam avidez crescente por *idéias*. Todos: técnicos, industriais, artísticos, militares, políticos, organizacionais – todos! A Nasa pode ter dezenas de computadores, contudo adquiriu direitos junto aos editores das histórias em quadrinhos (mesmo as antigas) que tratam de viagens espaciais (*Flash Gordon*, *Brick Bradford* etc.) porque aqueles foguetes, bólides e naves, imaginosamente criados por não-especialistas, podem conter a solução para pôr o homem em Marte mais cedo.

O exemplo do *Andrea Doria*, apresentado no início do capítulo, foi escolhido não só por ter sido tema de um belo anúncio da Olin Mathieson Chemical, publicado em *Fortune* (e republicado no *Photographis-70*), como também porque dá ensejo a que apresentemos Karl Kroyer, um dos poucos multimilionários da Dinamarca e presidente da única fábrica dedicada a inventos na Europa.

Descendente de família pobre, começou a vida inventando o porta-seios embutidos em maiôs de banho, em seguida uma frigideira munida de um termômetro no cabo, e que lhe rendeu verdadeira fortuna; mais tarde inventou o "Sinopal", agregado sintético branco que proporciona resistência às superfícies de rolamento contra derrapagens, tendo ainda a vantagem adicional de realçar o brilho da pavimentação no escuro, em proveito da visibilidade do motorista.

Kroyer inventou também um método de içar navios naufragados por meio do bombeamento de balões de polietileno – o que foi aprovado em navios afundados no Kuwait e na Groenlândia, mas que não sabemos se foi tentado no *Andrea Doria*. E mais de duzentas outras patentes.

Hoje, riquíssimo, prestigiadíssimo, vive em deslumbrante apartamento de cobertura em Copenhague, equipado com seis máquinas telex, mobiliário antigo e lagos artificiais.

Por toda parte, no panorama da moderna sociedade tecnológica, multiplicam-se os *brain banks* e as *think tanks*. A criatividade passou a ser a nova prima-dona do mundo. A Lockheed Aircraft, um dos maiores fabricantes de aviões do mundo, colocou em suas principais dependências a frase altamente estimulante: "De acordo com todas as leis da aerodinâmica, o besouro não pode voar".

Quando, recentemente, organizei breve coleção de *slogans*, surpreendi-me com o número de grandes empresas que elegeram, como tema, não sua importância financeira, ou sequer a excelência objetiva de seus produtos ou serviços, mas sim sua *competência inventiva*:

- Philips – the innovators.
- The discovery company (Philips).
- Bayer thinks of tomorrow today.
- There's an original way of looking at everything (American Mutual).
- Better ideas sell better cars (Ford).
- The answer company (UOP).
- The solid growth idea (IC Industries).
- The proud inventors (Gould).
- A company to think about (Textron).
- The car for people who think (Volvo).
- Pan Am is a good idea (Pan American).
- The railway system that gives a green light to innovations (Southern).

Talvez o melhor de todos – pelo menos o que mais me impressionou foi o da IBM: "Machines should work, people should think". Primeiro, porque tal divisão de trabalho foi formulada pela empresa mais familiarizada com as duas entidades: pensamento e equipamento. Segundo, porque julguei reconhecer, mais do que um *slogan,* a terrível alternativa com que o homem se depara na moderna sociedade tecnológica: ou ele *pensa* – no sentido da palavra – ou vai entrar para o rol das entidades automáticas, das máquinas.

Realmente, não há mais profissão por si mesma criativa. Arquitetura, por exemplo, parece uma delas somente quando a vemos do ângulo de um Niemeyer, que tem por tarefa criar uma capital no interior da América do Sul, uma mesquita na Argélia, uma cidade universitária em Israel, a sede do Partido Comunista na França etc. Agora, não o é, definitivamente, vista do ângulo de milhões de arquitetos debruçados sobre uma prancheta durante um expediente de oito horas por dia, com uma hora e meia livre para o almoço...

Até agências de propaganda existem – principalmente grandes agências, na América, especializadas em varejo – onde o pessoal de estúdio trabalha numa verdadeira linha de montagem de anúncios, com desenhistas especializados em sapatos, outros em vestidos, em bolsas etc.

Afinal, trata-se da grande alienação do homem moderno, a proletarização do funcionário *white collar,* enclausurado em rotinas e em processos de produção da qual lhe fogem tanto o controle quanto o entendimento. Pior ainda: eles vivem sob a ameaça cada vez mais real da IBM: uma vez que não pensam (embora possam não ter culpa disso), poderão amanhã ser trocados em massa por um computador.

O computador é um equipamento "caro, rápido e burro" na definição de Robert Townsend (*Up the Organization*), mas já pôs no olho da rua milhões de operários dos países industrializados que apertavam parafusos em linhas de montagens. A automação está de olho no funcionário (estatal ou privado) que não produz idéias. E vai lhe dar aviso prévio, caso a economia desses países consiga continuar em expansão.

Mesmo que isso não ocorra, o destino desses não será mais brilhante do que hoje, para sermos otimistas. A tendência é para baixo.

"Machines should work, people should think"– uma ameaça da violenta discriminação, que o futuro deve agravar.

Essa discriminação salta aos olhos nas próprias relações internacionais.

Tanto quanto exprimirmos (e explicarmos) a tremenda desigualdade atual entre as nações em termos econômicos, sociais ou militares, podemos fazê-lo em termos de tecnologia, vale dizer, de patentes, de *idéias.* Porque um aspecto completa o outro, na medida em que a nação-potência no século XX é expressa tanto em poderio industrial e militar quanto em seu corolário inventivo. E ao contrário do que se passa em nações atrasadas e feudais, nelas a imaginação prática, aplicada, é moeda corrente. E moeda forte.

Há o exemplo já batido mas sempre interessante: o Japão não tem minério de ferro, nem carvão, contudo (estamos simplificando), teve a idéia de construir siderúrgicas *dentro* dos portos, possibilitando aos navios descarregarem o minério e o coque diretamente nos altos-fornos. Esse "ovo de Colombo" (que dirá você, leitor, se tivesse a chance, talvez também descobrisse) lhe assegura ser mais barato colocar o carvão que vem de Norfolk (EUA) em suas usinas do que esse mesmo carvão em Pittsburgh (EUA).

Experimente fazer o curioso teste (mesmo junto a universitários e pessoas medianamente bem informadas) sobre que país, na opinião dessas pessoas, possui a maior potência nuclear: Inglaterra ou França. Quase a totalidade das respostas elegem a França. Elas estão erradas... e certas. A rigor, a capacidade do armamento nuclear inglês é muito maior que o francês. No entanto, a entrada da França no Clube Atômico foi incomparavelmente mais espetacular e cheia de conseqüências, elevou muito mais o prestígio militar do país no contexto internacional, pela simples razão de que a bomba atômica francesa é patente integralmente francesa, enquanto a bomba atômica inglesa (sem cometer injustiça para com a física nuclear britânica) recebeu expressiva ajuda americana. Receber de presente, comprar, "importar" a bomba (Índia) tem importância infinitamente menor do que *inventá-la* com recursos próprios (China). As razões são óbvias. Falo da bomba... ou qualquer outro artefato da sociedade tecnológica.

Qualquer levantamento sobre o prestígio internacional de cada país mostrará como esse prestígio cresce face a um peculiar *know-how* que tenha sido pioneiramente desenvolvido a um conjunto de idéias novas, posto em prática com sucesso; a uma tecnologia inédita; a um conjunto de patentes.

Alguns exemplos que me ocorrem, sem compromisso: a França com seus Mirages; a União Soviética com sua física (a explosão de sua primeira bomba atômica e o lançamento do *Sputnik* foram as duas *únicas* vezes em que realmente conseguiu abalar seu principal adversário); Israel com suas técnicas inéditas de vencer o deserto; a Itália, com seus *designs* para a indústria automobilística; a Suécia com sua tecnologia para aços especiais; a Suíça com seus equipamentos de precisão etc.

O caso do Brasil. Há uma queixa difundida, e compreensível, de que nosso país só é conhecido e admirado, na Europa e na América, por seu futebol, carnaval, praias, Pelé etc. E não por sua indústria automobilística, seu parque industrial (o segundo do Hemisfério Sul), seu potencial hidrelétrico (talvez o maior do mundo), seus 8 mil quilômetros de costa (a nação de maior costa contínua do mundo etc.).

Tudo isso é chato e ninguém pode negar que há um conjunto de fatores trabalhando para tanto, tais como preconceitos, ignorância, ou mesmo cam-

58 criatividade em propaganda

panhas orientadas. Mas não me parece estar aí a razão principal. Vamos, por um momento, ver a coisa do lado "deles", do lado da civilização tecnológica, do lado da civilização onde imperam, como moeda forte, idéias, patentes, pesquisa.

Para "eles", é apenas informação (verdadeira) o fato, por exemplo, de o Salão do Automóvel, em São Paulo, apresentar a mesma amplitude e conforto do Salão do Automóvel de Paris. Note agora: antes mesmo de abrir, o Salão do Automóvel de Paris acarreta atração formidável *do mundo inteiro,* afluem para a cidade centenas de delegações de empresários dos quatro cantos, a espionagem industrial se agita etc. Isso porque vai ser exposto ali tudo o que foi *criado,* naquele ano, pelas principais indústrias automobilísticas francesas, alemãs, inglesas, italianas – e também japonesas, americanas e suecas. Ele expõe o resultado, até então inédito, da inventividade humana nesse setor.

Em espaço ainda maior, e praticamente com a mesma suntuosidade, o Salão do Automóvel de São Paulo apresenta, em 1976, o Galaxie, o Dodge 1800, o Volkswagen 1300 etc. Eletrizante para nós, mas, sinceramente, acaso isso merece um telegrama de uma agência internacional? Que interesse você mesmo teria, caro leitor, habitante do Rio ou de São Paulo, por um belo Salão do Automóvel que estivesse lançando em qualquer lugar o Gordini e o DKW?

Vendo sempre a coisa do lado de fora, de lá para cá, pergunto: por muito decisivo que seja para o desenvolvimento brasileiro, pode ter algum "interesse" público internacional a usina nuclear de Angra dos Reis? A rodovia Castelo Branco? O Hotel Nacional Rio? A ponte Rio–Niterói? Evidentemente, esses quatro exemplos (para não citar milhares) podem e devem ser divulgados no exterior para o bem do país. No entanto, eles somente serão tomados como "informação", embora positiva. (É excelente para os turistas, por exemplo, terem a boa informação de que contam no Rio com hotéis como o Nacional). Seria ingenuidade, em minha opinião, pensar que tais obras possam acarretar dose ponderável de prestígio para o Brasil.

E por quê? Porque são obras magníficas em tamanho, acabamento ou luxo, mas em nada particularmente magníficas em inventividade. Para a engenharia mundial, a construção da estupenda ponte Rio–Niterói pode ser definida, quase toda ela, como uma questão de cimento armado, estrutura... e dinheiro. Tenha ela 14 quilômetros, ou tivesse 28, quando exigiria o dobro de material, dinheiro e homens/hora – na obra ou na prancheta. O ponto nevrálgico foi a colocação da superestrutura de aço sobre um vão de extensão inédita no mundo (300 m), que possibilita hoje a passagem dos grandes navios. Se país algum, exceto o Brasil, fosse detentor da técnica, da idéia testada e aprovada, capaz de cobrir com sucesso esse vão de extensão única no mundo, o prestígio brasileiro seria maior do que se a ponte tivesse 40 quilômetros. Alguém duvida disso? (Incidentalmente, devemos o tal vão à tecnologia inglesa.)

Certo, esse é um assunto sensível, e não estou pondo em causa a legitimidade do orgulho que um brasileiro possa ter tido, na época, pela abertura da Transamazônica, ou pelo aumento do PNB. Mas estamos tratando da pranteada falta de reconhecimento, pela opinião pública da América e da Europa, do valor de "nossas coisas". Ora, será algo bem mais produtivo, em vez de nos lamentarmos, conhecer um pouco a psicologia desses públicos. Para publicitários, então, isso é uma obrigação fundamental, em qualquer caso. É ridículo esperarmos consagração internacional por fatos ou coisas de segunda mão – por muito decisivas que possam ser para o nosso progresso.

No mundo moderno, somente idéias – novas, autóctones, soluções de problemas – mudam a imagem das nações... quando não seus destinos.

E não custa, quem faz propaganda do Brasil para os gringos, conhecer não somente a mentalidade, mas o contexto cultural em que eles vivem, e do qual são inclusive prisioneiros. O Anhembi, por muito que cresça, jamais os impressionará, enquanto não apresentar qualquer coisa que ainda não tenham visto...

Agora, já houve inúmeros casos em que a reputação do Brasil subiu extraordinariamente.

Brasília foi o melhor exemplo. Eu estava na Europa em 1959 e 60, e por todo lugar era geral o interesse público sobre a construção da nova capital. Não só da parte de arquitetos, mas de todo mundo qualificado, consumidor dos veículos de comunicação. E note que todo esse público não recebeu a mudança da capital apenas como mera "informação" (porque nesta categoria passiva de "informação" a capital do Brasil ainda será por muito tempo Buenos Aires), mas sim como motivo de interesse e admiração. Inegavelmente, Brasília mudou muito, para melhor, a *imagem* do Brasil no exterior. Qualquer um que estava lá nessa época pôde comprovar isso.

A razão é óbvia. Brasília, como um todo, era muito mais do que cimento armado, vigas, homens/hora e dinheiro: Brasília era idéia, era liderança conceitual em urbanismo e arquitetura, era inventividade avançada e cem por cento brasileira. Foi uma criação genial, prática e *autóctone* do Brasil. Os preconceitos, que sempre existem contra as nações emergentes, refletiam-se na divulgação de erros, detalhes exóticos, episódios meio ridículos que acompanharam a construção. Mas isso só acontecia porque o interesse do público era marcante, ininterrupto... e justificado.

Há outro exemplo, menos erudito, mas que vale a pena analisar:

Em 1966, a Inglaterra sagrou-se campeã mundial de futebol em seu próprio território, em campanha de méritos discutíveis, mas endeusada fanaticamente pela imprensa inglesa. Com sua vitória, consagrou-se no mundo inteiro a técnica que possibilitou ao English Team ficar com a taça Jules Rimet durante quatro anos: uma técnica defensiva, à base de "retranca".

60 criatividade em propaganda

Quatro anos depois, no México, praticamente todos os países concorrentes, com exceção do Brasil, começaram suas campanhas jogando defensivamente, porque, de um modo ou de outro, todos tinham "comprado" o *know-how* inglês: a retranca.

O prestígio da Inglaterra em futebol estava nas culminâncias. E quem leu a imprensa inglesa nessa época lembra-se como ela "faturava" esse prestígio e essa autoridade, chauvinistamente.

O Brasil, detentor de concepção diametralmente oposta, preparou-se bem, em silêncio, e a cada partida explodia com um futebol implacavelmente ofensivo, sem necessitar de um minuto de prorrogação em seus jogos, até chegar aos 4 x 1 contra a Itália, e a posse definitiva da taça. Apresentou uma *idéia* melhor, preponderantemente brasileira, inquestionavelmente mais eficaz, bem treinada e apta para o sucesso –, e o que isso acarretou em termos de espanto e admiração na Europa – principalmente na Inglaterra! – foi avassalador.

Podemos afirmar que, na campanha de futebol no México, foi uma das raras vezes em que o Brasil agiu – por seu preparo técnico e por sua independência psicológica – como potência tecnológica do século xx.

E ninguém pode se queixar de que, pelo menos uma vez, a Europa não tenha se curvado perante nós...

Dizer que, quatro anos depois, na Copa na Alemanha, quando todos os times concorrentes já tinham desenvolvido táticas bastante agressivas (ditadas pelo exemplo brasileiro), o Brasil tricampeão entra em campo fechado na retranca, passando sustos e vergonhas a cada jogo, até ser devorado pelo ataque da Holanda; dizer que, quatro anos depois, fomos mostrar ao mundo uma concepção obsoleta, que nós mesmos já tínhamos desmoralizado – bem, isso é um caso que eu nem deveria ter lembrado aqui...

Se amanhã o Brasil, baseado em seus recursos amazônicos, desenvolvesse, por exemplo, programas originais e extensivos de proteção à fauna; ou conseguisse soluções inteiramente novas ao impasse etnológico que se abre quanto à assimilação de indígenas; ou tentasse métodos novos e experimentais de reabilitação de menores delinqüentes; ou investisse maciçamente para desenvolver aplicações para suas piritas do Sul, patenteando para si uma tecnologia única no mundo – qualquer notícia dessas seria incomparavelmente mais prestigiosa para o país, junto ao mundo civilizado, do que a notícia de que a Boeing vai instalar em Botucatu fábrica de aviões maiores do que as de Santa Bárbara, Califórnia.

Porque os primeiros fatos estão relacionados a homens que *pensam*, enquanto o outro é dado estatístico, para máquinas que trabalham...

Pelas próprias desigualdades regionais do desenvolvimento brasileiro, como ainda pelas desigualdades estruturais desse desenvolvimento, a criatividade –

fator de afirmação nacional e pessoal no panorama tecnológico de nossos tempos – ainda não encontrou campo livre entre nós. (Exceto talvez em propaganda, onde já conquistamos nível de competência admirável.)

Mas é de se crer que as condições para seu florescimentō deverão aumentar rapidamente no Brasil.

Sou amigo de um geofísico alemão, Helmut Linsser, que, casado mas sem filhos, morava num apartamento de alto luxo no Posto 6. Helmut trabalha para uma grande empresa alemã de pesquisa de petróleo. Trabalha é modo de dizer. (Se ele fosse um geofísico apenas competente, mas sem idéias, teria certamente de enfrentar suas oito horas de expediente, com uma hora e meia para o almoço, não importa o salário.) Mas Helmut é um geofísico com *idéias*, por isso recebe o dobro em salário, para acordar tarde e ir à praia. No Rio, ele ia à praia todos os dias e ficava lá pensando. Uma vez por semana, ele "bolava" uma equação matemática na praia, escrevendo-a diretamente na areia. A tarde, ia ao Banco do Estado da Guanabara e processava sua idéia no computador (alugado pela empresa especialmente para ele). Depois mandava os resultados para a firma na Alemanha. O resto do tempo ele despendia pintando (participou de uma exposição), bebendo chope e organizando festas no imenso apartamento, com a participação de conjuntos de escola de samba.

Quando o Helmut sentiu que já conhecia bastante o Brasil, decidiu mudar-se para o Canadá, e a empresa mandou-o imediatamente, nas mesmas condições, para o Canadá.

Tal regime de vida, que ainda parece ficção no Brasil, mas que é corriqueiro na sociedade tecnológica – vida que milhões de *white collars* pediram a Deus – é um dos muitos privilégios reservados hoje ao homem particularmente procurado e paparicado pela sociedade tecnológica: o homem criativo, o profissional que *pensa* com originalidade e eficácia.

Mesmo porque a capacidade de um sujeito gastar em viagens e festas é ridícula face aos recursos financeiros de uma grande empresa moderna; mais ridícula ainda ante a possibilidade que ele lhe dê, a qualquer momento, entre várias idéias novas, operativas e viáveis, uma que seja astronomicamente compensadora.

E, como dissemos antes, a idéia astronomicamente compensadora pode ser basicamente simples (como a de colocar altos-fornos dentro do porto), contanto que disparada dentro de um quadro de circunstâncias receptivo a ela, e no momento certo.

A Holanda recuperou sua posição no pós-Guerra, na construção naval, com uma idéia genial do sr. Verolme (que graças a essa idéia, conquistou, ele próprio, um império): um dos problemas mais delicados nos métodos de construção de um navio estava nos ajustes para a necessária precisão ao cortar as chapas de aço de acordo com as plantas. O sr. Verolme passou a transformar as plantas em *slides* e projetá-las com projetores gigantes sobre as chapas, enquanto eram cortadas. (Que pena que você, leitor, não tenha tido a chance de ter esta idéia. Porque há de convir que é uma idéia comicamente banal.)

Voltando a falar de Brasília, sua concepção é de simplicidade absoluta: uma cruz, uma asa. Talvez o veículo mais consagrado do mundo, e que mais tem solucionado problemas de toda ordem, foi criado em poucas horas com um projeto de 200 dólares: indicado originalmente para *general purpose*, seu nome foi abreviado para G.P. – ou *jeep*.

Caso mais espetacular foi a criação do módulo "aranha", que solucionou o problema da alunissagem dos tripulantes da cápsula *Apolo*: originalmente a idéia foi apresentada servindo-se de pedacinho de madeira torneada, com clipes no lugar dos pés. E esta idéia não foi de uma equipe, mas de um único homem, John C. Houbolt, que inclusive teve de enfrentar toda a burocracia da Nasa, mais o dr. Von Braun. Tal brinquedinho foi a verdadeira essência da solução que colocou pela primeira vez o homem em outro corpo celeste ("com uma economia de bilhões de dólares") – muito mais que as centenas de operários, técnicos, engenheiros e computadores da Nasa que, trabalhando em tempo integral, tiveram de processá-la, detalhá-la e levá-la a cabo...

A sociedade tecnológica tem verdadeira *avidez* por homens capazes de colocar clipes em pedaços de madeira na hora certa. Simplesmente porque ela vive em função de soluções que máquinas e computadores não têm qualquer possibilidade de encontrar. Sua expansão exacerba essa necessidade à medida que aumenta não tanto a complexidade, mas a multiplicidade de fatos novos e dilemas inéditos.

A criatividade é um bem de primeira necessidade, tanto mais valioso quanto mais avançado for o estado tecnológico e industrial da sociedade.

Também nesse ponto a desigualdade do desenvolvimento brasileiro se faz sentir. São Paulo, por exemplo, paga muito melhor idéias do que o Rio. O sertão não paga nada, o coronel da fazenda paga muitos milhões por um carro importado, mas nunca concordaria em pagar a centésima parte por uma marca gráfica para sua fazenda. (Em São Paulo, ela, com toda a programação visual, já custa eventualmente o preço daquele carro importado.)

Idéias, gênero de primeiríssima necessidade na sociedade tecnológica (a sociedade em permanente mudança – como define John Kenneth Galbraith), contanto evidentemente que sejam práticas e sirvam ao *establishment*, são, em qualquer caso, sempre suspeitas na sociedade agrária. Outra razão é que o alto capitalismo, pressuposto dessa sociedade avançada, sabe aquilatar perfeitamente o valor de coisas abstratas, como é o mercado e o próprio capital, expresso em números ou papéis. A economia do senhor feudal é grosseiramente concreta: a terra, benfeitorias visíveis, cabeças de gado. O que vem de cabeças humanas, propondo mudanças, não pode ser boa coisa...

E aí está mais uma diferenciação dramática no panorama do mundo atual: nos países economicamente avançados, as idéias são caras e os produtos industriais baratos. Nos países subdesenvolvidos, as idéias são baratas e os produtos industriais caros. Projetando universalmente o *slogan* da IBM, o pesadelo de muitos críticos do capitalismo é que chegaremos a um ponto em que os primeiros apenas *pensarão* (suas idéias valiosíssimas), e os segundos apenas *trabalharão* (por seus produtos industriais de preço cada vez mais exorbitante).

Vejamos como essa diferenciação, além de ameaçar o mundo em que vivemos, exerce curiosa distorção dentro das agêneias de propaganda brasileiras.

Uma agência, no seu processo de *criar* uma campanha, conta com um quadro interno de gente criativa (homens que pensam) e um quadro externo de fornecedores (firmas de fotoletras, composição, clichês, fotolitos, gráficas, etc. – máquinas que trabalham).

O quadro de criação é composto, fundamentalmente, pelo redator e diretor de arte, enriquecido eventualmente por planejadores, outros *layoutmen,* os contatos da conta, os assistentes de contato, e até, como mencionei no Capítulo 1, o *boy* da expedição e a moça que serve os cafezinhos, para "dar uma opinião".

Não se espera absolutamente – e com toda razão! – que numa reunião dessas participem, por exemplo, os chefes de oficina da empresa que vai preparar os fotolitos da campanha, ou o dono da gráfica que vai imprimir as peças promocionais. Muito embora tais empresas, ricas e eficientes, devam interferir, para o sucesso da campanha, com máquinas e equipamentos estimados em milhões, e que deverão ser perfeitamente operados.

É claro: tais empresas receberão as idéias prontas e as processarão e multiplicarão, muitas delas eletronicamente (como um computador). E o farão tanto com uma campanha genial, quanto com um apanhado de asneiras. Excelentes e caras que possam ser, tais máquinas, bem como os profissionais que as operam com perfeição, nada têm a ver com os processos de criação.

Até aí, tudo muito claro. Agora pergunto: onde estão os fotógrafos? Nos Estados Unidos, Inglaterra, França, Alemanha, Itália, Japão etc., os fotógrafos de propaganda são partes constituintes do grupo de criação, muitas vezes substituindo, ou melhor, acumulando a função de diretor de arte. Eles têm competência para *criar* soluções, antes de pensar na câmara que vão usar, como nosso diretor de arte pode criar soluções antes de se sentar na prancheta, ou o redator antes de enfiar o papel na máquina. Cada país desses, assim como tem sua bateria de diretores de arte, criativos e consagrados, tem sua bateria de fotógrafos de propaganda, criativos e consagrados.

O Brasil já conta hoje, pacificamente, com redatores e diretores de arte de gabarito internacional. Tão bons quanto os melhores do mundo – e note-se

64 criatividade em propaganda

que hoje o mundo inteiro (publicitário) reconhece isso. Mas com os fotógrafos de propaganda brasileiros aconteceu, via de regra, uma *capitis diminutio.* Historicamente, não conseguiram subir ao Olimpo da criação: eles se desenvolveram dando ênfase fundamental às qualidades concretas da profissão e dos equipamentos; se dedicaram em dar ênfase a detalhes, que, por muito importantes que sejam, não são para homens que pensam, mas para máquinas que trabalham: câmaras, equipamentos, e a correção em manejá-los. E por isso viraram, quase todos, fornecedores.

Exemplo: em 1973, a fábrica japonesa de filmes fotográficos Fuji contratou o fotógrafo de propaganda Christian von Alvensleben, de Hamburgo, para *criar* um pôster de propaganda. Reparem, de saída, que não o contratou especificando: "Nós queríamos que você nos fotografasse umas rosas vermelhas, ao lado de margaridas brancas, num fundo verde, para um pôster de propaganda". Ela o contratou para apresentar algo interessante, que beneficiasse os filmes Fuji.

Herr von Alvensleben lançou-se pelo mundo, com seu desafio e, "quando já desistia" (conversa-fiada, na certa, para valorizar seu achado), achou na Noruega uma gorducha simpática, bem gorducha, Gerd Tinglum. Gerd foi levada da fria região ártica para a praia de Ibiza, nas ilhas Baleares (custo das passagens ida-e-volta e estadia evidentemente insignificantes face aos honorários de um fotógrafo criativo) e convidada a posar nua. O pôster foi um sucesso, premiado e definido pelo diretor da agência alemã Ebd-Cdp como "o mais gordo achado publicitário dos últimos anos".

Vejamos como a coisa se passaria no Brasil, na quase totalidade dos casos. O diretor de arte, depois de se debater com o desafio, poderia perfeitamente concluir que uma gorducha simpática, semi-ajoelhada e nua, numa praia, com uma sombrinha transparente, seria um tema de sucesso. Faria um esboço, um *layout,* aprovado pelo cliente. Sairia à procura do modelo ideal, selecionaria dezenas de possibilidades, poderia até dar de cara com a Gerd Tinglum, em férias no Rio, que adoraria faturar um extra e, ao mesmo tempo, conhecer as praias de Búzios. Só então se pensaria no fotógrafo, o homem que tem uma máquina cara e que sabe manejá-la com perfeição. Ele receberia tudo mastigado, assim como o próximo fornecedor, a empresa de fotolito, vai receber tudo mastigado, e tudo mastigado vai receber a gráfica que imprimirá o pôster.

Essa distorção, evidentemente, tem suas justificativas. Os filmes são caros no Brasil; as câmaras, caríssimas, todo o equipamento é importado e custa os olhos da cara. É lamentável, mas humano, que, por causa disso, tantos de nossos fotógrafos passem a endeusar suas Hasselblads, Rolleis e Nikons, *flashes* eletrônicos e capacidade de revelar os filmes coloridos no próprio estúdio – quando (essa é que é a verdade), em termos de criatividade, isso tudo não vale nada. Ou melhor: vale como atributo posterior às soluções, como vantagem de fornecedor.

Rigorosamente, no limiar dos dois mundos em que o Brasil se divide, de um lado seu progresso tecnológico (com ênfase nos homens que pensam), de outro seu atraso econômico (com ênfase em máquinas que trabalham), nossos fotógrafos, de um modo geral, premidos pelas circunstâncias, optaram pelo lado errado. Como corolário, vivem naquela realidade de país subdesenvolvido, onde as idéias são baratas e os produtos industriais são caros. Como resultado, trabalham mais e ganham menos, inclusive em função dos investimentos que são obrigados a fazer. E ainda sofrem insegurança muito maior em seu negócio, pois não têm muita chance de criar dependências fundamentais por parte de clientes, o que todo profissional criativo em geral consegue.

Jamais passaria pela cabeça dos excelentes redatores de propaganda brasileiros alegar que têm lindas máquinas de escrever elétricas... mesmo quando as têm. Nem qualquer dos nossos competentes diretores de arte cogitaria em impressionar os clientes informando que só trabalha com guache importado.

Nos países adiantados, uma foto criativa encomendada vale a câmara com que foi tirada.

Eu próprio, quando *freelancer* (como muitos redatores que trabalham nesse regime) dezenas de vezes recebi, por texto de uma página, preço mais caro que o de minha máquina de escrever. É o certo. É o justo.

Tenho certeza que nenhum dos fotógrafos de propaganda brasileiros, entre os quais tenho tantos amigos, tomará esse meu ponto de vista como um ataque ou sequer uma crítica unilateral.

Sei como é difícil mudar a rotina enraizada nesse setor. A verdade é que praticamente ninguém, nas agências, "sente falta" do fotógrafo como homem de criação. O procedimento que descrevi antes, com a preponderância do diretor de arte, consagrou-se, em detrimento das oportunidades que os fotógrafos teriam.

É um círculo vicioso. Se tentamos rompê-lo, dando diretamente a um fotógrafo o desafio criativo (como fez a fábrica Fuji), ele compreensivelmente se perde, à falta de cancha, de segurança, de criatividade desenvolvida. E, numa agência, raramente há tempo para uma "experiência" dessas...

O fotógrafo tecnicamente mais perfeito que conheci no Rio, capaz de fornecer um cromo com transparência absolutamente perfeita, tendo inclusive uma das fotos que lhe encomendei sido publicada mais tarde pela revista alemã *Kristall*, seguia minuciosamente o *layout* que lhe era dado, e muitas vezes se recusava a apertar o botão sem a presença do diretor de arte. Ainda que muito famoso e muito solicitado pelas agências, acabou fechando o estúdio. Não compensava.

Diversamente, outro fotógrafo – Otto Stupakoff –, este absolutamente criativo, capaz de cumprir por exemplo a tarefa de *criar* fotograficamente um calendário completo para a Shell (isto é, trabalhar no regime correto de criação),

66 criatividade em propaganda

foi realmente um caso excepcional. Mudou-se logo para os Estados Unidos, onde inclusive conquistou renome internacional. Sei que há outros fotógrafos no Brasil capazes dessa *performance*, mas são, sem dúvida, outras tantas exceções.

Porém isso não significa que a coisa vá ser sempre assim.

Sem dúvida haverá, mais cedo ou mais tarde, chances, brechas na barreira, para que o fotógrafo de propaganda brasileiro assuma a responsabilidade criativa que lhe cabe, com as devidas compensações econômicas e de *status* (talvez este livro contenha, mais adiante, algumas sugestões para quem queira começar a tentar).

Há uma agência em São Paulo considerada a mais criativa do Brasil. Certo dia, passando os olhos por algumas revistas cheias de seus anúncios, e de outras agências, perguntei-me afinal por que realmente seus anúncios apresentavam aquele "algo mais" que lhe assegurava a fama. Seus textos são sempre grau dez, mas conheço várias outras agências cujos textos são sempre grau dez. Idem os *layouts* – ótimos, mas afinal tão ótimos como os de inúmeros concorrentes seus. Agora, nenhum de seus concorrentes jamais pôde competir com ela na excelência constante das *fotos.* Enquanto todos os seus anúncios apresentam, invariavelmente, uma foto espontânea, direta, criativa (não admira que um de seus três sócios seja fotógrafo profissional), em quase todas as outras, às vezes, um título genial, um texto inteligente e persuasivo, um *layout* limpo e agradável são ilustrados por aquela tradicional foto falsa, "arrumadinha", feita por um fotógrafo que luta por obedecer, na medida do possível, a ordens de criação ditadas em reuniões remotas, por motivos desconhecidos...

Nesse capítulo, em que tratei (com várias divagações, espero que oportunas) as diferenças e valores entre criatividade e equipamento, entre homens que pensam e "máquinas" que trabalham (já posso usar as aspas), ainda há espaço para expor algumas observações sobre determinada máquina que, por agir aparentemente na área do pensamento, tende a merecer um tipo de admiração pernicioso à autonomia mental do homem criativo: o computador.

O computador, como disse aquele criativo empresário, Townsend, "é uma máquina cara, rápida e burra". Tão burra que centenas de empresas nos Estados Unidos foram à falência, nas águas da supremacia "intelectual" de computadores de qualquer geração. Isso foi tão catastrófico para os próprios fabricantes de computadores e firmas ligadas à informática, que pularam para a tecla oposta, enfatizando, em sua propaganda, o status *inferior* do computador, apenas como instrumento do homem. Alguns *slogans*:

- Making machines do more, so man can do more (Rand).
- Making the computer make sense (Com. Share).
- We teach computers how to communicate (Western Union's).

- The computer company you can understand (Data General).
- We deliver computer solutions. Not just computers.
- Machines should work, people should think (IBM).

Evidentemente, não se trata aqui de fazer carga contra o computador, o que seria ridículo. Trata-se, isso sim, de reduzir o mito. Para calcular uma mudança subitamente necessária na rota de uma nave espacial, face a dezenas de fatores novos e imprevistos, vale dizer, realizar em segundos cálculos que equipes de matemáticos levariam anos – OK. Mas para criar, produzir resultados novos e inteligentes, mesmo no nível de simples decisão, as "previsões" do sr. Hermann Khan para o ano 2000 e a guerra do Vietnã – dois casos em que os computadores estiveram intensamente envolvidos – são interessantes exemplos do que essas máquinas podem fazer por você.

Aliás, somente "deslumbrados" ainda maximizam a importância dos computadores no futuro. "As técnicas de processamento de dados reduzirão as áreas de conjetura, fornecendo respostas numéricas e perguntas sobre quantidade, mas isso aumentará a importância do fator que fica além do alcance da máquina. Esse fator é a imaginação, que representa o elemento humano no que ele tem de mais precioso. Parece provável que, para o futuro, a imaginação será o segredo supremo, a chave para o sucesso ao mais alto nível. Podemos ainda prever que a internacionalização dos negócios é que vai introduzir os dados que não podem exatamente ser processados. Será por meio da criatividade que as grandes empresas prosperarão e será por falta dela que algumas empresas falharão" (C. Northcote Parkinson – *Big Business*, 1975).

No jogo de xadrez, vê-se bem as diferenças *qualitativas* entre os cérebros eletrônico e humano. Evidentemente, a memória de um computador é infinitamente mais ampla e operativa que a do homem. Além disso, há sua colossal velocidade, bem como sua imunidade a erros de revisão, à fadiga e à "tensão nervosa" – fatores que tão amiúde interferem no resultado de uma partida. Some-se a isso a mais excelente programação enxadrística que possa ser dada a qualquer computador de última geração – como o IBM 704, especializado em xadrez – e o resultado é grotesco: a engrenagem só consegue agüentar partidas com enxadristas novatos ou de categoria inferior.

Isto porque, antes de cada lance, ela analisa, com a velocidade da luz, número formidável de possibilidades e variantes, 99,99999...% sem sentido. Depois escolhe a que encontrou mais conveniente por mera contagem de pontos. Sem dúvida, pode-se melhorar a programação, introduzindo nelas algumas diferentes informações que possibilitem limitar o número de variantes a serem examinadas. Isso, porém, não é o mais importante. O principal – diz V. N. Puchkin, em *Heurística, análise do pensamento criador* – é o sistema de

68   criatividade em propaganda

análise empregado na programação. E ele é bastante diferente daquele sobre o qual se baseia o enxadrista humano.

Enquanto o computador funciona de maneira extremamente antieconômica, para produzir, com velocidades incríveis, resultados medíocres, o bom enxadrista – comprova C. E. Shannon, em *Trabalhos sobre a teoria da informação cibernética* – apenas analisa algumas das variantes escolhidas e as calcula conforme a "profundidade inteligível" (No xadrez, o número de possíveis combinações é da ordem de 10^{120}).

Isso leva à conclusão (textual) de que todas as "citadas vantagens do computador não podem, de modo algum, compensar sua falta de plasticidade intelectual, de imaginação, de raciocínio lógico e de capacidade de aprendizagem, inerentes ao homem".

Melhor ainda, põem em foco a profunda diferença *qualitativa* entre o pensamento do homem (muito mais vagaroso, porém o único criador) e o "pensamento" da máquina (computação e memorização à velocidade da luz).

O computador *não pensa*. Rápido, caro e burro, ele só pode pretender substituir (e aí substitui de fato) pessoas que *também* não pensam. "Máquinas" que trabalham.

O sr. Puchkin, em seu livro citado, estranha "como, trabalhando milhares de vezes mais lentamente do que o computador, o homem pode resolver, com êxito, certos problemas". Eu não estranho. O mais avançado computador tem alguns milhares de unidades, cada uma conectada com apenas duas ou três outras. Já o cérebro humano – o *seu* cérebro, leitor – possui dez bilhões de neurônios, cada um ligado a centenas de outros, em certos casos a até mesmo 250 mil!

A importância de tais ligações, aliás, é proporcional ao seu número numa progressão vertiginosa. Caso o cérebro tivesse apenas dois neurônios (A e B), ele já poderia apresentar sete comportamentos: zero, A, B, AB; A comandando B, B comandando A, A e B se controlando mutuamente. Um cérebro com apenas mil neurônios teria um número de configurações possíveis da ordem de $103^{300.000}$ – número tão comprido que os seus zeros encheriam mais de cem páginas deste livro. Na verdade, o cérebro humano, como foi dito, tem 10 bilhões de neurônios, cada um ligado até a 250 mil outros!

Parece-me, pois, ridículo que a vantagem da velocidade na "exploração" de variantes, a maioria sem sentido, possa ser comparada, com seriedade, à capacidade de configurações e à "profundidade inteligível" que o cérebro humano garante.

Agora, o argumento de que gerações futuras de computadores suprirão essa lacuna, bem, isso é domínio da futurologia, em que não sou muito versado.

Ou então de que novas gerações de computadores poderão até fugir ao controle humano (como o "lógico" HAL, do filme *Odisséia no espaço*) e nos destruir a todos; eu responderia que o computador não será a primeira invenção humana, pronta a fugir ao nosso controle e nos destruir a todos.

Acho fundamental, para um homem criativo, cultivar conscientemente o desprezo pelos computadores.

Primeiramente, porque ele virou a nova religião dos medíocres. Isso criou um aspecto, digamos assim, "ideológico" para essa máquina. Tecnocrático. Esterilizante.

Em minha opinião, apreciar o enorme engenho contido num tear manual é, para um homem de criação, muito mais estimulante e produtivo do que preocupar-se com as "façanhas" dos computadores.

Em segundo lugar, muito mais importante para um homem de criação é estar plenamente consciente do cérebro que possui – não somente das maravilhas da psique, mas do próprio órgão fisiológico, a mais estonteante complexidade jamais encontrada no Universo – e sentir-se *armado* dessa maravilha, face aos mais intricados problemas e imprevistos que possam lhe aparecer! Dá-lhe uma sensação de segurança extraordinária.

Além disso, por mais duas razões, o computador deve ser desprezado (posto no seu devido lugar):

- porque ele é tudo o que o homem criativo *não deve ser:* mecânico, quadrado, produzindo maciçamente dentro de programas predeterminados, apresentando somente "decisões" à base de "dos males o menor" – o que é outra maneira de definir seus "achados" por meio de seleção de variantes;
- porque ele é tudo o que o homem criativo *não precisa ser.* Se de fato a utopia eletrônica está em nosso futuro, então o *slogan* da IBM é realmente um ideal promissor: para o homem, o lazer, o pensar e o criar, enquanto o inevitável lixo do processamento de dados ou as idiotas tarefas de produção em série serão realizadas por essas engenhocas à velocidade da luz.

"Machines should work, people should think."

4 o problema principal... é descobrir o problema

"Que me dêem uma nova idéia qualquer, sobre qualquer coisa, e ela mesma me dirá para que serve."

Miguel de Unamuno

A lâmpada elétrica é hoje o símbolo da idéia.
O grande problema de Edison, ao inventá-la,
foi localizar o gás que impediria o filamento de se autoconsumir:
um trabalho braçal de ensaio-e-erro até chegar à solução.
O símbolo da idéia não precisou da, assim chamada, boa-idéia.

Cartaz da United Artists publicado em Graphis Posters, *1976.*

Talvez a palavra criatividade não ajude a exprimir bem o que ela seja. Dita assim, "criatividade" sugere o aparecimento de uma obra espontânea, como o nascimento gratuito de uma flor (e aí estaríamos de novo identificando criatividade como algo semelhante à inspiração).

Já vimos: criatividade não é isso. Criatividade é sinônimo de SOLUÇÃO DE PROBLEMA. Ela só existe, ela só se exprime, face a um problema real, como aplicação para um problema real.

A criatividade parte de um problema, na maioria esmagadora dos casos. Ou então vai ao problema em casos excepcionais. O *problema*, contudo, é sempre, invariavelmente, componente ativo, verdadeira razão de ser de tudo o que se compreende sob o título "criatividade". Simplesmente não há criatividade sem problema referente.

Ela parte de um problema, em todos os casos clássicos, como aquele de congelar a água de um buraco para que a máquina possa descer até o fundo. Esse sentido, problema-solução, é o que se observa talvez em 99% dos casos, inclusive quando se apela para a criatividade face aos problemas de comunicação surgidos na elaboração de peças de propaganda numa agência.

Por outro lado, pode suceder de alguém ser alertado por especial conjunção de fatores, ou de funções, ou de idéias, e, por extensão, dar a tal descoberta uma aplicação prática. É o sentido solução-problema, que, embora muito mais raro, deve ser igualmente praticado e desenvolvido pelo homem criativo. Exemplifiquemos.

Não sei quem inventou o Rolomag – aquela roda solta em seu eixo, que as pessoas, de joelhos, procuram movimentar para a frente e para trás, o que obriga a severo exercício dos músculos abdominais e conseqüente "perda da barriga". Admitamos, contudo, pelas vendas que atingiu, que seu inventor deva ter ficado rico (objetivo justo para um homem criativo, no atual estágio do capitalismo).

Por isso, vamos escolher o Rolomag para uma pequena análise de "como pôde ser inventado":

1ª HIPÓTESE: o sujeito notou a aceitação genérica de produtos que prometem aos barrigudos menos barriga. Propôs-se então encontrar o aparelho, a mola, "a coisa" mais simples, portátil, barata que, acionado, exigisse trabalho direto dos músculos abdominais. Problema: como obrigar os músculos abdominais a trabalhar, sem necessidade daquelas pranchas inclinadas que ocupam o espaço de uma cama, ou de halteres que tampouco você pode levar em viagem? Certamente observou à exaustão em que situações, movimentos, posições etc., seus próprios músculos abdominais eram solicitados, ou os de seus filhos, amigos etc. – talvez durante meses e meses – até chegar à roda manejada pelo eixo. Partiu do problema para chegar à solução.

2ª HIPÓTESE: o camarada jamais se preocupou com barrigas nem cinturas. Um dia o carrinho de seu filho quebrou em vários pedaços, e ele os guardou na garagem para tentar montar tudo na primeira oportunidade. Entrementes, a esposa, sem saber das intenções do marido, jogou fora quase todos aqueles pedaços, de forma que quando nosso herói se dispôs a começar o conserto, só encontrou, atrás da porta, uma roda com o eixo quebrado. Talvez, para consolar o filho, começou a brincar com ela, notando como isso forçava seus músculos abdominais sempre que empurrava ou puxava a roda, de joelhos. Só então, e porque era um sujeito criativo, o homem uniu essa observação ao *problema* de barrigudos que gostariam também de exercitar tais músculos. Criativamente, partiu da solução para o problema.

O que queremos enfatizar, nos dois casos, é a fundamental presença do PROBLEMA no fenômeno completo da criatividade.

O caso mais típico de invenção – o caso clássico – é o de Arquimedes, a quem Hierão, rei de Siracusa, dera a incumbência de comprovar a composição de ouro de uma coroa. O velho pensou meses e meses em busca de um princípio que fosse a solução para esse desafio, e quando finalmente viu, durante o banho, a água da banheira transbordar com o volume de seu corpo, gritou o célebre "Heureca!" – "Achei!" ("Todo corpo mergulhado num fluido... etc.")

Não foi tanto o fato de Arquimedes ter observado a água transbordar que determinou a solução (quantos, antes dele, já não tinham notado a mesma coisa?), mas sim o fato de ele estar, inclusive no banho, imerso... no problema.

A muitos parece que Newton descobriu a Lei da Gravitação Universal após uma maçã cair-lhe na cabeça, em seu jardim de Woolsthorpe. Maçã alguma teria um peso desses. Se acaso ocorreu tal incidente, ele foi o último detalhe catalisador para o "Heureca" de Newton*. A prova é que, quando uma senhora (por que sempre *elas*?) indagou mais tarde ao cientista como chegara a tão notável descoberta, Newton respondeu: "Pensando constantemente nela". Quer dizer: pensando *no problema* que ela, descoberta ("Matéria atrai matéria, etc."), veio solucionar.

Em 1895, um vendedor americano, cujo primeiro nome era King, tinha um problema muito comum a vendedores, e a todos nós: como assegurar o futuro da família.

Seu patrão lhe dissera várias vezes que, como vendedor, ele seria muito mais bem-sucedido se vendesse algo que seus fregueses usassem e jogassem fora. O problema do sr. King talvez fosse maior quando se olhava no espelho e via as primeiras rugas de seus 40 anos.

Na verdade, ele via sua cara e suas rugas todas as manhãs, enquanto se barbeava com a navalha de aço e pensava nas palavras do patrão. Até que um dia, prestando subitamente atenção ao desempenho da navalha, ele se virou para a mulher e exclamou: "Consegui, mulher! Nosso futuro, de hoje em diante, está assegurado!".

Com um lampejo criativo, o sr. King Gillete resolvera o problema que o preocupava!

Todo esse processo de captação de dados, sedimentaçao, gestação etc. – face a um PROBLEMA – será mais bem explicado quando estivermos tratando diretamente da criatividade em propaganda (Capítulo 7).

Por ora, vamos levar avante algumas considerações sobre criatividade de um modo genérico, principalmente no campo desses pequenos achados e invenções, que tanto lembram certos achados e invenções típicos de uma agência de propaganda.

Uma invenção dessas que melhoram nossa vida em apenas um pequeno detalhe (*gadget*), e que surgem todos os dias nas lojas, principalmente na América e na Europa, sempre nos surpreende, chega a nos alegrar, a nos maravi-

---

* A rigor, esse episódio da maçã foi diferente – e é muito mais ilustrativo do que quero dizer. Informa Roland Mousnier, professor da Sorbonne, no primeiro volume do seu *Os séculos XVI e XVII* (Difusão Européia do Livro), que, desde 1666, "Newton resolveu atacar um problema que Kepler e Galileu não conseguiram resolver. É necessário uma força que desvia os astros da linha reta no espaço e os leva a descrever curvas?". Depois de apresentar as diferenças, questões e abordagens com que, durante anos, Newton se debateu, narra Mousnier: "A queda de uma maçã sobre a terra cristalizou no espírito de Newton as idéias *sobre os problemas a resolver*" (o grifo é meu). Que dizer: o famosíssimo episódio não marcou propriamente a solução, mas algo de valor quase idêntico: a cristalização do problema. A maçã newtoniana continua, de plena justiça, um perfeito símbolo de criatividade.

lhar, e invariavelmente nos indagamos: "Como alguém pôde pensar nisso?". A resposta é evidente: "Pensando nisso".

É uma experiência interessante que pude fazer em aula, e com um pouco de imaginação posso repeti-la com o leitor.

Apresentei aos alunos um objeto que trouxera do exterior e que, na época, era praticamente desconhecido no Brasil. Tratava-se de um êmbolo de borracha, que corria num corpo cromado, aparelhado com uma agulha oca e grossa. Na verdade, era uma seringa: quando acionado, expelia ar pela agulha.

Convidei os alunos a examinarem o objeto e a imaginarem para que serviria. Houve algumas hipóteses fracas. (Não se tratava, nesse teste, de uma tentativa de percorrer o sentido solução–problema, como a citada "descoberta" do uso para uma roda com eixo, porque um produto industrial, acabado, já é, evidentemente, *solução* para alguma coisa. Que coisa seria?)

Depois de alguns minutos de conjecturas, retirei de uma sacola, e pus defronte da turma, algo com que não contavam: uma garrafa de vinho. Introduzi a agulha na rolha, bombeei ar no interior, e a rolha saltou rápido, com um estouro alegre!

Todos se maravilharam. O "estouro" da solução deu ao olhar de cada um aquele brilho infantil de deslumbramento, que é o único que temos para tais instantes. Naquele momento, estavam todos seduzidos, vencidos, pela inventividade superior de "quem pôde pensar em tal coisa", para abrir uma garrafa de vinho. (Esse estado de deslumbramento infantil, de submissão intelectual que assumimos quando nos deparamos, pela primeira vez, com tais invenções, é que me leva tanto a compará-las às invenções da propaganda, quando o anúncio, graças à sua criatividade, subjuga e seduz o comprador.)

No entanto, tentemos agora chegar ao mesmo "estouro" vindo do lado oposto. Revertamos o processo que seduziu a todos.

Ponhamos de novo a rolha na garrafa, como se nada tivesse acontecido, a garrafa em cima da mesa (uma garrafa comum de vinho, que se vê todos os dias) e cada um (você também, leitor) vai acreditar, se convencer, de que há mais modos de abri-la do que com o tradicional saca-rolhas do tipo rabo-de-porco.

Se todos partissem desse desafio, se *descobrissem* (não a solução já pronta, acabada, e que os hipnotizou), mas sim o PROBLEMA, e passassem vários dias, meses que fossem, olhando a garrafa, curtindo a garrafa, explorando seu formato, seus bordos, seu peso, seu fundo peculiar, sua rolha, o líquido lá dentro, sempre decididos, teimosamente, a encontrar um modo novo de abri-la, na certa muitos, mais cedo do que pensam, teriam atinado com a conveniência de injetar ar naquele espaço entre o líquido e a rolha.

(Ou outra solução? Quando esse problema foi dado, alguém lembrou-se de que se pode fazer pular a rolha de uma garrafa batendo várias vezes o fundo da mesma, protegido por uma toalha, contra uma parede. Então, poderia se imaginar um aparelho automático, munido de uma boca com diâmetro pouco maior do que o de uma garrafa padrão, que, tão logo a garrafa fosse introduzida, de pé, daria, no fundo da mesma, vários socos alcochoados com força de antemão calculada para fazer a rolha pular fora. Isso seria útil a estabelecimentos de grande consumo de garrafas de vinho, sempre do mesmo tipo [na França?] e interessados num serviço rápido: o garçom vem depressa, usa só uma mão para colocar a garrafa no buraco, com firmeza e – pum!, pum!, pum! – lá se foi a rolha!)

Vejamos agora umas curiosas argolinhas de plástico flexíveis, soltas, cada uma de cor diferente, todas com um pequeno corte na sua espessura. Para que servirão?

(Pausa. Expectativa. Hipóteses.)

– Para diferir uma chave da outra, num chaveiro. O molho fica até mais bonito...

(Sensação. Aplausos. O orador é vivamente cumprimentado.)

No entanto, convenhamos: colocar uma argolinha colorida na cabeça de uma chave para diferi-la de outra funciona, sem dúvida, mas é de um *primarismo* indiscutível.

Por que então nos maravilha, pelo menos momentaneamente?

Porque todos sempre tivemos, consciente ou inconscientemente, o problema de distinguir chaves num chaveiro – sem que nenhum de nós tenhamos eleito esse problema como desafio pessoal e queimado pestanas para solucioná-lo. Nenhum de nós transformou essa freqüente inconveniência (perder tempo até encontrar a chave certa) num verdadeiro PROBLEMA. Tal foi o grande mérito (o único?) do inventor das argolinhas...

Peguem um Tip-Ex, corretor de erros de datilografia, verdadeira bênção para secretárias e patrões. Vários dos meus alunos poderiam tê-lo descoberto (ainda que dependessem de pesquisas subseqüentes, posteriores à solução, quanto à consistência exata daquela massa branca que apaga a letra errada), se focalizassem *antes* o problema, se estivessem intuitivamente convictos de que há uma solução melhor do que a borracha e o verniz para os freqüentes erros da datilografia, e gastassem horas sobre uma máquina de escrever, buscando a solução.

Os exemplos, evidentemente, são infinitos – e vale a pena o leitor reunir uma série de pequenos inventos, e julgá-los deste novo ângulo: *a partir do problema referente.* Se começar a sentir uma ponta de despeito, à base do "Pô, isso eu também faria...", parabéns, porque estará no caminho certo.

Naturalmente, os grandes inventos partem do mesmo mecanismo, apenas exigem de seus inventores formação técnica ou científica capaz de abranger e esgotar a complexidade muito maior dos problemas que focalizam. Pessoalmente, não posso ter nenhuma idéia abrangente, exaustiva, do tipo de problema que foi resolvido por um prêmio Nobel de Física. (Para os não-físicos, a própria justificativa da Academia Sueca quanto aos feitos de seus premiados nesse setor soa como grego arcaico).

Mas o mecanismo é o mesmo. A maioria dos fenômenos criativos perde sua auréola de mandraquismo e sobrenatural quando se percebe que boa parte do mérito do inventor, do criador, foi localizar de antemão o problema e queimar a pestana sobre ele.

Contudo, devo reconhecer, este ato de escolher, quase sempre por liberdade própria, um dado quebra-cabeças, e investir nele persistentemente meses (ou anos) de atenções, preocupações, trabalho e dinheiro, sem prazo de encerramento e sem certeza afinal de que realmente aquele problema tem uma solução – talvez seja o mais difícil de tudo.

Li na revista *Veja* o caso do operário paulista Adão Quaglio, que durante quinze anos ouviu, em casa ou na fábrica, diariamente, a mesma pergunta: "Por que você não perde tempo com coisas mais importantes?".

Este homem encucara a idéia, sabe Deus por que razão, que devia inventar uma leiteira que não deixasse o leite, ao ser fervido, derramar-se sobre o fogão.

"Até chegar ao modelo final – conta *Veja* – ele teve de percorrer caminhos tão tortuosos quanto os dos mais geniais inventores. Usava às escondidas o torno da fábrica de panelas em que trabalhava. Às vezes ia à oficina de um amigo e, com receio de ser ridicularizado, dizia que estava fazendo uma peça de carro. Há dois anos, tendo economizado o suficiente para se dedicar exclusivamente à sua leiteira de pressão, abandonou o emprego e um salário de 800 cruzeiros mensais (1971). "Todo mundo achou que eu estava maluco. Diziam que se equipes de engenheiros das fábricas de panelas não conseguiam descobrir um meio de controlar a fervura do leite, eu, sem nenhuma formação científica, jamais conseguiria fazer alguma coisa."

Prestemos bem atenção a essa passagem: o operário Quaglio resistiu à mistificação (embora sofresse o desestímulo) aqui expressa em termos de EQUIPES DE ENGENHEIROS DAS GRANDES FÁBRICAS DE PANELAS DE LEITE. Na certa, tentaram mistificá-lo também com a alegação de que se fosse possível uma leiteira daquelas, ela já teria sido inventada na América, Europa ou Japão... Vencendo esses argumentos, Quaglio concentrou-se no PROBLEMA que ele próprio descobrira... e queimou pestana sobre ele. Afinal, chegou à solução. "Sua leiteira só se diferencia das comuns pela existência de pequenos orifícios num cone que fica bem no centro, em seu interior. Quando o leite entra em ebulição, ele circula pelos orifícios do cone, que o mantém dentro da vasilha pela ação de uma zona de pressão e outra de vácuo. Além disso, o cone faz um zumbido que serve como alarma para as donas-de-casa distraídas, indicando o momento em que a leiteira tem de ser retirada do fogo."

Final feliz? Espero. A mesma reportagem informa que, ao concluir sua invenção, as propostas das indústrias interessadas em comprar ou alugar sua patente foram tentadoras, "embora pouco seguras". Quaglio acabou montando sua própria fábrica em Vila Ema, bairro de São Paulo, "onde ainda é, ao mesmo tempo, patrão e único empregado". Mesmo assim, das oitenta leiteiras que passou a produzir diariamente, não sobrou nenhuma, tão grande a procura. "Nem para dar à minha mãe." Com um empréstimo garantido por um banco paulista, ele preparava-se para aumentar sua produção e contratar operários. Poucas pessoas neste país merecem tanto ficar ricas como ele.

Por tudo o que simboliza este pequeno episódio, por tudo o que representaria para o país se seu exemplo se multiplicasse, julgo sinceramente, e sem exagero, que o operário Adão Quaglio – inventor de uma leiteira que não derrama – deveria receber, das mãos do presidente da República, a Ordem do Cruzeiro do Sul. Merece mais do que muita gente.

A dificuldade que representa essa persistência em queimar pestanas sobre um problema, essa exigência de manter acesa a convicção de que a solução existe, você pode hoje mesmo experimentar se acaso é dado a resolver problemas de xadrez.

Um problema qualquer – "Mate em três lances", por exemplo – sai muito bem impresso no jornal, exposto num diagrama, com todas as peças bem visíveis e reconhecíveis, muitas vezes levando abaixo a confirmação das posições em notação algébrica.

Depois de uma hora concentrado no tabuleiro, experimentando chaves e combinações, sem conseguir o inevitável mate no terceiro lance, sou invariavelmente assaltado pela "certeza" de que houve erro em sua enunciação, e, tal como ele se apresenta, não tem solução. Mesmo com o jornal me prometendo, ao pé do diagrama, a solução na página seguinte...

Para minha vergonha, devo admitir que das dezenas de problemas que já matei, ou cuja solução só fui realmente achar "na página seguinte", nunca em minha vida encontrei um que estivesse erroneamente formulado. Mas quase sempre fui pelo menos tentado a desistir, baseado nessa pressuposição de inexistência de solução, assim que a barra ficava pesada. E sei que muitos outros enxadristas reagem da mesma forma. Imaginem agora um problema cuja solução nem sequer está garantida na "página seguinte"...

E há outra evidência importante, destacada pelos problemas de xadrez:

Tais problemas – principalmente os que vêm com enunciado "as brancas jogam e ganham" – não só permitem uma única solução, mas essa solução é, invariavelmente, original, elegante, criativa.

Eu disse criativa, mas notem: a criatividade não é de quem encontra a solução (isto é, o leitor de jornal, que resolve o problema), mas sim de quem o formulou, de quem *localizou o problema* dentro do universo de possibilidades de posições no jogo de xadrez. Por isso, cada problema leva o nome de seu criador, e não, evidentemente, dos que encontraram a solução...

Criatividade é solução de problema, sendo que muito de seu valor pode ser justamente descobrir esse problema.

Em propaganda, o princípio é o mesmo. Da mesma forma que um g*adget* que conquista sua admiração, e que o encanta momentaneamente, sempre que você vir um anúncio fascinante, muito bem bolado, entenda que essa bolação não é demonstração irreprimível e gratuita de talento, de bom gosto, de imaginação, como pode parecer. Essa bolação é a *solução de um problema.*

E você terá oportunidade de vê-la e julgá-la de forma muito diferente – e ter muito mais acesso e domínio sobre ela – quando puder vê-la e julgá-la a *partir de seu problema referente.* Não como consumidor do seu encantamento, mas como seu criador.

(Lembre-se das duas maneiras quase opostas de se chegar ao abridor pneumático de garrafas de vinho...).

Na arte, a regra é a existência de problemas auto-impingidos, consciente ou inconscientemente, de conteúdo ou de forma, e cuja natureza pode ser totalmente esquecida depois que a obra (a solução-síntese) vem à luz.

No caso do "conteúdo", o problema é a própria condição humana, por isso cada solução nos comove muito mais íntima e profundamente. No caso da "forma", desde a Antigüidade nos seduz a solução estética face a toda sorte de regras e exigências a que a arte tem sido submetida: sejam de origerm técnica, ou cultural, como os tabus religiosos da arte egípcia, sejam de origem psicológica, ou mesmo os problemas criados pelo próprio artista, como a métrica "alcaica" inventada por Aiceu no século VI a.C.

Toda arte é solução de problemas

A frase mais estimulante que possa ser dada a quem lute por encontrar solução para um problema é, sem dúvida, a de Karl Marx, quando afirma, no "Prefácio a uma Contribuição à crítica da economia política", que os problemas só surgem quando estão presentes todas as condições para solucioná-lo.

Não é genial? Ele não garante que quem procura irá fatalmente achar, mas, pelo menos, que quem procura, procura o que existe, o que já *pode* ser achado.

Certo, a frase original foi aplicada a problemas de ordem social, mas não há indícios de que seja absurdo promover sua extensão a problemas de ordem pessoal e, tão amiúde quanto eu próprio o tenha feito, ela tem comprovado sua validade.

A presença (desconhecida) da solução é que cria no inventor, no criador, a consciência do problema. Ele jamais será atormentado por problemas intrinsecamente insolúveis. Assim, sua própria angústia face a um problema (qualquer que seja, mesmo de foro pessoal) passa a ser, por definição, uma promessa, a "pulsação da solução".

É o mais íntimo inter-relacionamento dos componentes do binômio solução–problema.

Desçamos de novo ao meio-fio.

Na indústria em geral, há casos de problemas, de necessidades criadas artificialmente para permitir, a seguir, a venda da solução.

Trata-se isso também, no campo de nosso terra-a-terra, e já com reflexos diretos nos esquemas de propaganda, de criatividade em todo o sentido da palavra.

Refiro-me a soluções como, por exemplo, ponteiros luminosos em relógios de pulso. A propaganda de relógios simplesmente criou uma "necessidade", um problema, que na vida prática jamais se apresenta. Hoje você exige essa "solução" ao comprar o seu relógio de pulso, mas, possivelmente, depois de usá-lo durante dez anos, jamais terá vivido aquele momento de absoluta escuridão, quando foi necessário saber as horas. (No cinema, usa-se com mais facilidade a luz da tela do que a luminiscência dos ponteiros). Está bem, está bem, você dorme com ele, e às vezes, à meia-noite etc. etc.

Outro exemplo são as atuais bússolas para automóveis. Resolvem o *seu* "problema" de se sentir mais importante dentro de um Fusca 79, como se estivesse pilotando um Cessna próprio. Resolvem o seu "problema" de saber na hora, e mostrar à acompanhante, que a Barra da Tijuca fica ao sul e Cabo Frio ao norte. Para solucionar "problemas" como esses, as bússolas de automóveis (inventadas por gente criativa, e o digo sem ironia) são vendidas em quantidade cada vez maior.

E há também o exemplo de isqueiros, principalmente os convencionais, não-descartáveis, que, concretamente, face aos fósforos, não são solução de problema algum (exceto o de não exigir as duas mãos para acender). Fora isso, são muito mais caros, mais pesados para levar, estragam as costuras do bolsinho da calça, exigem manutenção (fluido ou gás, pedra, pavio etc.), quebram, enguiçam, fazem você passar vergonha (há sempre aquele *suspense* terrível antes de você acender o cigarro dela), não se prestam a acender cachimbo, podem vasar no seu melhor terno, podem ser perdidos ou roubados, é mais uma preocupação em sua vida, isso concretamente.

Todavia, os isqueiros resolvem, brilhantemente, problemas subjetivos ligados ao prestígio, ao sinal de riqueza que cada um queira aparentar, à elegância que todos procuram, à virilidade com que tantos se preocupam (expressa motivacionalmente na ilustração de um fogo alto) – problemas criados ou explorados pela propaganda dos isqueiros.

Muitos dos exemplos de criatividade em propaganda estão relacionados a equações como essa, em que os problemas são muito mais psicológicos do que práticos, e muito mais "criados", impingidos, do que espontaneamente nascidos na vida de cada um de nós.

Mas, notem de novo, a equação é sempre constituída de solução-problema, ou problema-solução. De rebarba, isso responde à velha pergunta: se a necessidade é a mãe da invenção, como é que se inventa tanta coisa desnecessária?

Essa dicotomia pode levar, eventualmente, a situações curiosas. Richard James inventou a Slinkey (não sei se se pode dizer aqui "inventou"): uma simples mola que não serve para nada. É apenas gostosa de segurar, brincar com ela, inclusive fazê-la descer uma escada, o que tampouco serve para nada.

Evidentemente, nenhum fabricante quis saber dos riscos de industrializar uma simples mola sem uso aparente. Então Richard James passou a industrializá-la sozinho – e hoje essa mola é vendida à razão de 100 mil por ano (inclusive no Brasil), como simples mola, para segurar e brincar.

Nesse caso, a antevisão do uso, da criação da necessidade, é tão inventiva como a própria patente que a satisfaz. A mola *criou* a necessidade de se brincar com a mola!

Igualmente, o maior *hit* entre os *gadgets* lançados, há alguns anos, nos Estados Unidos e na Europa foi o The Nothing Card. Como o nome indica, consiste num cartão personalizado, ao estilo dos cartões de crédito (há milhões na América), mas sem utilidade alguma. É expedido aos interessados mediante pagamento de cinco dólares, e não tem qualquer valor comercial, servindo apenas como um item de *divertissement,* mas que se tornou um sucesso absoluto.

Tal brilhante invenção (um emblema de nossa época) fez seu autor enriquecer da noite para o dia. Nome do benfeitor da humanidade: James Lacey. Profissão (não admira): publicitário.

Mas temos um caso ainda mais curioso.

Não sei que grande corporação americana descobriu, por volta de 1960, uma substância pastosa, dotada de inéditas propriedades físicas: se a atirassem contra um piso sólido, ela pulava como uma bola, conservando seu formato; contudo, se a comprimissem devagar, ela se achatava. Do mesmo modo, poderia ser esticada devagar, como uma goma de mascar; com força, todavia, reagia como um elástico.

A empresa pôs anúncios oferecendo prêmios altíssimos a quem fosse capaz de descobrir aplicações para sua massa muito louca. Eu mesmo comentei esse assunto na revista *Propaganda*, em 1962. Note, caro leitor, que o mérito e a recompensa ficaram reservados para aquele que descobrisse o PROBLEMA, e não a solução.

Evidentemente, não houve criatividade alguma em quem criou essa massa.

Trata-se verdadeiramente de um caso raríssimo, o único que conheço, mas é ótimo para demonstrar que o interesse da civilização tecnológica não está na "descoberta", ou na "invenção", ou na "criatividade pura", por mais surpreendente que realmente venham a ser, mas sim *na solução de problemas* – práticos, reais, com significado econômico.

Quando o problema não existe, ainda se pode criá-lo, e isso é bom, porque a união problema/solução, não importa a ordem, é que faz soar a caixa registradora...

Mas quando não é possível essa união, por falta de um dos pólos, então a pseudocriatividade não vale nada, e ninguém a quer.*

Criatividade, amigos, começa com um PROBLEMA, e termina com ele, nos dois sentidos da expressão.

---

* Incidentalmente, vim a encontrar, na América, a tal insólita massa. É vendida hoje dentro de um ovinho plástico, e serve para se manusear e brincar como a mola Slinkey. Face a suas propriedades tão originais, face ao complexo problema que somente ela poderia, brilhantemente, solucionar – mas que nunca foi localizado – pareceu-me um encontro melancólico, como aquela noiva deslumbrante de um casamento rico e promissor e que anos depois a gente encontra alugando quartos. Acho que foi a primeira vez que vi uma substância frustrada. Seu nome atual: Silly Putty.

5 teorias: tudo o que você não precisa saber sobre elas

"Os romanos não teriam tido tempo de conquistar o mundo se tivessem de estudar latim."

Heinrich Heine

Sob seus cuidados,
a mais complexa organização
de matéria que se conhece:
o cérebro humano.

Se fosse possível contar os conjuntos moleculares nos quais o cérebro armazena continuamente imagens, à razão de 200 por minuto, seria preciso viver 9.510.000.000 anos para efetuar tal operação.

Capa de prospecto da Merck para um produto ativador do metabolismo cerebral.

Stefan Zweig escreveu um livro (que li mas não me recordo o nome), em que ele pesquisa longamente um assunto fascinante: o momento, o instante exato em que ocorre a descoberta, a invenção, a síntese da criação artística. Lembro-me de que o autor cita inúmeros exemplos de gênios que testemunham nessa hora uma espécie de súbito eclipse de consciência, "um curto-circuito mental", que marca a origem, a geração da idéia. Como tanta gente, deve ter tecido suas hipóteses a respeito, suas teorias.

Eis-me, ao longo deste livro, face a um dilema perturbador. Dediquei todo o primeiro capítulo a dar ênfase à inutilidade e mesmo ao perigo que representam, para o homem de criação, quaisquer preocupações teóricas. Para o homem criativo prático, tais formulações são geralmente esterilizantes, quando não mistificadoras. Realmente, não conheço nenhuma outra matéria em que doutrinas e hipóteses sirvam tão pouco à prática como no campo da criatividade. "Cinzentas, caro amigo, são as teorias", dizia Goethe, "e verde é a árvore da vida."

No entanto, este é um livro de criatividade, e caberia a crítica de que eliminar radicalmente do currículo todas as teorias sobre a matéria seria decisão unilateral de minha parte. Por outro lado, também é justo que muitos leitores estejam interessados justamente em certas explicações teóricas do fenômeno criativo mais do que em assumir posição atuante no quadro de profissionais criativos de uma agência de propaganda.

Mas, para aqueles que gostariam de atuar nesses quadros, repito: a melhor forma de lidar com teorias é cumprimentar quando apresentados e esquecê-las. (Quando efetivamente apresentei as teorias em sala, sugeri aos alunos publicitários que de preferência não tomassem nota de nada.)

O leitor especificamente interessado em produzir propaganda comercial pode pular tranqüilamente este capítulo. Recomendaria apenas dar uma olhada no último subtítulo.

Vamos às teorias. Tomei por base as súmulas do prof. George F. Kneller, da Universidade da Califórnia, em seu livro *Arte e ciência da criatividade* (Ibrasa). Para não me apartar por demais dos propósitos profissionais do curso (pro-

88 criatividade em propaganda

paganda), procurei assinalar que relação poderia ter cada teoria com o tipo de criação que se observa numa agência. Acho que não preciso insistir que nenhuma delas deve ser compreendida, ou fixada, sequer como elemento de ajuda (ou pior, como "mapa da mina") dos processos de criação publicitária.

Teorias dos tempos antigos

1ª)· Criatividade como origem divina

Platão declarou ser o artista, no momento da criação, agente de um poder superior, perdendo o controle de si mesmo. Este ponto de vista acha-se também expresso na lenda de Orfeu, arquétipo do poeta, que encantava animais e homens com a divina doçura de sua lira. Na época moderna, Thomas Carlyle (1852-1889), chamando a atenção de que o artista não sabe o que faz, também partilha desse ponto de vista. (Esta teoria não tem nenhuma relação com criação publicitária.)

2ª) Criatividade como loucura

Sua aparente espontaneidade e sua irracionalidade (?) são explicadas como fruto de um acesso de loucura. De novo, essa noção começou com Platão, que não via diferença entre o frenesi da visitação divina e o da visitação da loucura.

Mais tarde, esta opinião seria retomada por grande número de poetas, a começar por Shakespeare, em trechos de *Sonho de uma noite de verão*. (Críticos julgam que, na época em que escreveu *King Lear*, Shakespeare achava-se à beira da insanidade mental.) Baudelaire: "Esta noite a asa da loucura passou sobre mim". Alguns gênios realmente desceram à loucura: Nietzsche, Nerval, Schumann e outros. O grande gênio, contudo, expressa a consciência de uma sanidade triunfante: Homero, Sófocles, Dante, Goethe, Beethoven, o próprio Shakespeare.

A teoria da loucura recebeu novo alento com os trabalhos do sociólogo Cesare Lombroso (1836-1909), que, citando gênios e loucos, alega que a natureza irracional ou involuntária da arte criadora deve ser explicada patologicamente. Também Jung identifica a invasão artística com a invasão patológica. Segundo Freud, os artistas encontram na arte um meio de exprimir conflitos interiores que, de outra maneira, se manifestariam como neuroses. Ainda hoje muita gente considera artistas como pessoas "tocadas", esquisitas etc. (nenhuma relação com criação publicitária).

Teorias filosóficas modernas

São teorias que definem a criatividade como parte da natureza humana e em relação ao universo em geral. Não procuram explicar o funcionamento interior do processo criativo. Dão uma visão ampla e situam o fenômeno em perspectiva filosófica (diga-se logo que não oferecem relação alguma com a criação publicitária).

1ª) Criatividade como gênio intuitivo

Aqui, a criatividade aparece como forma saudável e altamente desenvolvida de intuição. No ato da criação, o gênio intui direta e imediatamente o que outras pessoas só podem apurar divagando longamente. A criatividade não pode então ser educada porque é imprevisível, não-racional e limitada a algumas poucas pessoas. A idéia do gênio nasceu no fim do Renascimento, quando foi aplicada aos poderes criadores de homens como Da Vinci. Durante o século XVIII, muitos pensadores e escritores, em particular Kant em sua *Crítica ao juízo*, associaram criatividade e gênio. Kant entendeu ser criatividade um processo natural, que criava suas próprias regras. Também sustentou que uma obra de criação obedece a leis próprias, imprevisíveis. E daí concluiu que a criatividade não pode ser ensinada formalmente, apenas analisada e criticada.

2ª) Criatividade como força vital

Uma das conseqüências da teoria da evolução de Darwin foi a noção de ser a criatividade humana manifestação da força criadora inerente à vida. Assim, embora a matéria inanimada não seja criadora, a evolução orgânica o é, fundamentalmente, uma vez que está sempre gerando novas espécies. Expoente desse pensamento: o biólogo Edmund Sinnot: "A vida é criativa porque se organiza e regula a si mesma e porque está continuamente originando novidades. Na natureza: transformação da genética e modificações do meio. No homem: capacidade de encontrar ordem e sentido num amontoado de particulares, impor padrões etc.". Assim como um ser vivo cria um sistema organizado, que é seu próprio corpo, a partir do alimento retirado do meio, também de dados desorganizados o homem cria uma obra de arte ou ciência.

3ª) Criatividade como força cósmica

Expressão de uma criatividade universal imanente a tudo que existe. Segundo Alfred North Whitehead, essa criatividade pode ser rítmica ou cíclica:

entidades reais que nascem, vivem e morrem. Incessantemente produz novidades: tudo o que existe tem de renovar-se sempre para poder existir. A fim de manter-se como é, deve substituir continuamente seus próprios componentes. A criatividade produz, de forma contínua, entes, experiências e situações sem quaisquer precedentes. É um ininterrupto avanço para o novo. A criatividade não apenas mantém o que já existe, mas também produz formas completamente novas. Tal teoria focaliza a educação da criança: o desenvolvimento da imaginação, o convite à descoberta etc. A criança deve recombinar por seus próprios meios aquilo que aprende.

Teorias psicológicas

Nos últimos cem anos, a criatividade passou a ser tratada mais cientificamente, sendo que sua minuciosa investigação tem cabido em grande parte aos psicólogos.

O assunto vai se tornando mais interessante e "prático", como veremos a seguir.

1ª) Associacionismo

No século xix, foi a escola que dominou a psicologia: remonta a John Locke (1632-1704). Desaguou no século xx, nas limitações algo estéreis do behaviorismo, mas isso é outro assunto.

Segundo o associacionismo, quanto mais freqüente, recente e vividamente relacionadas duas idéias, mais provável se torna que, ao apresentar-se uma delas à mente, a outra a acompanhe. As novas idéias são criadas a partir das velhas por um processo de tentativa e erro. Ante um problema, o pensador apela para uma combinação de idéias, uma após outra, até chegar a um arranjo que resolva a situação. (É uma teoria que evoca a forma "seletiva" de solucionar problemas, semelhantes à de um computador.) Daí decorre que quanto mais associações adquiriu uma pessoa (quanto mais ampla for sua "memória" associativa, no sentido eletrônico da palavra), mais idéias terá ela à sua disposição e mais criativa será.

No entanto, a realidade não é bem essa. O pensamento novo é exatamente o que ignora conexões estabelecidas e cria conexões novas. Muita confiança em associações passadas produz, em lugar de originalidade, respostas comuns e previsíveis.

Vista do ângulo da propaganda, esta crítica é mais bem exemplificada: o publicitário criativo não é aquele que lança mão de associações pretéritas, mas justamente aquele que cria uma associação inédita, surpreendente, agradável, para tentar, com ela, condicionar o público. Por exemplo: a associação entre uma plantinha e um frasco de laboratório em forma de U, que é a marca gráfica da empresa de fertilizantes Unifértil, presente em todos seus anúncios. O público é que manterá viva essa associação – e tantas milhões de outras – a ponto de evocar, associativamente, as qualidades institucionais da Unifértil, divulgadas por seus anúncios, sempre que se deparar com dito símbolo, ainda que isolado. Não se pode dizer que o público, com isso, seja "criativo".

As idéias originais não são descobertas aos poucos, mediante repetidas incursões em idéias já ligadas; pelo contrário, brotam na mente súbita e espontaneamente. No livro *Os sonâmbulos,* Arthur Koestler enumera deslizes e erros aparentemente irracionais que na verdade ajudaram Copérnico, Kepler e Galileu a formular suas teorias. O matemático Jacques Hadamard diz que, na matemática, a associação muito estrita a associações passadas prejudica a formulação de novas idéias.

Do ponto de vista da criação publicitária, poderíamos corrigir assim a teoria do associacionismo: não será mais criativo quem mais associações adquiriu, mas sim quem mais adquiriu elementos não associados... e saiba associá-los com originalidade.

Note-se também, a propósito, a necessidade de se prestar atenção aos *erros,* quando se buscam soluções criativas. Até erros de datilografia de redatores podem, ainda que raramente, apontar uma solução melhor. Por quê? Vamos adiante.

2ª) Teoria da gestalt

O pensamento criador é primariamente uma reconstrução de *gestalts,* isto é, configurações (formas) que estejam estruturalmente deficientes. Ele parte de uma situação problemática que, de certa forma, se mostra incompleta. O indivíduo percebe esse problema como um todo. Seguindo tais linhas de tensão, o homem criativo chega à solução que restaura a harmonia do todo.

Diz Max Wertheimer: "O processo todo é uma linha consistente de pensamento – e não uma adição de operações díspares, agregadas. Nenhum passo é arbitrário, de função conhecida. Pelo contrário, cada um deles é dado com visão de toda a situação".

A teoria é eficiente no caso em que o pensador começa com uma situação problemática (como, por exemplo, citado no capítulo passado, o leitor que resolve o problema de xadrez que encontrou no jornal); mas não consegue explicar como ele procede quando parte da tarefa consiste em realmente *encontrar* tal situação. Sugere Wertheimer que, nesse caso, o pensamento começa com uma *gestalt* imaginada, em cuja direção então trabalha. Mas ainda assim permanece inexplicável a origem dessa *gestalt* imaginada.

92 criatividade em propaganda

Como explicar, pela teoria da *gestalt*, o pensamento criador em que a pessoa é levada a fazer perguntas originais, não diretamente sugeridas pelos fatos à disposição dela – método freqüente em propaganda?

A meu ver, pouca relação tem a *gestalt* com a criação publicitária, exceto talvez no fascínio de todo publicitário em encarar qualquer idéia (um planejamento, um símbolo, uma campanha) como uma forma acabada, completa.

3ª) Psicanálise

De longe, a mais importante. Para Freud, a criatividade origina-se num conflito dentro do inconsciente (*id*). Mais cedo ou mais tarde, o inconsciente produz uma "solução" para o conflito. Se acaso essa solução reforça a atividade pretendida pelo ego, ocorrerá em forma de comportamento criador. Se, ao contrário, ela ocorre à revelia do *ego*, será então reprimida e acarretará uma neurose.

Assim, neurose e criatividade têm a mesma fonte, sendo tanto a pessoa criativa como a neurótica impelidas pela mesma força: a energia do inconsciente.

A pessoa criativa aceita as idéias que surgem livremente em seu inconsciente. Ela inclusive afrouxa, por vezes, o controle do *ego* sobre o *id*, propositalmente, de forma a permitir que lhe aconteça o "estalo" desejado.

Em certas pessoas, o *ego* é tão rigoroso que barra todos ou praticamente todos os impulsos inconscientes. É o caso, por exemplo, dos conformistas. Não obstante, a pessoa conformista, aparentemente desprovida de imaginação, possui também potencial criador.

Já para outras, doentes mentais, o *ego* é tão fraco que não funciona. Nesse caso, o *id* o contorna inteiramente, dando origem a sonhos e alucinações, sem contato com a realidade e, portanto, inúteis.

(Nesse último caso, como na maioria dos casos tratados pela psicanálise, o objetivo terapêutico é fortalecer o *ego*. Mas há também o caso de uma outra terapêutica psicanalítica, quando o paciente aprende a jogar com forças criativas do inconsciente, sem perder seu poder de controle.)

Da regressão do *ego* frente ao *id* também brotam o humor e a criação de fantasia típicos das pessoas criativas. A originalidade e a novidade que se exprimem no humor e na fantasia provêm mais do *id* que do *ego*. Na psicanálise freudiana, muito comportamento criador, especialmente nas artes, é substituto e continuação dos folguedos da infância. Além disso, muito material de que a pessoa criativa se vale, ela vai buscar justamente em suas experiências infantis.

A relação da criatividade com o folguedo infantil atinge a máxima clareza, talvez, no prazer que a pessoa criativa manifesta em jogar com palavras, idéias e situações pela simples alegria de ver aonde elas podem levar.

A moderna psicanálise rejeita a noção de que a pessoa criativa deva ser emocionalmente desajustada. Pelo contrário, ela deve ter um *ego* tão flexível que a possibilite viajar pelo inconsciente e retornar a salvo com suas descobertas. Ela não é dominada por seu inconsciente – *ela o usa.*

A popular crença de que os loucos seriam muito criativos foi recentemente desmentida por baterias de testes aplicados, nos Estados Unidos, em esquizofrênicos a caminho da recuperação: eles se mostraram inimaginativos, inflexíveis, inoriginais e incapazes de responder a problemas novos... a despeito de todo o material inconsciente com que poderiam estar familiarizados.

A criatividade é uma expressão de sanidade. No comportamento criativo, uma pessoa sente dignidade, autoconfiança, amor e bem-estar emocional. Para Erich Fromm, uma pessoa só é genuinamente feliz quando cria espontaneamente. Durante a criação, seu intelecto e seu sentimento encontram-se em harmonia, e ela "abraça" o mundo com renovado vigor. Assim, a auto-expressão criadora é muitas vezes o único meio de bem-estar emocional.

Por fim: um *ego* sadio exige que suas criações sejam divulgadas e aceitas. A possibilidade de rejeição, com conseqüente dano para sua personalidade, é a ameaça que o *ego* recebe do mundo exterior (através do *superego),* provocando tantas vezes ansiedade objetiva. A fim de evitar essa rejeição, levada a cabo pelo poder restritivo da sociedade, muitas pessoas interiorizam totalmente as normas sociais, conformando-se com os papéis que lhe são prescritos na sociedade em detrimento de idéias (e outros papéis) que elas seriam capazes de gerar. Mas o "conformista", embora "ajustado", depende de um falso sentimento de sua própria significação e nega a única coisa que poderia fazer dele uma pessoa ímpar: a criatividade.

A psicanálise propiciou as idéias fundamentais que guiam a pesquisa contemporânea sobre criatividade. Para o âmbito específico da criação publicitária, creio que o valor mais imediato de sua teoria se encontra nessa notável observação entre a relação da criatividade com o humor infantil. Ou melhor: o humor fácil do homem criativo de uma agência, bem como seu prazer em brincar livremente com idéias e situações, mesmo fora do expediente. Voltaremos ao assunto.

4ª) Neopsicanálise, neofreudianos

Embora se definindo como freudianos, devem fazer Freud se revirar na cova, como faz aliás qualquer "revisionista" da psicanálise ortodoxa.

Contudo, sua "correção" faz sentido: a criatividade é produto não do inconsciente, mas de uma outra entidade entre este e o *ego:* o pré-consciente. Ao contrário de Freud, eles acreditam que os processos inconscientes se "ossificam" ainda mais que os conscientes, ligando-os a conflitos e impulsos profundamente reprimidos. Assim, será necessária uma libertação temporária tanto em relação aos processos conscientes quanto face aos inconscientes.

A criatividade é uma regressão permitida pelo *ego* em seu próprio interesse, e a pessoa mais criativa é a que pode recorrer ao seu pré-consciente de maneira mais livre do que as outras. O pré-consciente é a fonte da criatividade por causa da liberdade de reunir, comparar e rearranjar idéias.

De todas as teorias, esta e a de Arthur Koestler, adiante, são as que oferecem o enfoque mais próximo, mais "prático", do que ocorre no âmbito da criação publicitária. O leitor confirmará isso quando abordarmos, no Capítulo 7, o melhor método de criar idéias.

Reação ao freudianismo

Na concepção freudiana ortodoxa, o homem cria como dorme, come, faz xixi etc. – para aliviar tensões. A pessoa explora, resolve problemas e pensa criativamente visando obter retorno ao estado de equilíbrio perturbado pelo impulso, pelo conflito. A criatividade é um meio de reduzir a tensão.

Já por escola mais recente, a criatividade, apesar de ser possivelmente redutora de impulso, é também procurada como um fim em si mesma.

R. W. White, por exemplo, afirma que o motivo principal no desenvolvimento das crianças não é a satisfação de impulso algum, mas sim a efetiva interação com o meio, ou a "motivação de competência". Dois autores nesse campo:

1º) E. G. Schachtel

Sustenta que a criatividade resulta de abertura em relação ao mundo exterior e, portanto, de maior receptividade à experiência. A criatividade é, pois, a capacidade de permanecer aberto ao mundo – sustentar a percepção alocêntrica (centrada no objeto), contra a percepção autocêntrica subjetiva (centrada em si próprio).

O homem, afirma Schachtel, precisa ser criador, não porque haja de exprimir impulsos interiores, mas sim porque precisa relacionar-se com o mundo em derredor.

A criatividade manifesta-se por flexibilidade mental, intensidade de interesse, repetição e variedade de abordagem. Embora contenha elementos de jogo intelectual, suas características principais consistem mais em abertura e flexibilidade do que em folguedo.

No campo da criação publicitária, temos aqui um conceito importantíssimo: a necessidade da percepção alocêntrica (centrada no objeto). Relaciona-se com aquela primeira aula que o Lessa me deu (Capítulo 1): "Você fixa este lápis e rebusca na cabeça o que você pode dizer para *vender este lápis!*". Ou quando alguém se senta em frente a uma garrafa de vinho para descobrir uma maneira nova de abri-la (Capítulo 4)... ou uma maneira nova de *vendê-la*. O centro do problema é o objeto ou o público, ambos fora de nós. Mais no Capítulo 7.

2º) Carl R. Rogers

Para ele, criatividade é ainda mais que abertura à experiência: ela é auto-realização, motivada pela premência do indivíduo em realizar-se. Rogers distingue dois sentidos, um estrito e outro amplo, no termo criatividade: no primeiro, define certo tipo de comportamento, caracterizado por traços como intuição e espontaneidade, e também os produtos desse comportamento, ou sejam, as obras criadas; no segundo, denota algo mais abrangedor, a tendência para a auto-realização. Uma pessoa é criativa na medida em que realiza suas potencialidades como ser humano. Nenhuma relação com criação publicitária.

Análise fatorial

Este título, que representa pesadelo para tanto estudante de psicologia, engloba uma psicologia da criatividade bastante diferente, a começar pela teoria de J. P. Guilford, pioneiro neste terreno:

1º) J. P. Guilford

Segundo ele, a mente, ou intelecto, abrange 120 fatores ou capacidades diferentes, cerca de 50 dos quais conhecidos. Fiquemos com os 50 conhecidos.

Estes formam duas classes principais: uma pequena, de capacidades de memória, e outra muito maior, de capacidades de pensamento. Interessam-nos as capacidades de pensamento.

Estas se subdividem em capacidades cognitivas (reconhecimento de informação); capacidades produtivas (geralmente para gerar nova informação) e capacidades avaliativas (para julgar se é correto aquilo que é conhecido ou produzido). Nosso caso é com as capacidades produtivas.

Podem ser convergentes ou divergentes. O pensamento convergente ocorre onde se oferece o problema e onde há método-padrão para resolvê-lo. (Por exemplo, "Mate em três lances".) O pensamento divergente é chamado onde o problema ainda está por descobrir e onde não existe ainda meio de assentá-lo, resolvê-lo (tais como os problemas típicos que requerem criatividade). O primeiro campo implica uma única solução correta; o segundo pode apresentar

96 criatividade em propaganda

toda uma gama de soluções. Vamos cuidar desse segundo campo, o do pensamento divergente.

Ele inclui onze fatores diversos, entre os quais:

1. *Fluência vocabular*: "Capacidade de produzir rapidamente palavras que preenchem exigências simbólicas específicas" (em propaganda, fator muito importante para um redator).
2. *Fluência ideativa*: "Capacidade de trazer à tona muitas idéias numa situação relativamente livre de restrições, em que não é importante a qualidade da resposta" (em propaganda, o que se espera em um *brainstorm*).
3. *Flexibilidade semântica espontânea*: "Capacidade ou disposição de produzir idéias variadas, quando é livre o indivíduo para assim proceder". Pode ser testada pedindo-se a alguém que cite usos para um objeto comum (em propaganda, muito desejada. A agência luta sempre por multiplicar aplicações de um produto, uma idéia, um serviço).
4. *Flexibilidade figurativa espontânea*: "Tendência para perceber rápidas alternâncias em figuras visualmente percebidas".
5. *Fluência associativa*: "Capacidade de produzir palavras a partir de uma restrita área de significado". Pode ser verificada pedindo que a pessoa dê sinônimos de certas palavras (qualidade de um redator).
6. *Fluência expressionista*: "Capacidade de abandonar uma organização de linhas percebidas para ver uma outra". Primariamente, é a capacidade de encontrar, por exemplo, rostos cujas linhas se acham escondidas como parte de objetos maiores. Mas também pode levar à "descoberta" de significados surpreendentes num quadro de interpretação aparentemente já esgotada, como sucedeu quando perguntaram a Claude Chabrol (um dos fundadores da *nouvelle vague* francesa) qual o filme mais pornográfico que ele já vira: *Branca de Neve e os sete anões*, respondeu.
7. *Flexibilidade simbólica adaptativa*: "Capacidade de, quando se trata com material simbólico, reestruturar um problema ou uma situação, quando necessário". Basicamente podemos verificá-la pedindo a alguém que remova determinado número de traços ou palitos (os lados de quadrados ou triângulos) para ficar apenas com determinado número de quadrados ou triângulos. Mas, em sentido lato, parece-me ser esta a principal capacidade, de aplicações infinitas, entre todas a que se exigem de um publicitário criativo numa agência. E também a seguinte:

8. *Originalidade*: "Capacidade ou disposição de produzir respostas raras, inteligentes e remotamente associadas".
9. *Elaboração*: "Capacidade de fornecer pormenores para completar um dado esboço ou esqueleto de alguma forma".

Guilford definiu, a princípio, que apenas as capacidades do pensamento divergente participavam dos fenômenos de criatividade. Mais tarde, porém, incluiu no campo da criatividade mais três capacidades – as duas primeiras pertencentes ao pensamento convergente, e a terceira, ao pensamento avaliativo:

1. *Redefinição simbólica*: "Capacidade de reorganizar unidades em termos das respectivas propriedades simbólicas, dando novos usos aos elementos". Reconhecemo-la pedindo a alguém que ache o nome de um esporte pela combinação do fim de uma palavra com o começo da seguinte, numa sentença. Por exemplo, a frase "São as críticas acerbas que te encurtam a vida" dá basquete como nome do esporte.
2. *Redefinição semântica*: "Capacidade de alterar a função de um objeto, ou parte dele, usando-a depois de maneira diversa". Para testá-la, pode-se pedir a alguém que sugira qual, dentre vários objetos, seria melhor para começar um fogo (no exemplo de Guilford, a resposta consiste num relógio de bolso, cujo vidro poderia ser usado como lente condensadora dos raios do sol).

Peço perdão por discordar. Não me parece que charada ou problema de espécie alguma, que implique resposta única, de antemão conhecida, como os acima citados (e como, por definição de Guilford, são todos aqueles a serem resolvidos pelo pensamento convergente), exijam criatividade. Descobrir, por exemplo, o nome do esporte naquela frase será apenas uma capacidade mental "perceptiva", pois o nome do esporte já estava lá, conscientemente colocado pelo inventor da frase.

É o mesmo caso dos problemas de xadrez, "Mate em três lances", por exemplo, que citei no Capítulo 4. Há trilhões de maneiras de se criar um problema perfeito, e a criatividade evidentemente será de quem *extrai* desse universo assombroso de possibilidades uma situação curiosa, perfeita e de desfecho elegante, e não de quem localiza esse desfecho *único* na situação criada. Localizar essa solução é um trabalho inteligente, mas não criador.

Aliás, o próprio Guilford lamenta que a educação em geral tem se concentrado demasiadamente no pensamento convergente, tem mostrado ao estudante como encontrar respostas que a sociedade considera certas (o que significa que as conhece de antemão). Isto é, a educação salienta que para cada pergunta só existe uma única resposta correta (previamente consagrada). Por isso, a educação formal tem manifestado tendência para desestimular o desenvolvimento das capacidades abrangidas pelo pensamento divergente – verdadeiramente criativo, como vimos.

Fique claro que não estou negando absolutamente a criatividade de quem encontra uma única solução para um problema dado. (Afinal, muitos problemas podem, de fato, permitir apenas uma solução... ou mesmo nenhuma.) Estou negando é a pseudocriatividade que é levada a encontrar, por meio de dificuldades de antemão preparadas, uma única solução exata, de antemão conhecida. Chegar até ela, repito, é um esforço inteligente, mas não é um esforço criador.

Contudo, concordo plenamente com Guilford quando ele inclui, no campo da criatividade, uma capacidade que não pertence ao pensamento divergente, mas ao pensamento avaliativo: a sensibilidade a problemas: "capacidade de reconhecer que existe um problema".

Dedicamos todo o Capítulo 4 justamente a tentar mostrar que é nessa capacidade que reside boa parte da criatividade.

2º) Arthur Koestler

Em seu livro *O ato da criação* apresenta ele a mais ambiciosa tentativa de integrar as descobertas de várias disciplinas numa teoria única de criatividade. Procura sintetizar essa teoria tal como se revela no humor, na arte, na ciência, baseando-se nas últimas conclusões da psicologia, da fisiologia, da neurologia, da genética e de diversas outras matérias.

Sua tese central: todos os processos criadores participam de um padrão comum, por ele chamado de bissociação, que consiste na conexão de níveis de experiência ou sistemas de referências. No sistema criador, a pessoa age em mais de um plano de experiência.

A atividade mental, antes de se constituir em atividade criadora, é constituída de uma estrutura de hábitos de pensamento e comportamento que dão coerência e estabilidade, mas não deixam lugar para inovação. Todo padrão de pensamento ou comportamento (que Koestler denomina matriz) é governado por um grupo de normas, que tanto pode ser apreendido quanto inato. Ao mesmo tempo, tem ele certa flexibilidade, podendo por isso reagir a uma gama de circunstâncias.

Agora, o fenômeno. Quando reagem entre si duas matrizes de percepção, ou raciocínio, independentes, o resultado é:

- uma colisão, que resulta em riso, humor.
- uma fusão, que resulta em síntese intelectual (ciência e, no nosso caso, criação publicitária).
- uma confrontação, que é a experiência estética, a arte.

Vejamos o caso do humor. Sua essência é a interseção que ocorre com dois planos de experiência, cada qual consistente por si mesmo, porém em conflito um com outro. São dois sistemas de referências habitualmente incompatíveis um com outro. No decorrer dessa colisão, pensamento e emoção separam-se. O pensamento salta para o outro contexto, mas a emoção, menos ágil, resolve-se em riso. O desenrolar de qualquer anedota obedece a esse processo. Ela será tão mais bem-sucedida quanto melhor puder manter a lógica, a coerência, até o momento de seu desfecho.

Essa colisão muitas vezes é instantânea. Observei recentemente uma coleção de desenhos humorísticos: todos tinham como ilustração básica uma cama comum de casal. Ao lado dela um poste com um sinal de trânsito, que variava de um desenho para outro. Os sinais, também eles, eram aqueles conhecidos que se vêm repetidos na estrada: "Velocidade máxima", "Curva perigosa", "Pista escorregadia", "Lombada", "Encruzilhada", "Cuidado: Crianças", "Homens trabalhando", "Estreitamento da pista" etc.

A colisão de dois planos de referência tão familiares é que tornava todos os desenhos engraçados (descritos assim não tem graça).

Um dos mais famosos cartunistas americanos – Vip – dominou totalmente a técnica de fazer conflitar brutalmente o texto com a ilustração. Os dizeres de cada *cartoon* seu são invariavelmente corriqueiros, lugares-comuns: "Parece que aquele senhor conhece você"; "Detesto dirigir na hora do *rush*"; "Há pessoas que podem beber, outras não" etc. O riso vem com a ilustração. Quem já viu se lembra.

Estou me alongando propositadamente nesse assunto, pois ele abre possibilidade de exercícios excelentes e divertidos de criatividade. Você, leitor, 1) faça uma boa coletânea de frases as mais padronizadas, e bole também, para cada uma, uma situação que, com a respectiva frase, faça qualquer um rir; 2) pegue cerca de 50 *cartoons*, de preferência com ilustração bem insólita, tire sem ler seus dizeres, e bole um novo rodapé engraçado para cada um deles; 3) recorte 30 fotos de revistas, com personagens famosos em situações de instantâneos, e impute a cada um, num balãozinho, afirmações comprometedoras... e engraçadas: são as famosas Fotopotocas de sucesso certo, quando criativas; 4) note como o *Pasquim*, por exemplo, o jornal mais criativo do Brasil, apela para essas colisões ilustrando as "dicas" e mesmo os artigos sérios.

São muito conhecidos, e muito bem pagos, os fotógrafos de humor, que praticamente têm uma página garantida nas principais revistas tipo *Paris-Match*,

100 criatividade em propaganda

Stern, Manchete etc. (Acho que a idéia começou com a última página em pre-to-e-branco de cada número da extinta *Life*: "Miscelaneous"). Por exemplo, a foto de um gordo que vem dobrando uma esquina mas, naquele instante, você só vê, ainda, a barriga dele. Muito engraçado. Agora, nenhum leitor acredita que o fotógrafo vá andando pela rua até encontrar situação semelhante para fotografar. Evidentemente tais situações humorísticas, originais, são *criadas.* Como? Se você partir do nada, o problema fica terrivelmente difícil, pois você vai precisar de dois fatores para fazer colidir e obter efeito (risos). Contudo, você pode selecionar arbitrariamente o primeiro fator – por exemplo, um gor-do – e, a partir daí, começar a imaginar, criar, situações insólitas para esse gordo, situações que provoquem riso. Num instante, você reduziu seu proble-ma pela metade. Outras sugestões: um peru, um gravador portátil, um posto de pedágio, tudo isso – ou qualquer coisa – dá samba. Por que não tentar hoje mesmo?

Voltemos à Teoria de Koestler. Na ciência, o ato de criação brota do en-contro, da fusão de duas matrizes de pensamento até então desprovidas de relação. Ele cita, como exemplo, a invenção do tipo móvel por Gutenberg, realizada quando este – após muito preocupar-se com o problema de produ-ção livreira mais rápida que o permitido pelo antigo entalhamento das palavras em blocos de madeira, e que eram, até então, apenas atritados no papel – observava um dia uma prensa de vinho. Duas ordens de pensamento – uma associada à prensa de vinho, outra associada ao carimbo – subitamente conver-giram, e ele viu que uma letra fundida como um carimbo poderia ser premida contra o papel, deixando a mais nítida impressão possível. Dessa fusão de con-ceitos nasceu a imprensa.

Na ciência, as matrizes de pensamento bissociadas fundem-se em nova síntese, que por sua vez leva a sínteses ainda mais altas. Em propaganda, dan-do-se os devidos descontos, e eliminando essas "sínteses ainda mais altas", o processo muitas vezes é o mesmo.

Darei apenas alguns exemplos, porque seria inconveniente desenvolver aqui muitas possibilidades (como disse, o pior caminho é tentar chegar a qual-quer solução criativa a partir de teoria). A mencionada marca da Unifértil – uma plantinha nascendo de um frasco de laboratório, em forma de U – é um claro exemplo de *fusão* criativa em propaganda. Por outro lado, muitas vezes essa fusão ocorre na integração texto-*layout*. Exemplo: a frase banal e corri-queira – "Há certas formas difíceis de serem melhoradas" – impressa sob a foto de um ovo onde foi desenhado um Volkswagen. No caso, em vez de colidir dois planos de referência (o que provocaria risos), eles se fundem numa solu-ção criativa... e persuasiva.

Eis aí, acho, o motivo de sair em geral tanta piada numa reunião para a criação de campanha de propaganda: na busca de uma síntese criativa, persuasiva – por meio da fusão de planos de referências – estes, em vez de se fundirem logo, colidem continuamente, ou melhor, sugerem aos participantes contínuas e hilariantes colisões. Quase sempre a abordagem de um novo produto é feita na base da gozação.

Será então o humor incompatível com a propaganda, como parece afirmar tal teoria? Não – e aliás ela não afirma isso. No primeiro caso exposto (humor), a solução criativa resolve o problema de fazer rir por colisão de dois sistemas de referência. Exemplo: em que plano de referência você jogaria um sujeito gordo para obter uma foto cômica? No segundo caso (fusão), aplicado à propaganda, o problema não é fazer rir, mas *convencer*, persuadir gente, sobre as vantagens de um produto, uma idéia, um serviço. Evidentemente, há anúncios excelentes à base do humor (trataremos disso em capítulo adiante), mas, claro, o problema que eles resolvem não é o de fazer rir, e sim o de *convencer*.

Mais uma vez, são as particularidades e dinâmica de um problema específico que condicionam e determinam o significado de sua solução, o significado da criatividade. Não podemos sequer classificar a criatividade sem nos reportarmos ao problema referente.

E face aos problemas de arte? É o terceiro item da teoria de Koestler. Na arte, os planos de experiência não se fundem, mas ficam justapostos. Por isso a arte é eterna. Os padrões fundamentais da experiência humana são expressos de novo em cada época e cultura, em seu próprio idioma. Quando observamos uma obra de arte, nossas emoções são despertadas e ao mesmo tempo projetadas na própria obra, refluindo aos poucos e deixando uma sensação de plena realização (catarse).

Koestler vai além: este processo de matrizes e códigos que leva à criatividade é aplicável não apenas a estruturas psicológicas, mas a toda espécie de atividade manifestada na vida orgânica– perceptivas, cognitivas, motoras etc. Um músculo reage seletivamente a padrões específicos de excitação; os cromossomos podem variar; os circuitos nervosos podem ser interrompidos e reformados. Todo organismo é uma hierarquia de unidades (matrizes) semiautônomas e capazes de criar.

Para que a criação ocorra, a pessoa criativa há de ser antes frustrada e perturbada por um problema ou situação que ela não pode manobrar, embora muito o desejasse: o cientista, por fatos que não alcança explicar; o artista, por emoções que não consegue exprimir. A pessoa regride então a uma região menos consciente, menos diferenciada de sua mente, na qual possa gerar-se a solução (e aqui o autor reafirma a hipótese dos neofreudianos).

102 criatividade em propaganda

O macho das aves não raro toma para si a tarefa de alimentar os filhotes quando a fêmea morre, embora isso contrarie seu hábito; para fazê-lo, precisa bissociar duas atividades que normalmente não têm relação mútua para ele: descobrir alimento e cuidar da ninhada. Um chimpanzé junta dois pedaços de pau para puxar um cacho de banana para dentro da gaiola (o "estalo" que o bicho tem, ao descobrir a solução, é chamado pelos psicólogos de *insight*). Um perneta é capaz de chegar a pilotar um avião de guerra com tal perícia que mereça condecoração. Aleijadinho, invalidado pela doença que lhe imobilizava os braços, amarrava os instrumentos no pulso, para não citar o exemplo de Renoir que, invalidado pela artrite, fazia o mesmo com os pincéis. E, nas palavras de Koestler, "o primeiro aviador que, ao falharem os freios durante a aterrissagem, salvou o avião e a vida abrindo o pára-quedas pela janela traseira, realizou autêntica bissociação de duas habilidades não relacionadas entre si".

QUE TEMOS NÓS VER COM TUDO ISSO?

Nesse apanhado geral de teorias da criatividade, encontramos desde a possibilidade de Deus ter ditado a Ilíada ao seu eleito, até a necessidade de "fluência associativa", ou seja, mera facilidade de achar sinônimos para uma palavra; fomos do gênio de Michelângelo à capacidade inventiva da ameba; e, pior ainda, deparamos com fatores como a catarse – que, para dizer o mínimo, não faz parte do repertório cultural de uma agência de propaganda.

Aqui e ali pudemos pescar uma ou outra relação com o *métier* específico de criar bons anúncios – como o caso da *fusão* de sistemas de referências... para logo em seguida perdermos de novo o sentido lógico entre a exposição teórica e o que se passa normalmente com um homem criativo. Como sair dessa?

O que se passa com um homem criativo lembra muito o *insight* do macaco, ao descobrir de repente que, juntando duas varas, pode puxar para dentro da jaula seu cacho de bananas – no exemplo citado. É um ato de criatividade capaz de lhe solucionar o problema imediato e concreto da fome (muitas vezes nos dois casos).

A resposta capaz de extrair de toda essa colcha de retalhos de teorias aquilo que realmente interessa à propaganda, isto é, permitir uma orientação no meio de aspectos familiares e ângulos tão estranhos à criação publicitária, está, acho, exatamente numa análise sobre a inteligência dos animais. Ou melhor: numa análise comparativa entre a inteligência dos animais e a inteligência dos homens.

Erich Fromm, em seu livro *Psicanálise da sociedade contemporânea* (Zahar), apresenta a análise que me pareceu mais convincente das que conheço. Os animais, evidentemente, possuem inteligência, muitos em alto grau, uma inteligência perfeitamente apta a comportamento criativo – mas uma inteligência invariavelmente *manipulativa* das circunstâncias. Uma inteligência que os livra de problemas concretos e imediatos, ou que lhes garante recompensas concretas e imediatas. Todo ato criativo do animal segue tal objetivo de *manipulação* do seu meio, com vista a lucro real. Supérfluo exemplificar.

Já os homens possuem essa inteligência manipulativa, muitos em alto grau, e, além disso – o que os torna humanos – também uma outra forma de faculdade mental que os animais não possuem: a racionalidade. Esta é uma inteligência não condicionada a ganhos materiais e imediatos, não ditada precipuamente por interesse material ou sensorial próprio, mas por gratificações muito mais complexas, psicológicas, espirituais. (O que muita gente, dotada apenas de inteligência manipulativa, jamais consegue entender, debitando tudo ao "exotismo" ou à "loucura".)

A racionalidade é uma faculdade humana voltada não para a manipulação do mundo, mas para sua abrangência, sua *compreensão* (filosófica, artística ou científica). Por isso, suas soluções nesses campos compreendem, explicam e interpretam o mundo. *E dignificam* todos a quem é dado o privilégio de partilhar seus valores.

As soluções da inteligência manipulativa jamais, por definição própria, podem chegar aos estágios qualitativamente superiores, humanos, da filosofia, ciência e arte, ficando, em seu nível mais alto, no campo da técnica.

Essa dicotomia esclarece bem as "diferenças de inteligência" antes incompreensíveis:

1. A do brilhante *self-made man*, com tremenda visão de negócios, ultracriativo na hora de modificar processos de produção e de abreviar o caminho para a fortuna, mas que não entende um único capítulo de Montaigne, acha Marcel Proust o maior dos chatos e só avalia os quadros de Picasso pelo preço dos *marchands*. Inteligente ou estúpido este homem? Responda sem esnobismo: juntar o primeiro milhão de dólares é impossível a um indivíduo estúpido!

2. E como explicar agora a performance de um Mozart, que, de acordo com todos os testemunhos, não servia absolutamente para nada, exceto para a música? Como classificar Bruckner, que, fora de seu gênio na hora de compor, era um débil mental completo? Como explicar um Karl Marx, cujas *idéias* até hoje condicionam nossa época, por bem ou por mal, e contudo era praticamente incapaz de ganhar um tostão, vivendo a expensas de um amigo e acabando a vida em total penúria? Inteligentes ou estúpidos estes homens? Sem tantos desses "falidos" e

104 criatividade em propaganda

pobretões, a humanidade seria paupérrima. Pior ainda, nem existiria como humanidade.

Espero, a essa altura, que ninguém esteja ofendido por identificar sua inteligência como manipulativa, "animal". Primeiro, porque ela é muito melhor do que qualquer forma de falta de inteligência – excetuando casos como o do coronel SS Kurt Franz, que criou processos originais, mais rápidos e econômicos, de eliminar judeus em Treblinka.

Ganhar dinheiro, legitimamente, graças à própria inteligência, é bom. Muito melhor do que não ganhar. Uma crítica a essa posição inclui, quase sempre, inveja ou complexo de culpa. No estágio atual do capitalismo, há muito dinheiro a ser merecidamente ganho pela criatividade técnica, manipulativa. Em termos absolutos, a riqueza do mundo cresce a cada minuto, vertiginosamente, e se em termos relativos aumentam as desigualdades de sua distribuição no planeta, tal injustiça deve ser debitada a situações anacrônicas ou criminosas concretas, e não, de antemão, a um homem criativo que, hoje, decide trabalhar por dinheiro e resolve fazer fortuna.

A verdade é que, nos centros industriais em que vivemos, no nosso meio ambiente (em que pese toda a miséria), um milhão de qualquer tipo de moeda é uma migalha. Se você, leitor, que me acompanhou até aqui, ouve isso com surpresa, é porque está no mínimo mal informado...

Estou muito satisfeito com minha inteligência "animal", e de forma alguma concordaria em me desfazer dela – como não concordaria em me desfazer de meu esqueleto, vísceras e tantas outras coisas que tenho em comum com os animais.

O que eleva o homem acima do animal – dizia Hegel – é a sua consciência de ser um animal; pelo fato de saber que é um animal, ele deixa de sê-lo.

O importante é notar que a inteligência "animal", manipulativa das circunstâncias ambientais, e exercida em troca de recompensa concreta e imediata, não exclui necessariamente a faceta humana e compreendedora, a *racionalidade*. Voltaire ganhou muito dinheiro especulando na Bolsa – e jamais deixou de ser Voltaire. Até mesmo esteticamente, prefiro saber de Picasso arquimilionário a ver Van Gogh definhando na mais negra miséria. Principalmente no estágio atual de riqueza do mundo. Alguma dúvida?

A propaganda não é uma arte nem uma ciência – para opinar nessa discussão acadêmica que já vem se arrastando há tanto tempo. Ela é uma técnica, manipulativa – o que a situa definitivamente abaixo dos campos em que atuaram Galileu e Rodin.

Seu propósito essencial, capital, não é interpretar, explicar, ou dignificar – mas *persuadir,* manipular. Dirá logo alguém que a boa propaganda preocupa-se em explicar os usos de um produto, por exemplo. Claro, e esse recurso (explicar o produto) é importantíssimo e tratarei dele mais adiante. Mas se ele é importantíssimo, é para *vender* o produto! Nenhuma companhia no mundo gastaria dinheiro explicando o uso de um produto sabendo que, com essa explicação, as vendas, por um motivo ou por outro, cairiam...

Manipular não quer dizer enganar (basta consultar o dicionário); e aí vai a distância entre a propaganda profissional, exercida dentro das normas éticas, e a picaretagem, que por sinal só funciona a curtíssimo prazo.

Mas tampouco significa dignificar, ou morrer de respeito por quem é manipulado. A escala de valor – para julgar investimentos imprescindíveis e normalmente altos que toda campanha representa – é o sucesso, o retorno desse investimento com lucros, as *vendas*! Se o caminho para tal passa pelo humor, vamos usar humor; se passa pelo esclarecimento detalhado, vamos usar o esclarecimento detalhado; e assim por diante.

Ou, projetando: se a obtenção das bananas pede o uso de varas, vamos usar as varas; se só é possível com corda, lá vai corda!

Como última conclusão dessa análise, note que a propaganda exige uma inteligência *inferior,* ou melhor, a parte inferior, "animal", das potencialidades criativas de um publicitário.

Isso justifica o que disse no primeiro capítulo, ou seja, que a criação em propaganda é um *ato simples, banal, intelectualmente primário.*

Espero que o leitor interprete isso como um encorajamento, face a uma profissão compensadora, mas que dizem tão complicada.

Os próximos capítulos focalizarão exclusivamente a propaganda, abrindo mão de maiores dissertações sobre a criatividade em qualquer outro setor.

Vamos às bananas!

6 criando para que outros creiam… e façam!

"A verdadeira criatividade é criar uma resposta em alguém."

Ernest Dichter, presidente do
Instituto de Pesquisa de Motivação

A indústria cria produtos basicamente iguais.
As lâmpadas acendem, os óleos lubrificam,
os desodorantes desdorizam. Em milhões de casos,
o que vai destacar um produto dos outros são... boas idéias –
expressas em marketing criativo, em propaganda criativa.

Anúncio (hard-selling) *de desodorante.*

Afinal, que diabo é propaganda?

Qual a razão (além de, genericamente, "vender") mais ampla, histórica, desse onipresente festival de cores e apelos, a um custo altamente expressivo (no Brasil, em torno de 1% de seu PNB) que já se tornou parte da vivência das sociedades industriais e de sua cultura?

Para entender perfeitamente uma coisa – ensina Aristóteles –, observai os começos do seu desenvolvimento. Os começos da propaganda são relativamente recentes, já no quadro da Revolução Industrial. Ela nasce graças aos meios técnicos conquistados pela Revolução Industrial; nasce para resolver problemas da Revolução Industrial; nasce para corresponder aos novos mitos de coletividades agrupadas pela Revolução Industrial.

Sim, "Delenda Cartago" foi eficiente *slogan*, e a figura do peixe para os primeiros cristãos é o que um publicitário de hoje reconhece como ótima "fixação de marca". Descobriram-se cartazes eleitorais na velha Pompéia, e mesmo a Bíblia está cheia de passagens que sugerem estar no Velho Testamento os primeiros sinais do *Homo publicitarius.* Independentemente de não garantir, por si só, muita honra a antigüidade dessa linhagem (considerando qual seja a mais antiga profissão do mundo), devemos notar que tais registros de marcas, *slogans,* campanhas etc. não constituem absolutamente exemplos do que entendemos hoje, em seu conceito completo, por propaganda.

A caracterização da propaganda pressupõe, primeiramente, a explosão demográfica dos últimos tempos. A população do mundo, que dobrou no século XIX – fato inédito em toda a história da humanidade –, continuou aumentando vertiginosamente ao longo do século XX. Esse novo povoamento passou a concentrar-se sobretudo nas cidades, para cujo proveito, em muitos países, despovoaram-se os campos. Surgem as megalópoles, com as características que os novos tempos exigem: a casa, que era o centro da existência, divide agora sua importância com o escritório, o departamento, a fábrica; o quarteirão novo, impessoal, geométrico, substitui a aldeia organicamente estruturada. As novas

110 criatividade em propaganda

populações, além de quantitativamente muito maiores, irão conhecer uma vida qualitativamente muito diferente.

O impacto da Revolução Industrial – cujas primeiras conseqüências econômicas permitiram a deflagração e continuação desse aumento demográfico – apagou para sempre os últimos traços (ainda visíveis) da síntese medieval. Ao abandonarem, mais ou menos bruscamente, seus tradicionais métodos de produção, vinculados à exploração da terra, populações inteiras abandonavam também toda uma superestrutura de conceitos culturais e espirituais.

Os velhos ídolos ficaram para trás, face à produção em massa: esta, superando de golpe o artesanato, reproduz em minutos milhares de imagens que antes, quando laboriosamente concebidas e armadas, extasiavam a comunidade paroquial. Há novos conceitos para tudo, horários, padrões de comportamento, expectativas inéditas.

Não admira que a nova multidão que superpovoa a cidade industrial mostre-se, desde o início, ávida de notícias, desorientada diante de uma realidade social em rápida mudança e expansão. Simultaneamente – dialeticamente – é a própria Revolução Industrial que vem preencher o vazio que ela mesma acarretara. Seus inventos fornecem-lhe os meios para agir, de inúmeros modos, sobre as massas que ela própria reunira.

A invenção da rotativa, dos meios de transporte para a distribuição, do telégrafo, multiplicam a eficiência e o alcance do jornal, enquanto baixam radicalmente seu preço. Surgem as primeiras formidáveis potências de opinião. A invenção do alto-falante permite ampliar a voz humana, enquanto o telégrafo sem fio deu à palavra a dimensão planetária.

A gravura, por sua vez (tão importante, por exemplo, na tradição napoleônica), beneficia-se dos novos processos de reprodução. A invenção da rotativa permite reproduções mais rápidas, mais diretas, mais convincentes e de tiragem ilimitada.

O cinema oferece imagem ainda mais verídica e surpreendente enquanto a televisão, hoje, leva todo esse mundo de informação e propaganda – com todas suas implicações – à intimidade doméstica do indivíduo, ao seu (ainda fragmentado) reduto familiar.

Talvez aqui esteja a relação mais próxima dos temas deste livro com as teses de Marshall McLuhan. Os veículos industriais de comunicação são realmente elemento constituinte indispensável dessa mensagem *industrial* chamada propaganda. Impossível dissociar um do outro – ainda mais porque cimentados por mais um fator integrante da sociedade industrial: o quadro psicológico do público, da massa, reconhecida em grandes contingentes, capaz de comportamentos extensivos e preferências previsíveis ou padronizadas.

Realmente, este último aspecto vai fechar o círculo da explicação completa, dialética, do fenômeno propaganda.

Já vimos como ela é de natureza intrinsecamente diferente de tudo com que se assemelhasse no passado. Historicamente gerada (e só possível) pela Revolução Industrial, é criada pelos *donos* da Revolução Industrial – hoje clientes das agências.

Por outro lado, essa mesma Revolução, em seu ímpeto avassalador de conquista da natureza, conquistou também parcialmente o poder de influenciar e controlar industrialmente certos aspectos da natureza humana coletiva – graças não tanto aos novos conhecimentos fornecidos pela psicologia, mas, principalmente, à experiência empírica. Isto é, essa Revolução, hoje, por meio das agências, conquistou certas fórmulas, certos meios empíricos de controle do processo de mistificação dos desejos da massa (que por sinal não existia antes dela). Tudo claro?

Voltando ao nosso amigo Aristóteles: ele dizia que o objetivo principal de toda a comunicação é a persuasão: a tentativa de levar os outros a abraçar o ponto de vista de quem fala, escreve, se expressa.

Certo, mas podemos por acaso considerar o livro em que ele afirmou isso – a *Retórica* – como peça de propaganda?

Toda propaganda é persuasão... mas nem toda persuasão é propaganda.

Propaganda é persuasão conseguida industrialmente, em geral por iniciativa dos donos da indústria, dentro do quadro econômico, técnico e psicológico da sociedade industrial.

E que querem, preponderantemente, os donos da indústria?

Vender – e este é o primeiro e óbvio objetivo e por que nasceu e se desenvolveu a propaganda comercial.

Contudo, com o rápido aumento de sua importância, de suas solicitações, com a crescente complexidade dos motivos de compra, face a novos produtos e serviços, e também com a concorrência de cada anúncio face a outros e às notícias em geral, descobriu-se logo que o recurso de massificação da propaganda não poderia, não era, estava longe de ser o ideal: primeiro pelos custos; segundo, pelos conhecimentos psicológicos que desqualificam a eficiência da monotonia repetitiva, como recurso de persuasão.

Surgem as primeiras idéias no sentido de tornar as mensagens simultaneamente mais originais, mais econômicas, mais persuasivas. Já no fim do século passado um pintor inglês, Francis Barraud, vendo seu *fox terrier,* de nome Nipper, escutar intrigadamente a voz que saía de um gramofone, retratou-o assim – e nasceu um dos maiores achados publicitários de todos os tempos: "His Master's Voice", vendido em 1901 à Victor Talking Machine Company, futura RCA Victor.

A criatividade surge na propaganda como um ingrediente poderoso para garantir economia e poder de persuasão redobrados por centavo investido. Ela não atua desde o início como "bolação gratuita", como "demonstração de bom gosto", como "decoração" dos anúncios e mensagens – mas como solução revolucionária para triplicar a eficiência dos investimentos publicitários.

A propaganda nasce como solução para a indústria, e a criatividade nasce como solução para a propaganda. E solução de problemas terríveis.

Um dia, há mais de sessenta anos, os principais jornais americanos trouxeram um anúncio estranho, lembrando propaganda de circo: *"Os camelos estão chegando!"*. Em seguida, foram substituídos por outro ainda mais intrigante: *"Amanhã haverá nesta cidade mais camelos do que em toda África e Ásia juntos!"*. (Já agora não poderia mais ser circo. E então?) Dia seguinte, afinal, o lançamento que dava início à primeira grande campanha de cigarros no mundo: *"Os cigarros Camel estão aqui!"*. A partir daí, uma marca, comprada pelo fabricante de fumos de cachimbo R. J. Reynolds pela bagatela de 2.500 dólares, subia rapidamente para o quarto lugar nas vendas e, em cinco anos, mantendo este motivo, para o primeiro com 40% do total de vendas de cigarros na América.

Será importante dizer que a combinação de fumos que fazem o Camel fora testada antes do lançamento nacional. Contudo, o mais importante é notar que, quando se atiravam para o ar os primeiros 250 mil dólares de propaganda, a fábrica já estava produzindo milhares e milhares de maços de cigarros por hora, a serem vendidos a pessoas, gente como eu e você, que fumava outras marcas de cigarros, de preços e gostos diferentes. Enquanto isso, a cada hora, atrás do sr. Reynolds, milhares ou milhões de maços do seu cigarro eram finalizados e estocados, imobilizando capital de giro.

E havia ainda outros problemas específicos de concorrência, porque na época a maioria das marcas distribuia prêmios por meio de sorteios. A solução foi *não* distribuir prêmio nenhum, fazendo inclusive disso argumento de persuasão: "porque o custo dos fumos usados na mistura do Camel é alto demais para permitir qualquer coisa além da qualidade do cigarro em si mesma".

Mas sente o drama antes da solução: uma fortuna se imobilizando a cada minuto na forma de estoque, além de toda uma massa de compromissos financeiros fixos, imprescindíveis à operação do negócio – eis aí um bom e típico problema industrial para *você* resolver. Como convencer o público a trocar sua marca original e passar a fumar a montanha de pacotes de cigarros do seu cliente? Apenas uma pista: a marca comprada pelo sr. Reynolds chamava-se "Camelo" (Camel).

Moral (?) da história desse lançamento: os camelos realmente passam pelo fundo das agulhas, assim como certos ricos entram no reino dos céus...

Da mesma forma, hoje a Volkswagen em São Paulo estaciona no pátio de sua fábrica cerca de 1.400 carros novos *por dia*. É um pesadelo até para mim, que não consigo estacionar o meu em lugar nenhum. Todo seu envolvimento, compromissos salariais, contratos com fornecedores, investimentos em seleção de pessoal e treinamento etc. impedem a fábrica – qualquer uma – de "produzir de acordo com as vendas" (ou muitas vezes até mesmo diminuir a produção). Esta hipótese – "produzir de acordo com as vendas" – não só é impraticável no regime industrial (só possível no artesanal, pré-capitalista), como, se tentada, custaria uma fábula de dinheiro, na ponta do lápis. A Volkswagen tem de encontrar soluções *mais econômicas* para tirar, ainda hoje, aqueles 1.400 carros do seu pátio, porque amanhã já haverá mais 1.400 carros ali, e depois de amanhã mais 1.400! É um problema permanente, terrível, que você só "adia" enquanto vai para a frente, com velocidade cada vez maior. Como o surfista que se diverte enquanto avança à frente de uma onda gigantesca e fatal!

A Air France, sem contar os usos do Concorde, tem cinco vôos semanais para a Europa, dois com Boeings 747 (150 lugares cada) e três com Boeings 727 (365 lugares cada). São cerca de 1.400 poltronas semanais que, idealmente, a empresa espera que saiam ocupadas. Evidentemente, não apenas a propaganda, mas toda a comercialização da linha aérea parte do desafio de tentar convencer por semana 1.400 pessoas como você e eu a voar à Europa por ela, em contraposição ao mesmo esforço da Varig, Swissair, Alitália, Lufthansa, Ibérica, KLM, TAP, SAS, BUA. A economia capitalista não permite, para dizer o mínimo, a solução de parar um Boeing no Galeão e anunciar "só saímos quando lotar" – isto é, a solução do pau-de-arara nordestino. As poltronas do Boeing têm de ser *vendidas*, não importa quantas, num prazo fixo, curto, inexorável.

Esta pressão, esta imposição, pode ser apresentada de forma apenas aparentemente oposta. Segundo J. K. Galbraith (*O novo estado industrial*), a soberania do consumidor desapareceu, dando lugar à soberania da corporação. As firmas não produzem além do que o consumidor pede. Os imperativos da produção em larga escala e a vasta acumulação de capital requerida pela produção moderna e pela tecnologia determinam que as firmas decidam o que e o quanto deve ser produzido. O consumidor aceita passivamente o produto final. Evidentemente, para garantir sua "passividade" na aceitação é que são requeridas todas as miríades da inventividade publicitária. Se tal passividade fosse automática face à necessidade pelo produto final, não se investiria, em propaganda, no mundo, mais do que o PNB da maioria das nações da Terra.

É claro: se a Volkswagen ou a Air France, para ficarmos nesses exemplos (milhares de outros serviriam), parassem totalmente seus esforços de comercialização, centenas de pessoas continuariam procurando carros e aviões dessas companhias, pelo prestígio já conquistado. Não há assim, na realidade, a estaca zero que representaria tentar convencer 1.400 pessoas por dia a comprar carros – embora a média de vendas deva ser esta.

114 criatividade em propaganda

No caso de uma linha aérea, um Boeing 707 que saia semivazio pode ser generosamente compensado por outros que saiam lotados, de vez que o ótimo, evidentemente, não pode ser todos os aviões lotados o tempo todo!

Quando expus estes dois problemas, preferi falar esquematicamente, no intuito de localizar o problema *real* da criatividade comercial. Além do que, estou falando com gente inteligente.

Para avançar continuamente, escapando da onda do colapso atrás de si, para transformar continuamente sua produção em dinheiro, em lucros, a indústria necessita desesperadamente de idéias, de criatividade.

Esta criatividade pode ser, deve ser solicitada antes mesmo da criação do produto. Entramos aqui na vasta área da criatividade em *marketing*, campo que exigiria, por si só, escrever outro livro. Há um bom no Brasil, de Roberto Duailibi e Harry Simonsen Jr.: *A formulação de alternativas em marketing.*

No levantamento de tais alternativas, Duailibi e Simonsen definem 39 elementos – dos quais apenas um é a propaganda – possíveis, cada qual, de sofrer pelo menos 2.322 indagações diferentes, com vista a achados originais de comercialização de um produto. Devo adiantar que, na prática, tal exploração torna-se mais simples não só pela pré-seleção, por parte do interessado em tais achados, quanto a áreas mais problemáticas do seu negócio, bem como pelo uso de uma régua heurística, que, só em olhá-la, sugere bom número de itens para especulações eventualmente compensadoras.

A criatividade em marketing pode assim estar em inventar um novo produto, aumentar sua utilidade, modificar sua distribuição, reformar sua embalagem, aumentar os descontos: as possibilidades são inúmeras considerando a infinidade de casos específicos nos diferentes campos comerciais. E dependem também de condicionantes, válidos para cada caso. Sem dúvida, foi criativa a maneira nova com que a Bozzano entrou, na década de 50, no mercado de artigos de perfumaria: colocando seus produtos em consignação, em vez de vendê-los, como faziam seus concorrentes, mas essa criatividade evidentemente exigiu um bom dinheiro empatado.

Você está cercado de ótimas idéias de marketing, independentes da propaganda: o consórcio de automóveis (invenção brasileira, salvo engano); cigarros de 100 mm, ou cigarros com filtro, ou cigarros só para mulher, ou cigarros tipo *More*; fundos de investimento que lhe oferecem seguro de vida; as latas que dispensam abridor, as cuecas cuja embalagem se presta a um porta-lápis, ou um cinzeiro; as garrafas *one way*, as fraldas do tipo "sujou – joga fora", os chicletes com figurinhas; o cartão de crédito com a foto do usuário; o outro, Credicard, cuja expansão se deveu ao fato de creditar imediatamente o lojista, poupando-o da demora a que o submetia o principal concorrente; a borrachinha que alguém, há muito tempo, lembrou-se de pôr na outra ponta do lápis; a política da Sears "sua satisfação... ou seu dinheiro de volta"; o concurso fotográfico da Nikon; a "garantia" impressa que certas construtoras oferecem na venda de um apartamento; a corretora de ações aberta noite e dia; o tigre e o elefantezinho da Esso e Shell que faziam as crianças puxar os pais para esses postos – milhões de soluções (muitas das quais você não vê) que refletem, para cada caso específico, demonstrações de *salesmanship*, a arte de vender.

O exemplo mais gigantesco, também inventado no Brasil (e que já recebeu, por falar nisso, a atenção de numerosas nações): o Banco Nacional da Habitação.

Uma linha aérea só pode vender transporte. Mais nada. Em se tratando de transporte de gente, só pode vender a preços rigorosamente iguais aos de seu concorrente, também filiado à IATA.

Por isso, uma linha aérea que queira vender mais transporte tem de oferecer mais e melhores serviços. Mesmo de graça. Ela oferece excursões de ônibus na Europa, ou um carro alugado, à sua espera no aeroporto de Nova York. Não pode ganhar dinheiro com tais vendas secundárias: é proibido pela IATA. Mesmo assim, ela agencia aqui no Brasil o aluguel do seu carro, ou a reserva do seu hotel no exterior – o que você paga em cruzeiros – apenas para que você voe por ela, a esse preço fixo. Um bom negócio para todos.*

Em 1969, a Lufthansa no Brasil, lutando por aumentar suas vendas de transporte de gente, e por isso lutando por aumentar seus serviços, criou o "Educatours" para universitários: qualquer um podia se matricular na loja da companhia para um curso de línguas de quatro semanas – inglês na Inglaterra, francês em Paris, alemão na Alemanha, pelo Goethe Institute, após o qual, se quisesse, se juntaria a uma excursão de ônibus (Jumbo-Bus) para cinco países da Europa.

Imagine o leitor o esforço do Departamento Comercial da companhia em contatar na Europa essas entidades, combinar os períodos do curso, divulgar cada currículo no Brasil, esclarecer o caso dos alojamentos, até os horários das aulas, negociar o compromisso de número mínimo de matrículas etc. – problemas tão diferentes da rotina de quem lida precipuamente com a venda de passagens aéreas. E todo o dinheiro apurado era integralmente passado aos estabelecimentos de ensino e à companhia operadora do Jumbo-Bus.

O que estava por trás disso? Primeiro, a necessidade de oferecer ao público um apelo realmente atraente e original para voar à Europa, justamente nos meses de janeiro e fevereiro, quando é inverno lá, e muitas vezes aviões inteiros saem daqui vazios, mesmo com a tarifa reduzida. Segundo, a observação de que justamente esses meses coincidem com as grandes férias escolares no Brasil. Terceiro, a justificativa, a "desculpa" que representa para todo jovem um "curso cultural" no exterior, junto a papai, que vai pagar as contas.

---

* A recente proibição governamental desses pagamentos em cruzeiros não invalida o exemplo.

116 criatividade em propaganda

Nossa agência lançou efetivamente esse plano, levando em consideração todos os seus aspectos: havia anúncios de página em revista para jovens ("Agora é mole convencer papai"), anúncios pequenos em veículos empresariais ("Prepare seu filho!"), cartazes a serem afixados nas escolas e universidades; boletins contínuos para os agentes de viagem, visando mantê-los envolvidos na campanha: folhetos com todos os detalhes sobre os cursos, alojamentos e excursões (distribuídos contra pedido através de cupom), adesivos para as pastas dos estudantes: "Europa: nas férias lá vou eu!", um audiovisual que passou em vários estabelecimentos de ensino do Brasil etc.

Tudo unicamente para vender os cursos, a excelência dessa oportunidade cultural e o prazer da excursão de ônibus que se seguia. Praticamente nada sobre o transporte Brasil–Europa. Nada sobre a segurança dos Boeings 707. Nada sobre o serviço de bordo. Nada sobre a pontualidade da decolagem nem sobre as pernas das aeromoças.

No fim do ano, quando chegou a temporada "baixa", a companhia tinha de pedir autorização especial para vôos extras. O número de jovens que embarcaram nessa época era suficiente (como a própria empresa publicou em anúncio) para lotar seis Boeings 707. Excelente resultado por cruzeiro investido tanto na operação do plano como em sua propaganda.

Evidentemente (ou lamentavelmente), o mérito maior não foi da agência. No caso, a criatividade publicitária que ela ofereceu veio *após* a criatividade maior do marketing, que solucionou o problema. (O problema da agência foi: como extrair o máximo de valorização e resposta dessa idéia original?) Em janeiro, o diretor comercial da Lufthansa era citado pela imprensa como autor do maior sucesso de marketing no setor aeroviário em 1969.

Desta forma, a criatividade em marketing – que envolve, depende ou se relaciona com pesquisa técnica, pesquisa de mercado, administração, disponibilidades financeiras e operacionais etc. – antecede à criatividade em propaganda (sendo esta, como se sabe, tão-só segmento do marketing como um todo).

Isso não impede que a toda hora as agências criativas estejam oferecendo idéias excelentes de marketing a seus clientes. Mas, por outro lado, é difícil acreditar que possam garantir serviços extensivos e completos nesse setor. Evidentemente o campo de alternativas de marketing é tão amplo, tão específico para cada negócio, a cada momento, que nenhuma agência, a meu ver, pode assegurar a vários clientes em vários setores de mercados diferentes e peculiares, cobertura contínua e satisfatória, como pode, por exemplo, na área de propaganda.

(Por curiosidade: a régua heurística que mencionamos antes sugere a possibilidade de 90.558 conjecturas – cada uma condicionada a situações específicas – capazes de gerar soluções de marketing para cada negócio, a cada momento –, mas pode-se remanejá-la de forma a produzir "um número ainda maior de perguntas e idéias".)

É imprescindível a presença do homem criativo *dentro* da empresa, queimando pestanas o tempo todo sobre as alternativas de *seu* marketing.

A indústria tende à padronização, e a sociedade industrial também.

Todos os bancos oferecem basicamente serviços iguais, regulamentados pelo governo; idem as companhias seguradoras, idem as linhas aéreas. A gasolina de todos os postos é rigorosamente a mesma, e já ocorreu de um fabricante de cervejas, momentaneamente sem produção, começar a engarrafar a cerveja do concorrente, e ninguém dar pela coisa.

Dificilmente você reconheceria seu cigarro predileto, fumando-o no escuro junto a vários outros da mesma faixa de preço. Na América, algumas das maiores contas de propaganda são a dos fabricantes de aspirina (Bayer, Bufferin, Anacin) que se digladiam todas as noites nos canais de TV: claro, as três são a mesma coisa (ácido acetilsalicílico). (Incidentalmente, um laboratório notando o grande consumo popular da aspirina, bem como do bicarbonato de sódio como antiácido, misturou os dois, criativamente, num comprimido efervescente [o Alka Seltzer]. Essa mistura é hoje considerada, por muitos médicos, como incompatível – no caso, por exemplo, de acidez provocada por úlcera gástrica desconhecida pelo paciente, e que será agravada pelo ácido acetilsalicílico – mas... que sucesso de vendas!)

E se você não sabia, o gim-tônica foi vendido ao mundo pelos fabricantes de tônica, e não pelos fabricantes de gim.

Dentro da própria lógica da indústria, produtos do mesmo preço são basicamente iguais – e aí está o segundo grande problema da criatividade publicitária. Como convencer – na clássica lição de Orígenes Lessa – o leitor do anúncio que eu vou escrever a comprar o diabo do lápis do meu cliente se, pelo mesmo preço, ele compra o lápis do concorrente que escreve basicamente da mesma maneira... ou melhor?

Como você, leitor, tentaria convencer alguém a comprar o isqueiro Cricket, e não o Stick ou o Bic? Ponha os três à sua frente, teste-os – e vai ver que é fogo!

Assim, pelo menos em tese, a exigência da criatividade publicitária chega à mesa de reunião da agência depois que foram esgotadas as alternativas de criatividade de marketing. Os três isqueiros estão lá, iguaizinhos, mas é necessário convencer o maior número possível de pessoas a preferir um deles.

Vejamos três exemplos de soluções:

Quando Robert Townsend assumiu a direção da Avis, em 1962, nos Estados Unidos, esta empresa apresentava prejuízo da ordem de 3 milhões de dólares. Três anos depois, quando se retirou, deixava "outra" empresa, com 3 milhões de dólares de lucros, uma experiência altamente criativa em administração (que ele apresentou num *best-seller* mundial: *Viva a organização*), e o

118 criatividade em propaganda

mérito de ter estimulado e aprovado, como cliente, uma das mais eficientes campanhas de propaganda do mundo, grande responsável pelo sucesso da Avis.

Note, em todo o episódio que se segue, como a solução explodiu da criatividade de uma agência considerada, com muita justificativa, "a agência mais criativa do mundo", a Doyle Dane Bernbach. Será razoável admitir, pela própria narrativa dos envolvidos no caso Avis, que os recursos de marketing, por criativos que tivessem sido, estavam longe de poder retirar a empresa do buraco quando Bill Bernbach, titular da DDB, foi chamado pela Avis. Deixemos o próprio Townsend contar o que se passou:

> A primeira coisa que fizemos ao assumirmos a direção da Avis foi pedir a algumas pessoas que organizassem uma lista das agências "mais quentes". Chamamos as equipes de criação dessas agências e procuramos interessá-las no negócio de carros alugados. E de repente tropeçamos com a verdadeira pergunta: "Como conseguir 5 milhões de dólares de publicidade por apenas 1 milhão?". (A verba de nosso principal competidor era superior à nossa na proporção de 5/1 – e, no entanto, tínhamos de pagar o mesmo preço pelos carros, seguro, aluguel, gasolina, óleo e pessoal).
>
> Bill Bernbach ouviu a pergunta e respondeu: "Se você quer obter um impacto cinco vezes maior, dê-nos 90 dias para aprendermos o suficiente sobre o seu negócio, aplicarmos os nossos conhecimentos a ele – e então veicularmos todos os anúncios criados por nós, onde acharmos que devam ser veiculados. Nosso pessoal trabalha para ver como as idéias funcionam. Mas a maior parte de nossos clientes obriga nossos anúncios a passarem por verdadeira via-crúcis de assistentes de diretores e de chefes de propaganda, de marketing e de questões jurídicas – ao fim da qual a gente nem acaba reconhecendo o que fez. Se você promete inserir os anúncios tais como nós os criamos, eu lhe asseguro que nossos diretores de arte e redatores atravessarão noites pensando em sua conta".
>
> Trocamos um aperto de mãos.
>
> Três meses depois, Bill Bernbach veio apresentar à Avis a campanha criada e recomendada por sua agência. Disse que lamentava, mas a única coisa honesta que podia dizer era a empresa ser a segunda maior no ramo e que seu pessoal (da empresa) continuava a fazer força. Disse ainda que o seu próprio departamento de pesquisas desaconselhara os anúncios e ele mesmo não gostava lá muito deles – mas era tudo o que tinha conseguido, e por isso os recomendava. Nós, da Avis, também não os achamos lá essas coisas, mas tínhamos combinado de veicular o que Bill recomendasse.
>
> "O resto pertence à história. Em dois anos, nossos índices de negócios pularam de 10 para 35."

Afinal, o que se passara? Depois de estudar todos os possíveis pontos de venda da companhia, Bill Bernbach se deparara mais uma vez com o tão freqüente desafio de todo publicitário: a Avis era uma empresa de aluguel de carros como outra qualquer. E estava longe de ser a maior, estava em segundo lugar, longe da Hertz.

O genial da solução foi que Bill percebeu que isso podia ser um ponto de argumentação altamente eficiente para convencer as pessoas a alugar os carros da Avis. E lançou o primeiro anúncio: "Avis é apenas a nº 2 em aluguel de carros. Então por que vir a nós?". E argumentava: "Nós fazemos mais força ("We try harder", um *slogan* que entrou para o folclore da cultura americana). "Quando você não é o maior, você tem de fazer mais força." (Anos depois, no Brasil, esse argumento foi mais ou menos plagiado).

Dezenas de anúncios brilhantes se sucederam, curiosíssimos, franquíssimos, sempre com a mesma temática, e muita pitada de humor: "Da próxima vez, prefira a Avis. A fila é menor no nosso balcão". Ou então: "Avis é apenas a nº 2. Mas não queremos a sua piedade". O melhor de todos, talvez: "Nº 2ismo. O manifesto da Avis". Texto:

> Nós estamos no negócio de aluguel de carros, tocando segundo violino ao lado de um gigante.
>
> Antes de tudo, tivemos de aprender a continuar vivos. Na luta, tivemos também de aprender as diferenças básicas entre os nºs 1, e os nºs 2 do mundo.
>
> A atitude do nº 1 é: 'Não faça nada errado. Não cometa enganos e você estará OK.
>
> A atitude do nº 2 é: 'Faça a coisa certa. Procure novas soluções. Faça mais força'. O nº 2ismo é a doutrina da Avis. E funciona.
>
> Os clientes da Avis alugam um Plymouth novo e limpo, com limpadores funcionando, cinzeiros vazios, tanque cheio, das mãos de uma garota Avis com um sorriso firme nos lábios.
>
> A própria Avis saiu dos prejuízos para os lucros com essa idéia.
>
> Avis não inventou o nº 2ismo. Qualquer um é livre para usá-lo.
>
> Nºs 2s do mundo inteiro – uni-vos!

Bem, a verdade é que a Avis jamais superou sua posição de nº 2, embora crescesse extraordinariamente em termos absolutos e diminuísse a distância que a separava da Hertz. É que a Hertz também se defendeu: revidou com inteligência, publicitariamente. A opinião dos usuários de carros alugados partidarizou-se com a "luta", e quem pagou a conta foram as empresas nºs 3, 4, 5, 6 etc.

Criatividade em propaganda é isso. Nenhum plano de marketing teria tal poder.

Para ficarmos ainda com a DDB, vejamos o que ela descobriu quando assumiu na América a responsabilidade pela conta da Lufthansa: que a Lufthansa é praticamente uma linha aérea como outra qualquer.

No entanto, ela tinha que resolver o problema de caracterizar positivamente a Lufthansa – problema típico de criatividade publicitária na sociedade

120 criatividade em propaganda

industrial padronizada. Vejamos, na época, quais os pontos concretos, positivos, da Lufthansa, em que a DDB poderia se apoiar para valorizá-la criativamente. (Isso também pode ser um teste para você):

1. Voa para os cinco continentes.
2. É alemã.
3. Só usa Boeing 707.
4. Opera com computadores.
5. Dá lucro – coisa rara no setor.
6. Pioneira (rota polar, serviço de bordo etc.).
7. Nem muito grande, nem pequena: média.
8. Planos de crescimento até fim do século.
9. Primeira na Europa com Jumbo.
10. A que mais cresce no mundo em carga.

Não sei se você acertou: a agência apoiou-se no item 2, no fato de a Lufthansa "ser alemã". E, com uma mistura ideal de psicologia e humor, partiu para uma campanha que também deu o que falar: "Há sempre gente que não gosta da maneira como os alemães obedecem os regulamentos. Mas que, pela mesma razão, gosta de voar com eles". Os argumentos falavam do "fanatismo" pelo trabalho, pela precisão, dos alemães – e isso, se pode ser pessoalmente desagradável, é muito bom quando está a serviço da manutenção e navegação do avião em que você se encontra.

Título: "Você pode às vezes se aborrecer com a fanática meticulosidade dos alemães. Mas não numa ocasião como esta" (foto do sinal de bordo aceso: "Apertem os cintos, não fumar").

Texto: "Se você conhece muitos alemães, sabe como eles são precisos e metódicos. Nem sempre essas qualidades são agradáveis para os outros. (Os próprios alemães sempre se queixam de quanto os outros alemães são germânicos). Lembre-se delas, porém, antes de levantar vôo num jato da Lufthansa. Pense na irritante meticulosidade germânica dos mecânicos que trabalharam no seu avião" etc. etc.

Outro anúncio, superlativamente bom: "O vôo 404 da Lufthansa atrasou-se oito minutos porque pifou a máquina de café".

Texto: "Muita gente poderá achar que isso não é importante num avião. Nós achamos que tudo é importante num avião. Seja o que faz o aparelho voar, ou o que simplesmente faz café. E com meticulosidade tipicamente germânica nos recusamos a decolar antes que tudo esteja funcionando perfeitamente. Talvez seja ridiculamente germânico levar as coisas a tal extremo. Talvez não. Agora imagine como tratamos as coisas importantes, se damos tanta importância às coisas sem importância".

Outro texto: "Na Alemanha, você emprega alemães. Que têm uma espécie de defeito nacional. Não sabem descansar. Nem levar na flauta. Toda tarefa é executada com minúcia irritante. Como você já deve ter notado, isso torna o alemão médio meio turrão. Mas também faz do alemão médio um mecânico acima da média".

Outro, ainda mais ousado: "As pessoas gostam muito mais de nossas máquinas do que de nós (alemães)". Outro: Um mecânico alemão às vezes gosta mais da máquina do que da esposa" (este foi vetado antes de ser publicado).

Choveram protestos. Inclusive, na América, o de Associações de Veteranos de Guerra. Uma carta, entre milhares, foi remetida ao governo da República Federal Alemã, com um dos anúncios arrancados da revista, e o comentário: "Isso é Eichmann".

Parece que por interferência da própria administração federal alemã, que controla a linha aérea, a campanha cessou. Mas o último anúncio justificava os riscos e provava que, afinal, toda ela fora uma "solução de problema". Dizia ele: "No último ano, quando a média do aumento de passageiros transportados por todas as linhas aéreas foi de 16%, a média da Lufthansa foi de 25%".

A campanha acabou, a DDB deixou de atender a conta, porém todas as campanhas internacionais dessa empresa que se seguiram, até hoje, mantiveram as tentativas (amenizadas e pobres) de continuar a colher frutos da audaciosa idéia publicitária da Doyle Dane Bernbach (vôo made in Germany etc.).

Por que então não darmos o terceiro exemplo ainda dentro do âmbito de experiência da DDB?

Quando essa agência começou a tratar dos problemas de propaganda e venda da Mobil, fabricante de óleos lubrificantes para carros, ela deu de cara com o seguinte "original" desafio: esse óleo era um óleo como outro qualquer!

Dessa vez, partiu para uma solução totalmente heterodoxa: desistiu de falar do óleo! Nem uma palavra sobre sua viscosidade, durabilidade superior, nenhuma foto dele escorrendo dourado da lata! A DDB lançou imensa campanha sobre *segurança no trânsito*, assinada pela Mobil, e o *slogan* dramático: "Nós queremos que você viva".

Num anúncio, ela mostra um homem atropelado no dia de Natal, caído na neve, cercado de embrulhos de presentes que levava para casa, assistido pela polícia: "Papai Noel está morto".

Em outro, uma cadeira de rodas: "26.320 pessoas estarão viajando um pouco mais devagar depois do próximo fim de semana".

122 criatividade em propaganda

Em outro, o corpo de um motorista esmagado contra o volante do carro, vendo-se ao lado o cinto de segurança que não foi usado: "Ele aumentou suas chances de morrer em 500%".

Em outro, a foto de um cemitério, com as lápides alinhadas em fila: "Eles deviam ter se mantido na fila em que estavam".

Em outro ainda: a foto de uma sala de operação, com médicos, enfermeiras e anestesistas esperando, já de máscara, e, numa mesa, um mundo de bisturis, tesouras, agulhas, instrumentos cirúrgicos, algodão etc. "Onde é que você vai passar este fim de semana?" Subtítulo: "23.000 motoristas e passageiros vão passá-lo aqui. Dirija com cuidado este fim de semana. Mobil. Nós queremos que você viva".

Chegaram a inaugurar um monumento: um automóvel todo espatifado sobre um pedestal, onde se lê: "Em memória dos 1.700.000 americanos que morreram por nada".

Bem, dificilmente você convencerá seu cliente a gastar tanto dinheiro numa campanha que não fala nada – absolutamente nada – dos seus produtos (como também, dificilmente, essa idéia será conveniente, adequada, como no exemplo citado).

Mas o fato é que as vendas da Mobil, com essa campanha, foram lá para o alto.

A propaganda – valorizada pela criatividade – é, assim, a solução mais econômica para os problemas de venda na sociedade industrial.

Sua finalidade é a persuasão, a maioria das vezes visando um comportamento imediato, de compra; é a manipulação de pessoas, o domínio sobre elas – em massa – por meio de veículos de comunicação. (Já diziam os romanos: *cave emptor* – cuidado, consumidor!). Ela é uma forma de jornalismo (as agências de propaganda, no Brasil, até recentemente eram classificadas como empresas jornalísticas), mas de jornalismo confessamente partidário, parcial. Ainda que use informações e verdades (porque ambas são valiosíssimos recursos para a persuasão) serão sempre informações e verdades comprometidas com o objetivo maior da persuasão, da manipulação em prol de interesses reais do anunciante.

Há uma anedota significativa: dois carros – um Ford americano e um Zim russo – acertaram disputar uma corrida em Moscou. O Ford venceu com grande dianteira sobre seu competidor. No dia seguinte, a imprensa soviética noticiava laconicamente: "Na corrida de ontem, o carro soviético chegou em segundo lugar e o americano em penúltimo". Deve ser história inventada, mas não deixa de constituir exemplo brilhante de propaganda. Tudo o que leve o público "por conta própria" a conclusões favoráveis ao que se quer anunciar, sem que para isso se incida em qualquer mentira flagrante, é exemplo de boa e profissional propaganda.

A propaganda é irracional, unilateral, discricionária, apenas pseudoco-loquial. Ela persuade, move as pessoas: por meio de informações, ideologica-mente verdadeiras ou não; por meio da humanização, sincera ou não; por meio de simbolismos e folguedos freudianos; por meio do erotismo e de pro-messas a todos os seus sentidos; por meio, tantas vezes, de uma atmosfera onírica, irreal, aquela atmosfera de lares felizes, de nenês, papais, mamães e totós adoráveis, de juventude esfuziante em *buggies* que se despencam por praias ensolaradas, de automóveis que estacionam perto de palacetes, iates, aviões a jato particulares... Tudo o que você quer, tudo de que você gosta, tudo o que você merece – contanto que...

A criatividade na propaganda é a de um rapaz que *canta* uma moça, como nos bons tempos. De um cara com "más intenções". Bem, admitamos que quando ele a levar finalmente para a cama, ela extrairá prazer do episódio, mas a finalidade principal não é essa: é convencê-la, fazê-la concordar, *vender-lhe* a idéia! É uma criatividade de *manipulação* (ainda mais nesse exemplo).

Ou então, partindo para uma figura do catecismo: o demônio "inventa artes". Quando em serviço, não blasfema, não bota fogo pelas narinas nem fede a enxofre: pelo contrário, se apresenta impecável, comporta-se com abso-luta conveniência, impressiona admiravelmente bem. ("O demônio é um *gentleman*", dizia Bernard Shaw.) Ao mesmo tempo, estuda longa, paciente-mente, a pessoa visada. Localiza seus pontos fracos, compreende sua psicologia e começa o trabalho de tentação, de sedução.

Em propaganda, essa sedução 1º) objetiva levar as pessoas a uma atitude que atenda a interesses reais de quem paga a propaganda. Na maioria das vezes: levá-las a comprar; 2º) considera tudo o que pode ajudar ou prejudicar essa finalidade (componentes do problema); 3º) age através de veículos, age em massa.

Os "componentes do problema" podem ser resumidos na questão propos-ta pelo Lessa, que já citei várias vezes e pretendo continuar citando, como *leitmotiv* do problema central da criação publicitária: "Que devo dizer sobre esse lápis para que outros o comprem?".

Claro, você tem de dizer tudo de bom sobre ele. Ou tudo de mal, se sua propaganda for destinada a convencer os outros a *não* comprá-lo. Invariavel-mente, terá de ser sempre a *verdade.* E, às vezes, basta a informação (que você terá de procurar, pesquisar, apurar e centralizar na mensagem).

Óbvio? É, parece. Mas eu gostaria agora que o leitor me desse sua opinião (na verdade, esse é um teste que criei para o curso, mas peço ao leitor para ignorar isso e me dar sua opinião franca e desarmada) sobre o seguinte cava-lheiro (pode falar sem susto que ele já morreu):

124 criatividade em propaganda

1. Teve juventude desmandada e perdulária.
2. Era esquivo e impopular, dando-se bem com os invasores de sua terra.
3. Convivia com famoso vagabundo, tendo sido, muito provavelmente, homossexual.
4. Enchia os dedos de anéis, até fazê-los desaparecer totalmente.
5. Ao contrário de seu professor, nunca aprendeu a escrever direito. Seus textos estão cheios de repetições e contradições.
6. Quando deu para ensinar, negava a idéia de ser o Sol o centro do sistema; ao contrário, insistia que era a Terra.
7. Embora tivesse estudado biologia, nunca tomou conhecimento da existência dos músculos, dizia que o cérebro é um órgão para resfriar o sangue; e ensinava que o homem possui mais dentes que a mulher (custava contar?).

Opinião nada boa, não é verdade? Que diferença, por exemplo, desse outro sujeito, sucintamente descrito desta maneira:

1. Iniciou-se cedo no estudo das artes, e ainda jovem pegou em armas para defender a pátria.
2. Entusiasmava os que o ouviam para a obra de soerguimento nacional, tendo sido então perseguido e preso.
3. Gostava imensamente de cães, ouvia música clássica com regularidade, reunia-se com crianças e gente do povo.
4. Quando no governo, reorganizou as finanças, abriu modernas estradas, tornou o país grande potência, na época.
5. Implorava constantemente o auxílio da Providência. E em seu testamento proclama: "Somente o amor e a lealdade para com meu povo é que me guiaram em todos os pensamentos e ações na vida".
6. Horas antes de morrer, concordou em se casar com a mulher que sempre lhe fora fiel.

O primeiro é Aristóteles, autor da "maior e mais rica construção da mente humana", precursor de Mendel, Von Baner, Spender, e mesmo Marx. Toda a ciência moderna continua impregnada de seus termos e conceitos.

O segundo, Hitler. Não cometi uma única inverdade, um único exagero sobre nenhum dos dois. Pesquisei tudo o que podia dizer para que você "não comprasse" um e "comprasse" outro. SÓ ISSO!

Esse teste me lembra uma lápide num cemitério de Portugal:

> "Mureu o Zé Vurnadino,
> o mais reles dos sujeitos,
> indibíduo muito a-tôa,
> ladrão, pirata, assassino,
> mas tirando esses d'feitos
> era exc'lente p'ssoa."

Tirar defeitos de "produtos muito a-tôa" pode ser um problema freqüente da criação publicitária. No final da operação, eles reluzem como "excelente pessoa". Como Hitler?, perguntará o leitor.

Não. É quase impossível vender um peixe podre (embora, confesse, você teve, no teste, simpatia pelo Führer, antes de eu lhe mostrar a suástica). Mas você pode vender muito, muito mais, um "peixe a-tôa", igual aos outros, igual a todos os outros, se pesquisar, lutar e descobrir um modo de tirar-lhe as espinhas (metaforicamente). Cada problema é um problema.

A boa propaganda não "mente" (ao contrário do que leigos ressabiados às vezes supõem). Ela lança mão de aspectos e fragmentos da verdade, ângulos de estatística, sentimentos incontestes, "depurando" a realidade em proveito de uma idéia, um produto, um serviço. Eu não disse uma única mentira sobre Hitler; a Avis era apenas a nº 2; e o carro americano realmente chegou em penúltimo lugar...

Face à soma de circunstâncias e particularidades que fazem de cada caso um problema diferente, cuja solução garantirá o sucesso da propaganda, a criatividade publicitária (que normalmente compõe essa solução) não pode agir como entidade autônoma, ao léu de seus próprios brilhos e valores. Ela terá de ser adequada, apropriada, tornada *conveniente.*

A primeira atitude para convencer alguém, por exemplo, é respeitar esse alguém. (A pior atitude é aquela de *épater le bourgeois)*. É claro, respeitar com "más intenções" – mas respeitar.

Voltando ao exemplo do rapaz que quer ver a namorada nua, dificilmente ele chegará até lá começando por levantar-lhe a saia em público...

Vejamos melhor, a seguir, o que há por baixo dessa afirmativa.

7 criatividade tem hora!

"Por que não me entreguei a ele? Bem, ele era brilhante, compreensivo, perfeito – mas em Aberdeen eu simplesmente não tinha necessidade dessas virtudes, exatamente essas, suponho..."

Martha Kneff – "Além do Paraíso".

CREATIVE ACTION CATALYSTS

C .... COMBINE

R .... REVERSE

E .... ENLARGE(MAGNIFY)

A .... ADAPT

T .... TINIER (MINIFY)

I .... IN PLACE OF (SUBSTITUTE)

V .... VIEWPOINT CHANGE

I .... IN OTHER SEQUENCE

T .... TO OTHER USES

Y .... YES! YES!

WHATS'S GOOD ABOUT IT?

Copyright 1974 Creativity In Action

"Criatividade" é – de concreto – um vocábulo de 12 letras (10 em inglês). Já seu conteúdo (o "repertório" que brota desse vocábulo, dessas letras) estende-se, em propaganda, a qualidades que vão muito além da facilidade de se inventar títulos intrigantes ou ilustrações surpreendentes. Você vai compreender isso melhor neste capítulo.

Nada pior do que o anúncio burro, quadrado, montado numa agência como quem monta um trator. E nada tão agradável, para o consumidor de veículos de comunicação, do que uma peça de propaganda original "bem bolada", envolvente e comunicativa. A peça criativa.

Eu não sou dos que julgam – como Marshall McLuhan e, de resto, todos os intelectuais de Nova York – que a parte mais interessante de um jornal ou revista sejam seus anúncios, mas reconheço a evidência de que, normalmente, houve muito mais cérebros envolvidos em cada página de anúncio do que em cada página de matéria noticiosa. Uma sessão de hora e meia de comerciais de TV premiados costuma ser bem mais divertida e inteligente do que a grande maioria dos filmes em cartaz. Um álbum das melhores peças anuais de propaganda – como o Photographis ou o Anuário do Clube dos Diretores de Arte de Nova York – é uma variadíssima festa para os olhos, que dificilmente encontra rival entre publicações sobre outros assuntos: arte, viagens, aventuras.

Assim, público, clientes, agências *amam* a criatividade – desejam-na nos anúncios e, para muitos, quanto mais melhor. Passou assim a ser um (alto) valor absoluto por si próprio, e facilmente reconhecível por sua óbvia capacidade de "chamar a atenção" para as peças de propaganda que contam com ela. É natural que o próprio cliente queira às vezes sentar-se também à máquina e pipocar o título que "nunca ninguém viu": como certa vez o dono de uma cadeia de lojas em Salvador, que "bolou" a campanha – "aproveite esta boca" – tendo pintado sobre suas lojas uma enorme boca de crioula...

"Chamar a atenção" é a coisa mais fácil do mundo, caso ignoremos o sentido de conveniência, de adaptação. E é unicamente dentro dos parâmetros desse fator – conveniência – que a criatividade funciona, que a criatividade recompensa o anunciante.

Começamos aqui a travar conhecimento com o verdadeiro profissionalismo da propaganda.

Há cerca de 30 anos, talvez o anúncio mais famoso e *amado* do Rio de Janeiro, presente em todos os bondes, fosse o do Rhum Creosotado. De certo

130 criatividade em propaganda

modo, ele realmente entrou para o folclore da cidade – meu Deus, que sonho mais ambicioso pode ter qualquer anunciante, hoje e sempre?

> "Veja ilustre passageiro
> o belo tipo faceiro
> que o senhor tem a seu lado;
> e, no entanto, acredite,
> quase morreu de bronquite
> – salvou-o, o Rhum Creosotado!"

Não me surpreenderia se soubesse que o próprio Olavo Bilac o redigira – ele que faturava alguns cobres como *free-lancer* de propaganda.* E no entanto, anos e anos de veiculação de anúncio tão simpático e comunicativo para a época foram neutralizados de sopetão com o aparecimento de um concorrente, também nos bondes, com um cartazete colorido e direto, onde se via enorme colher, o vidro do produto e um texto bem mais fidedigno: "Tosse? Bronquite? BROMIL. Basta uma colher por dia".

Todo mundo continuou a adorar, a decorar, os "criativos" versinhos do Rhum Creosotado, e a fazer blague com os "tipos faceiros" que se sentavam ao lado das melindrosas, mas na hora de tossir de noite, na hora de sentir o catarro no *próprio peito*, partia para o apelo que realmente convencera...

Qual dos dois produtos contou com a verdadeira criatividade?

Antes de fundar minha agência, fui contratado por outra, que servia a um grande banco nacional, para promover estudo sobre todas as linhas de propaganda bancária no país. Tal estudo levou-me, por extensão, à apreciação geral de toda propaganda financeira em curso no país, o que me proporcionou um mundo de descobertas. Uma delas foi localizar e listar a luta patética pela "criatividade" por parte de anunciantes financeiros que se debatiam face à natural padronização dos serviços nesse setor.

Havia exemplos simplesmente selvagens: o Banco Aymoré de Investimento "chamava a atenção" de todos com um anúncio bem grande, onde se via a ilustração de um macaco, e o título: "Cada macaco no seu galho!". Embaixo do macaco, outra ilustração: um cirurgião operando. A moral da história é que, assim como se entrega a tarefa de operar a um macaco, perdão, a um cirurgião, deve-se também entregar a especialistas em finanças seus problemas. Repito:

---

* Mais tarde vim a saber que esses versos são de Geraldo Orthof, austríaco, artista ligado a Goeldi, Di Cavalcanti e Guignard e pioneiro da propaganda no Brasil: "Na época em que cheguei (1926)", contou ele depois, "quando uma firma precisava de propaganda, entregava às tipografias não só a confecção como também todo o trabalho de crição". Orthof fundou uma das primeiras agências do país, a Época.

isso não era anúncio de quitanda, mas de um banco de investimentos – a entidade mais importante do nosso sistema financeiro.

Por toda a parte havia luta "por chamar a atenção", por criar um argumento inédito, bem boladíssimo, sobre serviços afinal comuns a todas aquelas empresas (como ainda hoje) e praticamente rotineiros. Apareciam então homens carregando pilhas (como ainda hoje) de dinheiro, notas graúdas recortadas em forma de coelhos que se multiplicam, ou então (o "dernier cri" da época, 1968) o apelo ao "golpe do baú", que sempre foi cogitado em um momento qualquer de nossa juventude. Dizia uma financeira às mulheres: "O melhor modo de agarrar um milionário é tornar-se uma milionária". Dizia uma outra: "Se você não se tornou rico nem no berço nem no casamento – então é hora de falar conosco". Ou dizia esta: "cbi é aquele sogro rico que você não tem"... etc. etc.

Tudo muito risonho, muito maroto. Mas me pergunto, já nos termos de hoje, se a dona-de-casa que juntou um pé-de-meia, e não vê conveniência em mantê-lo num banco, sem render juros, vai se personalizar "na milionária que quer agarrar um milionário". Ou se o professor que tem 300 mil cruzeiros disponíveis, o que não é nem um quarto do preço do seu Volkswagen – vai se identificar com o futuro magnata que a financeira X ou a financeira Y juram que vivem fabricando. E não me digam, por Deus, que tais investidores seriam "arraia-miúda" e que os anúncios visavam gente realmente com dinheiro. Gente realmente com dinheiro jamais se impressionaria com um primarismo desses (tratando-se de dinheiro)...

De resto, de todas essas "bossas" e "bolações" não apurei um único caso de sucesso inconteste, de mensagem tão criativa que tenha aumentado diretamente a colocação de papéis da empresa financeira anunciante.

Mas houve, é claro, também exemplos criativos e extremamente adequados. O maior, sem dúvida, foi o elaborado para o Fundo Safra de Investimentos: "O Brasil é um país muito rico, muito próspero e com um magnífico futuro. Você também pode ser assim!". Ilustração: vista aérea de São Paulo, em alto contraste. Considerando as motivações de um possível investidor de fundo de ações – bem como as próprias características dessa modalidade de aplicação, que necessita do progresso do país para dar lucros – trata-se, a meu ver, de um anúncio ótimo. (Note-se que esse título é apenas uma forma muito mais criativa e envolvente de repetir o velho chavão dos fundos de ações: "Associe-se ao progresso do país", ou "Seja sócio das grandes empresas".)

Digamos logo aqui o que, certamente, teremos de repetir adiante: criatividade não reside *a priori* num título formidável, numa comparação emocionante, numa foto fantástica. Como mérito mental abstrato que é, ela pode, e muitas vezes deve, manter-se difusa, ou se distribuir em medidas aparentemente independentes. É quando assegura seus melhores resultados, pois nesses casos identifica-se ao que se chama uma *boa técnica profissional*.

132 criatividade em propaganda

Exemplo disso – ainda na área financeira – foi o lançamento naquela época de um novo banco de investimentos. Seu primeiro anúncio foi um institucional, de grande tamanho porém com grandes espaços em branco, que tinha a modéstia (em confronto com os arroubos dos anúncios de alguns congêneres) de se apresentar nos seguintes termos: "Como outros bancos de investimentos, constituimos um sólido grupo de empresas financeiras. Estamos também habilitados a operar em todas as faixas do mercado. Nossos papéis oferecem ótima rentabilidade. Temos razões para acreditar que nossos serviços sejam impecáveis e que você se dará bem nesta casa". Tudo o que dizia, era a mais despretensiosa verdade: somos um banco como o Investbanc, o Banco Itaú, o Banco Nacional de Investimentos. Isto é, dizia o que todo mundo era capaz de acreditar sem esforço.

O uso proposital de linguagem tão pouco emocionante servia a dois objetivos "invisíveis": 1) evitava confessar ser *mais um* banco de investimentos, isto é, talvez novato, desconhecido, inexperiente, no conceito sempre simplista do público; 2) colocava-se, de saída, com a maior naturalidade, e mesmo modéstia, em pé de igualdade com algumas das maiores e mais sólidas organizações financeiras do país.

E, fato curioso, o anúncio não trazia endereços. Houve quem reclamasse, dissesse que afinal de contas o anúncio era apagado, não dizia nada nem trazia endereços. Contudo, depois de 20 dias de repetição freqüente nos dois matutinos da cidade e nas revistas de negócios, foi substituído por um anúncio menor, comprido, que dizia: "O Banco Geral de Investimentos estudou muitos modos de entrar em contato com você. Eis alguns". Seguiam-se o nome, endereço e telefone de todos os corretores e sociedades distribuidoras das letras do banco. Quem estivesse esperando endereços, podia agora se fartar. Em uma semana todas as letras do banco foram vendidas.

É uma boa prova de que a criatividade pode assumir formas que não a do impacto direto.

Podando, adaptando, disciplinando, submetendo a criatividade à adequação, começamos a lidar com os enfoques típicos, corriqueiros, dos processos de elaboração de propaganda diária e eficiente nas agências. Estamos em plena área da técnica publicitária, do *know-how*.

Tal *know-how* inclui, tanto quanto dose criativa, ou pelo menos dose de avaliação de idéias criativas, familiaridade com princípios da arte de vender e, mais do que isso, o que eu chamaria de "bom senso talentoso" no julgamento quanto à conveniência de argumentos e na decisão de correr riscos calculados.

Por exemplo: eu me lembro de apenas um único (bom) anúncio de companhia aérea abordando com vantagem o problema de segurança dos vôos. De modo geral, por muito espetacular que seja uma idéia sobre aviões que "não caem", poucas agências profissionais concordariam nessa abordagem, ao tentar convencer possíveis passageiros de linha aérea. A criatividade pode ser magnífica, mas a adequação é precária, e o risco, portanto, desproporcional.

Quero dizer: independentemente do seu potencial criativo, você precisa saber, como publicitário – você precisa, mais do que isso, *sentir* – que, por exemplo, elogiar ou sequer mencionar a "segurança" dos aviões de seu cliente não é, decididamente, o melhor modo de persuadir, fascinar, atrair futuros passageiros. Porque, por melhor que você doure a pílula, estará lhe lembrando da incontornável possibilidade de ele despencar das nuvens...

Óbvio? Nem tanto. Além disso, tais princípios escondem traições de toda ordem. Quando respondíamos pela conta da Lufthansa pretendemos certa vez fazer um anúncio "gozado" sobre os cursos de inglês em Londres, a ser veiculado apenas em *O Pasquim*. Escolhemos a foto de um Hamlet numa posição clássica, "pobre Yorick". O resultado ficou satisfatório, todo mundo aprovou, somente na última hora, com o clichê já gravado, alguém notou aquela enorme caveira sobre o nome da linha aérea... Outra agência, ao apresentar campanha às Aerolineas Argentinas, buscando valorizar o fato de contar ela com vôos sem escala Brasil–Europa e Brasil–América, e explorando o relativo desconforto dos passageiros em cada operação de aterrissagem e decolagem, apresentou anúncio com o seguinte título, se não me falha a memória: "Na Aerolineas Argentinas, você só ouve o aviso 'aperte os cintos, vamos aterrissar' uma única vez...".

Nos Estados Unidos, tempos atrás, uma companhia aérea lançou uma enorme campanha em TV com mensagens que tinham por fundo musical a canção "A um passo da eternidade". Ainda que pareça incrível, a companhia começou a sentir o esvaziamento em seus guichês e em seus aviões, todos voando quase que vazios. Pesquisa feita em profundidade revelou que a causa da queda era o anúncio "A um passo da eternidade", que sugeria a idéia de morte na próxima viagem.

Existe inadequação na falta de sensibilidade, falta de autocrítica – e tudo isso pode redundar em golpes duros contra o próprio anunciante, enquanto define, no que concerne à agência, grave insuficiência profissional. Ainda sobre linhas aéreas: em 1967, o ano do Tet no Vietnã, a Air Vietnam escolheu para sua campanha internacional exatamente... "Relaxation".

"No one's a stranger a bordo dos aviões da SAA" encabeçou um anúncio da linha aérea da África do Sul. Creio que não fui o único, principalmente vendo a ilustração, a completar: "white, of course...". Um longo folheto da Air India é uma preciosidade: distribuído a bordo, procura valorizar, junto a passageiros ocidentais, os serviços da companhia com inqualificáveis pitadas de "humor". Dois exemplos: *"In flight our Captains have to spend a few minutes chatting to passangers. It's considered good for relations. But a word of warning. When you see your Captain making a bee-line for you, transfer your wife and wallet*

134 criatividade em propaganda

to the other side" (sic). Ou: *"True to the traditions of Eastern hospitality, thy Hostess will embrace thee at destination. It helps your ego... and us... to cut our losses. Whilst you're thanking Providence for the Heaven in our arms... she's recovering our cutlery from gour pockets"* (sic).

Tanto quanto a inadequação pela escolha de um tema que gera controvérsia imediata – contraproducente para o anunciante – ou inadequação pelo humor fora de hora (mesmo quando não infame, como o da Air India), há talvez centenas de outras formas de se "estar errado" em propaganda (com ou sem criatividade) por falta de sensibilidade e conhecimento de psicologia de venda.

Motivo de muita tolice é a pressuposição de que o leitor de jornal ou revista, por exemplo, é muito simpático à propaganda, e se não entende um título vai "pesquisar" anúncio adentro sua explicação; ou se você, tentando ser criativo, ao invés de elogiar, *picha* de saída o produto, o leitor vai começar a "raciocinar" sobre sua insólita atitude, como na anedota do mineiro: "Cê diz que vai para Cordisburgo preu pensar que cê vai pra Curvelo; mas cê vai é pra Cordisburgo mesmo...".

Ao contrário, o leitor de jornal ou revista está prioritariamente interessado na matéria jornalística. Mais do que isso, *não* está interessado, normalmente, em gastar dinheiro, ou fazer qualquer coisa em benefício de quem quer que seja – e ele *sabe* que tais são os objetivos de toda propaganda. A boa propaganda é exatamente a que lhe vence essas resistências, por sinal muito saudáveis.

Um título de anúncio de página: "Se você quer homenagear o Banco X pelo seu 50º aniversário, leia esta mensagem...". Ainda que possa soar muito sonoro e profissional, terá como resposta natural do leitor: "Eu não quero homenagear".

Outro exemplo, comuníssimo: "Sua empresa pode existir sem o sistema Addo". Na foto, o sistema em questão cortado com dois traços de censura. E claro, o texto dirá: "mas você estará deixando de ganhar tempo, dinheiro etc." Jamais o leitor chegará a ele. Sua reação natural: "Posso viver sem comprá-lo? Tanto melhor!".

É obrigação profissional do publicitário estar ciente de que seu leitor, assim que possível, lhe baterá com a porta na cara! É como a buzina do Chacrinha, pronta a soar enquanto você canta! Ou vai extrair um aspecto maldoso ou ferino (se você deixar) de sua argumentação (como frente àquele anúncio de barbeador elétrico: "Experimente se você for super-homem". Que reação pode ter um leitor a esse convite, ele que não é super homem, nem tem a pele de aço?) Qualquer criatividade inadequada, fora da psicologia de venda, de persuasão – e lá se foi por água abaixo a verba do anunciante.

Se uma empresa anuncia no título (caso real): "A JOMAZ está pagando esta página para dizer a você um punhado de mentiras", perca esperança de que o leitor descompromissado vá ler a tal página. Uma agência chegou a se auto-anunciar: "Gastamos 6 milhões para você ler esta página. Você vai ler?". Resposta: "Não". Outra se apresenta no título sob a foto de um burro: "A Nova Era é a agência mais burra deste país". Resposta: OK.

O título vale 80% da verba investida: vale 80 cents de dólar, para repetir a evidência apresentada por David Ogilvy em seu *Confissões de um homem de propaganda*. Nenhuma "criatividade" justifica que você, já no título, ponha o produto a perder. Ao criar, você deve saber dessas coisas e várias outras. Se não sabe, não tem importância. Mas ao seu lado, na agência, alguém tem de saber.

Contradição: um dos anúncios mais talentosos que conheço é da Volkswagen, criado nos Estados Unidos: na foto um fusquinha novinho, reluzente, familiar. O título: "Lemon", o que em gíria americana significa produto de baixa classe, vagabundo.

Claro – e este é um exemplo do valor da adequação elevado à potência: o Fusca é um caso (raro) de qualidade mundialmente consagrada. Ele é superlativamente famoso e bem-sucedido para poder lançar mão de um pejorativo como esse que, em contraste com uma foto em que cintila impecável, forma um conjunto simpático, do tipo "modelo de modéstia". Além do mais, esta proposital depreciação do carro é vantajosa junto a um mercado saturado de apelos quanto a carrocerias espalhafatosas e modelos caros e antieconômicos, como o americano. Agora, eu gostaria de ver anúncio semelhante assinado no Brasil, digamos, pelo Dodge 1800...

Da América vem outro exemplo, muito sofisticado, de um título de início negativo – mas que forma um "conjunto" positivo e que "fisga" o leitor: "Odeio Listerine. Uso três vezes ao dia"...

Há também inadequação – vale dizer ineficiência e desperdício de propaganda, criativa ou não – quando há ignorância ou desatenção quanto a uma série de detalhes e cuidados que garantem a eficácia do anúncio.

Se uma agência de profissionais dirige-se, por exemplo, a donas-de-casa e o anúncio leva uma cena de amor, vale o cuidado de colocar aliança de casado no dedo dos personagens. Elimina tensões, consegue um grau de aprovação muito maior. Publicitários criativos, alguns não precisam saber disso. Mas a seu lado, outros, criativos ou não, precisam.

Se uma agência anuncia para mulheres máquinas de lavar, não se entende que, à guisa de testemunhal, mostre (caso real) duas mulheres conversando no cabeleireiro, uma dizendo a outra: "Você pode estar certa. Ela é de inteira confiança. Honesta, trabalhadeira, clareia muito bem a roupa", ambas com aqueles enormes secadores na cabeça quando toda mulher sabe que é impossível conversar com aqueles trambolhos barulhentos na cabeça...

136 criatividade em propaganda

Sempre que o leitor achar qualquer defeito ou "pegar" um erro real da propaganda, desqualifica a mensagem como um todo...

Isso não implica, absolutamente, a afirmação de que técnicos redijam melhor anúncios técnicos, mulheres redijam melhor mensagens a mulheres, ou jovens mensagens a jovens. Quem redige melhor anúncios a técnicos, mulheres e jovens, ou qualquer outro grupo humano, são publicitários competentes, de qualquer idade ou sexo, que *conheçam os* produtos que estão anunciando (técnicos, femininos, jovens etc.), bem como o campo de interesse, a psicologia desses grupos humanos e, finalmente, detalhes do mecanismo de venda desses produtos a tais grupos.

É bom e proveitoso, quando ocorre, você se identificar com seu público comprador, mas essa vantagem não compensa absolutamente o risco de, nesse esforço, você se desqualificar, aparecer desastradamente inadequado, como lobo na pele de cordeiro – todos os cordeiros notando que você é lobo. De um lado, com um tom direto, científico, meio "masculino", foi muito correto e eficiente o lançamento no Brasil dos desodorantes íntimos: dispensou perfeitamente recursos à base de "Ouça, minha amiga...". De outro, duvido muito do poder de persuasão de mensagens a jovens de hoje à base de "Tamos aí, bicho!".

Se tenho de anunciar qualquer produto a *teenagers* hoje, confio muito mais numa linguagem franca, direta, honesta ao máximo, do que muito apelo a suas curiosas gírias (mesmo as que conheço) ou a excesso de familiaridade com o seu mundo, que busco compreender mas que definitivamente não é meu...

Aliás, este ponto me parece extremamente importante para merecer especial destaque.

Não concordo com a propalada tese de que o "diálogo" entre publicitário e o eventual comprador do produto que ele anuncia deva ser de igual para igual. Pares iguais tendem a se neutralizar por baixo, não produzem ação.

Ao contrário, quem enfrenta objetivos de persuasão – mesmo numa sala de aula, numa conferência – sabe que a posição mais adequada e eficaz é a de *leve superioridade* sobre o público a ser persuadido. Não me refiro, evidentemente, a presunção ou esnobismo, atitudes catastroficamente prejudiciais ao processo de persuasão. Falo, muito simplesmente, da *autoridade* cordata e autêntica. Falo também da *inteligência* que, se existe, deve ser legitimamente mostrada, sem vaidade nem exibicionismo.

Da mesma forma, no campo da propaganda. O anúncio adequado, inteligente, criativo, é demonstração de superioridade de imaginação sobre o comprador a ser persuadido, e este se persuade mais rápido por isso. O anúncio criativo gera, em quem o recebe, uma admiração sincera, e ele cede de bom grado a esse julgamento. O fugaz e tão comum deslumbramento – "Puxa! que anúncio bem bolado!" – pode ser meio caminho andado para fazer seu admirador comprar o produto. Afinal, convencer é uma forma de vencer...

Quando faço anúncios para jovens, não me importo absolutamente que eles descubram, pelo estilo, que não sou jovem – embora tampouco sugira, espero, um "velho" totalmente "careta". Quando escrevo mensagens a mulheres, sei que de antemão elas não gostam muito de humor, são muito mais emotivas, e terrivelmente sensíveis ao ridículo. Mas não "visto saia" em meus textos. Quando elaboro anúncios técnicos, para técnicos, preocupo-me em dar todas as informações técnicas que possam desejar e precisar, mas de forma mais interessante e agradável do que normalmente encontram em seus rotineiros artigos e relatórios técnicos...

Em nenhum caso, acho ser conveniente – adequado – falar de igual para igual. Ao contrário, procuro sempre – e noto essa preocupação em todas as grandes agências – redigir melhor, criar com mais propriedade, ter mais "brilho" do que jovens mulheres e técnicos, genericamente falando... Isso me ajuda a persuadi-los melhor.

Adequação é a maior qualidade, a qualidade imprescindível do *salesmanship.* É ela quem dá à idéia criativa tonalidade exata e eficácia em função da venda! Só vendedores realmente competentes têm desenvolvido essa capacidade plástica, específica para cada caso. É uma qualidade superior à própria criatividade, entendido o termo agora como a possibilidade de idéias atraentes, "geniais", mas fora do contexto certo que as traduza em vendas! Muitas vezes, redatores, principalmente diretores de arte, carecem momentaneamente dessa ótica – e por isso necessitam ser reinformados, ou censurados. A adequação leva em conta tudo o que ajude a "cantada" da propaganda – inclusive o *timing, o* momento exato de tentar a persuasão.

Ainda que a prática publicitária ensine um sem-número de princípios e macetes de venda, bem como o aprendizado que sempre se consegue numa agência, esse sentido indispensável de *salesmanship* depende fundamentalmente da *sensibilidade* do publicitário, do seu sexto sentido para vendas. Quando isso falha, é um desastre.

Vejamos um exemplo entre muitos: um anúncio da câmera fotográfica Nikon (em *Veja,* de 15.12.71): *layout* correto, profissional; título que podemos chamar criativo: "Hors Concours"; texto cujo estilo trai a autoria de redator profissional. Agora, prestem atenção ao absurdo do tipo de argumentação com que o redator tenta persuadir o leitor a comprar uma Nikon: "Não há no mundo um só fotógrafo, amador ou profissional, que tenha um equipamento Nikon completo. É muito caro. Mas você pode tentar. Para começar a enxergar um mundo melhor, colorido e mais nítido, uma Nikon F e uma teleobjetiva para você ver mais longe. Daí para a frente é um vício, você nunca mais vai se identificar com outra máquina". Quer dizer: o anúncio não informa uma só das inúmeras qualidades decisivas, únicas, da Nikon: ("um mundo melhor e mais nítido" – qualquer câmera pode prometer; e uma "teleobjetiva para ver mais longe" é puro pleonasmo). Por outro lado, convida o leitor a se enredar numa infinidade de equipamentos "muito caros" – problema que até hoje – segundo o anúncio – nenhum fotógrafo, amador ou profissional, no mundo, resolveu a contento, mas no qual ele, leitor, está convidado a mergulhar. E não tem escapatória: basta cometer a burrada de comprar a primeira lente, e a coisa se transformará num vício! É um texto que consegue afugentar qualquer comprador sensato da melhor câmera fotográfica do mundo em sua classe!

E, no entanto, a Nikon F é tão superior, tão consagrada e prestigiosa para quem a possui, que um grande anúncio pode ser simplesmente um lembrete inteligente sobre sua existência, como aquele veiculado no Brasil e em todo mundo: foto dessa câmera e apenas o título: "Ela melhora sua imagem!".

Entre os cem melhores anúncios de todos os tempos, escolhidos por Julian Lewis Watkins, está o da empresa Tiffany, vendedora de pérolas e colares de pérolas. Foi anúncio que tornou o nome Tiffany, na América, ao longo de uma era, garantia imediata de reconhecimento e aceitação, justamente num negócio onde *confiança* é absolutamente vital. Que anúncio fantástico era esse? Que carga formidável de criatividade possuía para garantir tão preciosa e duradoura imagem? Ei-lo:

Creio ser impossível, considerando o problema como um todo, criar mensagem com maior poder de persuasão – exatamente por sua admirável adequação!

Ou, então, veja que fascinante jogo da verdade (um dos textos clássicos na história da propaganda) no anúncio que Ernest Shackleton publicou em um jornal londrino para captar recrutas para sua expedição polar: "Necessita-se de homens para uma viagem perigosa. Salários baixos, frio intenso, longos meses

---

TIFFANY & CO.

PEARLS

PEARL NECKLACES

em completa escuridão, perigo constante, regresso duvidoso. Honra e reconhecimento em caso de êxito".

Para termos idéia de como muitas agências preocupam-se, às vezes erroneamente, com um pseudo"enfoque criativo", basta um levantamento das campanhas de captação de recursos oriundos dos incentivos fiscais (Sudene, Sudam etc.) antes que a necessidade dessas campanhas fosse superada com a instituição dos "Fundões".

Um empresa, ao deduzir a parcela que a lei lhe permite de seu Imposto de Renda para aplicar em projeto nas áreas dos incentivos, está fundamentalmente interessada na segurança e rentabilidade do mesmo, expressas em seu estudo de mercado, tecnologia, localização, ritmo de implantação, rentabilidade prevista etc. O produto em si mesmo, que essa empresa vai fabricar, é absolutamente secundário: podem ser chicletes, guindastes, preservativos, óleo de mamona, vagas em hotéis – qualquer coisa. Contudo, ante a tarefa de persuadir dirigentes de pessoas jurídicas a optarem por este ou aquele projeto, era infindável o número de anúncios que partiam para "bolações" e trocadilhos sobre os produtos a serem fabricados, em abandono ao poder muito maior de persuasão que lhes garantiria a verdadeira adequação, a psicologia de vendas dedicada a influir nas decisões de investimento, a médio e longo prazo, da pessoa jurídica optante.

Esperando não cansar o leitor, vejamos uma série de exemplos reais de "criatividade" inadequada, nesse campo de incentivos fiscais (somente títulos e assinaturas):

- "Seja um homem de ferro" (Sibra, eletrossiderúrgica brasileira).
- "Concreto. O progresso é concreto no Nordeste" (Itapetininga, fabricantes de cimento).
- "Ganhe dinheiro a ferro e fogo" (Copala, indústria siderúrgica).
- "A Ibifam vende saúde" (Ibifam, indústria farmacêutica).
- "Entrando hoje na engrenagem do lucro, logo você vai mostrar os dentes de alegria" (Motogear Norte, indústria de engrenagens).
- "Sob medida para homens de ação" (Cotominas, companhia de tecidos).
- "Filé mignon" (Mafra, agropecuária).
- "Quer fazer rendas com o imposto de sua empresa?" (Caulin do Nordeste, fabricante de matéria-prima para rendas).
- "Para dizer o que você pode ganhar com a Pafisa, haja papel, papel, papel" (Pafisa, fabricante de papéis).
- "Temos pés de meia para calçar e encher" (Norfil, malharia do Nordeste).
- "Dinheiro que cresce [como árvores]" (Técnica Florestal S.A.).

140 criatividade em propaganda

- "Estas ações valem aço" (Siderama, Siderúrgica da Amazônia).
- "Aplique seu dinheiro numa indústria que está vendendo saúde" (Quimicanorte, indústria farmacêutica).
- "Veja estes dados se tiver nervos de aço" (Siderúrgica Açonorte).
- "Quem tem asa vai longe" (Asa, Alumínio S/A.).
- "Apresentamos hoje o negócio mais furado neste país" (Pneus Tropical).
- "Hospede seu incentivo fiscal no Hotel Eldorado" (o próprio).
- "Ponha seu investimento no saco" (Cimento Ituaçu).
- "Vá ganhar dinheiro assim na praia" (Induspesca).
- "Para quem tem apetite de lucros, a Oleama oferece uma salada bem temperada" (Oleama, Oleaginosas Maranhenses).
- "Madeira aglomerada é pau pra toda obra" (Madepan Nordeste S.A.).
- "Solde seu imposto de renda com o precioso estanho" (C.I.A., usina de estanho).
- "Este mercado estava mesmo precisando de uma ação enérgica" (Celg, Centrais Elétricas de Goiás).

A lista é longa, mas vamos parar por aí. Considerando, como afirma David Ogilvy, que o título é 80% do anúncio – calcule o desperdício imenso que representa essa avalanche de trocadilhos praticamente irrelevantes ao mecanismo eficaz, adequado, de conseguir de pessoas jurídicas a opção por este ou aquele projeto. Melhor, para efeito de comparação, ver agora títulos da campanha, criativa mas *perfeitamente adequada,* da Fisiba, Fibras Sintéticas da Bahia S.A., envolvida nesse mesmo esforço de captação de recursos por meio da legislação dos incentivos fiscais:

- "As obras da Fisiba são como vestido de noiva: têm de ficar prontas no dia certo" (dado importantíssimo quando você vai investir em um projeto).
- "A Fisiba ocupa uma área quase igual à do principado de Mônaco. E vai ser muito mais rentável" (e olha que o Rainier tem o cassino...).
- "Com estes olhinhos pequenos, os japoneses vêem longe" (a participação de tecnologia avançada no processo produtivo).
- "Tudo o que explora a fraqueza humana dá dinheiro" (sem apelar para trocadilhos, aspectos da demanda pelo produto a ser fabricado).
- "Só um bom negócio pode reunir a assinatura de cinco grandes bancos de investimentos" (usando publicitariamente o aval das instituições financeiras envolvidas na captação).

- "Estas empresas ganham dinheiro com seus produtos. Mas também sabem ganhar com o produto dos outros" (lançando mão do testemunhal de pessoas jurídicas como a Shell, Pirelli, Banco do Estado da Bahia etc., que também optaram pela Fisiba).

Vejamos ainda três anúncios da Usiba, Usina Siderúrgica da Bahia, que por vários anos bateu recorde na área de captação da Sudene (a modéstia me impede informar o nome da agência):

1. As vantagens advindas de um processo inédito.
2. As vantagens advindas da localização do projeto.
3. As vantagens advindas de um mercado garantido.

Assim, muito da inadequação se deve ao desconhecimento, à ignorância do pessoal de criação quanto à estrutura, muitas vezes complexa, de negociação e comercialização de um produto ou um serviço. Um redator jovem e talentoso pode legitimamente desconhecer tais estruturas, mas alguém na agência tem a obrigação de estar familiarizado com elas, para orientar o pessoal de criação, ou mesmo vetar suas obras-primas fora de hora.

Tive, em minha vida, duas experiências interessantes sobre esse assunto. Quando operava apenas como *freelancer* (1963), prestador de serviços a agências de propaganda no campo da redação e do planejamento, houve certa vez concorrência aberta pela Rede Ferroviária Federal, tendo duas agências – vamos chamá-las de A e B – aceitado competir. No dia seguinte ao da participação dos termos da concorrência, e do problema enfrentado na época pela Rede, apresentados pelo próprio ministro da Viação (tendo ocorrido algum qüiproquó entre os publicitários presentes), a primeira agência contratou-me às 10 da manhã e a segunda tentou contratar-me às 2 da tarde. Eu já estava evidentemente comprometido com a primeira, mas insisti em apostar com os dirigentes da segunda (na qual ainda hoje tenho muitos amigos), pretensiosamente, que

142 criatividade em propaganda

meu time ganharia a disputa. Note-se que eu estava orgulhoso do convite duplo e fundamentalmente interessado em fazer cartaz com *ambas* as empresas que confiavam em minha competência e vontade de acertar. Cabia a mim, junto à agência A, parte do planejamento, bem como os textos da campanha.

Ao longo de vinte dias, produzi anúncios nos quais confiava muito – como também todo o pessoal da agência A –, terminando por ficar absolutamente convicto de que esta agência, que me contratara, e que agora investia um bocado nessa concorrência, abocanharia a verba. Houve afinal a reunião decisória com o ministro e os diretores da Rede (à qual não compareci)... e nós perdemos. Cobrando a aposta, o dono da agência B fez questão de me perguntar, muito espantado: "Foi você mesmo quem redigiu a campanha da agência A?" "Fui", respondi, "por quê?" "Por nada, por nada", tornou ele rindo. Não compreendi.

Mais tarde soube que a campanha da agência A, a *minha* campanha, fora recebida às gargalhadas pelos dirigentes da Rede durante a reunião. Claro, o dono da agência A também soube, e mandou revê-la de ponta a ponta, consultou inclusive outros profissionais, e todos, sem exceção, confirmaram sua correção, o valor de sua criatividade e seu impacto publicitário. Pelo que a agência A encaminhou enérgico protesto aos dirigentes da Rede.

Meses mais tarde, gastas as verbas, encerrado o assunto, eu jantava com o diretor principal da agência B em minha casa, e fiz questão de lhe submeter meus textos, que ele ainda não conhecia. O homem caiu das nuvens. Pior: caiu, ele também, na gargalhada, e então eu soube por que: durante a primeira reunião, enquanto o ministro explicava claramente o aspecto *fundamental* do problema da Rede, o representante da agência A, presente, estava envolvido numa discussão paralela com representantes de outras agências sobre a legitimidade ética de participar em concorrências... Deve ter se saído com brilho, mas deixou passar informações essenciais, imprescindíveis, cujo acesso era o único meio de compreensão do próprio problema da Rede. Minha "criatividade", totalmente *inadequada* por desconhecimento desses problemas, impossíveis de serem adivinhados, somente conseguiu criar peças ridículas e contraproducentes...

A outra experiência foi, ao contrário, muito profícua. Quando minha agência atendia, em 1969, a conta da Verba S.A., então membro do Grupo Banco Predial (antes de tal grupo ser vendido ao União de Bancos), ficou assentado com a superintendência da organização que, trabalhando em conjunto com a diretoria, tentaríamos criar um serviço de colocação de papéis por mala-direta, original e eficiente. Note-se que, na época, a Verba era, salvo engano, a única detentora de cartas patentes de sociedade de crédito, financiamento e investimentos (submetida ao Banco Central), sociedade de crédito imobiliário (submetida ao Banco Nacional da Habitação), agente do Finame (submetida ao próprio) e administradora de Fundo 157. Somem-se a isso as próprias complexas relações da Verba com o Banco Predial (associados mas independentes), as relações de extrema confiança dos investidores tradicionais para com a companhia (divididos por setor no cadastro do computador) e as próprias peculiaridades de cada um dos setores financeiros em que a Verba operava.

Como criar material inédito e criativo nesse emaranhado de exigências? Evidentemente, partimos do princípio genérico de que eu, como publicitário, jamais conheceria tão bem as peculiaridades daqueles problemas financeiros e organizacionais, assim como, por outro lado, cabia-me a obrigação profissional de entender mais de propaganda do que os diretores de uma empresa financeira.

Discutíamos os problemas de implantação desse serviço publicitário, em reuniões de quatro pessoas: o segundo principal executivo da campanha, Joel Rebello, o diretor de propaganda, o diretor de marketing e eu. Combinamos então o seguinte: frente a qualquer impasse, sobre qualquer assunto, o voto de cada um deles valeria 1 ponto, e o meu 2. (Assim, em qualquer sugestão de propaganda que eles achassem *unanimemente* inconveniente, eu seria vencido; mas bastava um deles concordar comigo, e a idéia "passava", sob minha responsabilidade.) Contudo, além do seu voto simples, o Joel tinha direito a um voto especial, que valia 100 pontos. Nós o chamávamos de P.E., abreviatura de "política de empresas". Ele o usava face a casos de real inadequação devido a situações (de mercado, legais, operacionais ou administrativos) que, para explicar, perderíamos o resto do dia. *É* claro que bastava o Joel pronunciar "P.E.", eu era o primeiro a desistir da idéia...

Nós produzimos muito, com muita liberdade, rapidez e bons resultados sob esse regime. Fica a sugestão.

Por fim, há o caso clássico da criatividade genial, vitoriosa, aparentemente pináculo do sucesso, mas na realidade inútil ou contraproducente porque *inadequada* face à realidade de marketing.

Caso famoso é o do anúncio do Nycron, que conquistou o Brasil: "Senta-levanta, Senta-levanta". Todo mundo o repetia, todo mundo o adorava. Possivelmente a agência ganhou um prêmio de criatividade por essa campanha. Acontece que o Tergal, já na época, detinha a maior parte das vendas (*share of market*) de fios sintéticos no Brasil – e "senta-levanta" é apologia das virtudes não do Nycron especificamente, mas sim de fios sintéticos em geral. Foi o principio do fim do Nycron e a consolidação da liderança do Tergal no Brasil.

Eu escrevia este capítulo quando me veio a notícia sobre o Clube de Criação de São Paulo, fundado por diretores de criação das agências de propaganda paulistas. Na palavra de um dos membros do Conselho Diretivo do clube, "o pensamento tecnocrata invadiu a propaganda nos últimos anos, sofisticando cada vez mais setores importantes como o planejamento, pesquisa, pré-teste, *recall*, mídia etc., mas que sozinhos apenas servem como apreensão precisa e rigorosa da realidade do mercado".

Correto. Apenas este capítulo dedicou-se a observar que a criatividade pode ser uma bomba perigosa sem "a apreensão precisa e rigorosa da realidade do mercado".

(Pode-se observar, em contrapartida, que o "pensamento tecnocrata" sem criatividade é, em propaganda, num número infinito de casos, sinônimo de impotência.)

Para os membros do Clube de Criação, "a pesquisa e o planejamento fotografam e ordenam os dados existentes e/ou conhecidos. A criação acrescenta".

Corretíssimo.*

Mas muitas vezes não há nada a acrescentar.

No livro *Criatividade: formulação de alternativas em marketing,* os autores (os já citados Duailibi e Simonsen) chamam a atenção para que muitas vezes, em marketing, a criatividade pode estar em não fazer nada, "deixar como está".

Em propaganda às vezes a melhor criatividade pode ser simplesmente informar a existência do produto, da forma mais direta e convencional, principalmente tratando-se de produto novo. Porque há casos em que isso é mais adequado. Convence mais.

À falta de maiores e específicas informações quanto a particularidades de comercialização de um produto, um dos mais valiosos recursos para o publicitário sintonizar-se com a adequação correta, antes de partir para soluções criativas, é levantar a concorrência. Ver como é vendido o principal concorrente, o líder em vendas, e tentar reargumentar. Entrar motivado no campo da persuasão, concorrer: diretamente; melifluamente; estrategicamente. Cada caso é um caso.

Por outro lado, o melhor recurso (empírico) para julgar o próprio grau de adequação é perguntar a si mesmo: "Este anúncio me convence? Me faz desejar comprar ou experimentar este produto? Melhorou a opinião que tenho dessa empresa?". São perguntas para serem respondidas não egocentricamente, com seu senso opinativo individual, mas sim *alocentricamente,* tentando centrar as respostas no sujeito que tem de ser persuadido, no mercado que vai ver os anúncios.

---

* Palavra alguma é totalmente abrangente do que ela própria pretende definir. Assim, criatividade é, antes de tudo, de concreto, uma palavra de doze letras. Já seu conteúdo, seu sentido, estes vão a limites impossíveis de se precisar. A presente dissertação sobre criatividade e adequação não tem nenhuma ilusão escolástica de localizar conceitos acabados. Pelo contrário, será muito mais interessante e proveitoso deixar talvez o problema em aberto, uma vez abordado.

É como dizem aqueles versos de George Metzger, famoso redator de tempos passados:

Para vender a John Smith
o que John Smith compra,
devemos ver John Smith
com os olhos de John Smith.

Nenhum dos reparos que pudemos parecer ter feito (epa!) à criatividade, neste capítulo, tem qualquer intenção de abalar a tese insofismável de que, em propaganda, ainda não inventaram nada melhor.

Vista em seus termos gerais, mesmo a imprescindível necessidade de adequação, de *salesmanship,* tem de considerar com muito cuidado a própria "conveniência dos riscos" antes de vetar uma idéia francamente original. Sem dúvida, toda propaganda, para ser eficiente e compensadora, necessita ser nova e excepcional.

Para ser nova e excepcional, ela terá, necessariamente, de correr riscos. Riscos precisos, calculados, controlados – mas riscos. Não querer correr riscos em propaganda é decidir por anúncios que jamais poderiam ser criticados por ninguém, isto é, anúncios que traduzem a *média* da opinião de todos.

A palavra média é a raiz da palavra *mediocridade.*

Anúncios que não podem ser criticados são medíocres, e anúncios medíocres não funcionam, são dinheiro posto fora!

Nada justifica o anúncio burro! Nada! Isso não quer dizer, contudo, que uma campanha deva ser julgada sempre pelo seu grau de originalidade ou de imaginação. *Uma campanha deve ser julgada pelo seu poder de persuasão.* E esse poder só pode ser aquilatado dentro de um quadro real específico para cada caso. Defendo a idéia de que uma campanha possa ser altamente inteligente e criativa justamente por evitar – renunciar, em determinado contexto – o uso da imaginação fora de hora.

Isso não desmerece – precisava repetir? – minha afirmação anterior, nada paradoxal, de que não há plano de mídia ou de posicionamento, ou o que quer que seja, que justifique o anúncio quadrado e medíocre. Precisava repetir?

No capítulo 9 veremos melhor como se pode satisfazer dinamicamente ambas as exigências de criatividade e adequação.

8 o homem criativo: o que faz, como vive, quem é

Parafraseando Voltaire: Criatividade é como barba. Você só a terá se deixá-la crescer.

Você pode encontrar uma boa idéia
(ou um cavalo branco) em qualquer lugar.

Anúncio da campanha de White Horse.

Afinal, como é possível ser criativo? Como ter idéias em propaganda?

Antes de passar às "receitas", lembremo-nos de três pressupostos básicos, acho que suficientemente demonstrados no capítulo anterior:

- O maior problema é *localizar o problema*. Há que se estar defronte de um problema – real e específico. Há que se ter vontade de resolver este problema.
- Criatividade é *solução de problemas*. Boa idéia é aquela que irá solucionar um problema – solução impossível de se atingir por procedimento convencional.
- O problema, em propaganda, é *persuadir*. Criatividade em propaganda é o que persuade contingentes humanos – público, mercado – sobre os valores de um produto, um serviço, ou meramente um ponto de vista.

A principal "receita" já vi descrita de um modo ou de outro, em mais de vinte fontes diferentes. Ela figura – dividida, segundo alguns, em quatro fases, ou em até sete, segundo outros – em todos os livros que tratam mais ou menos didaticamente de propaganda ou criatividade.

Pessoas que trabalham com idéias – e que, talvez felizmente, não leram tais livros, inclusive o presente – mais cedo ou mais tarde "descobrem" por si sós esta receita e descrevem-na com muita candura, como algo pessoal e original. Em poucas palavras, o processo é o seguinte, na descrição de Bertrand Russell (*The conquest of happiness – A conquista da felicidade*).

> Estou convencido de que um pensamento consciente pode ser implantado no inconsciente, se pusermos suficiente ardor e intensidade em tal empenho. A maior parte do inconsciente consiste de pensamentos anteriores altamente emocionais, que agora se encontram enterrados. É possível realizar deliberadamente esse processo de "sepultamento" e, dessa maneira, o inconsciente pode ser levado a prestar-nos muito trabalho útil. Descobri, por exemplo, que se tiver de escrever sobre algum tópico um

150 criatividade em propaganda

tanto difícil, o melhor plano é pensar nele com a maior intensidade – a maior intensidade de que eu seja capaz – durante algumas horas, ou alguns dias e, findo tal prazo, dar ordens, por assim dizer, para que o trabalho se processe subterraneamente. Após alguns meses volto conscientemente ao tópico e verifico que o trabalho foi executado.

Outras vantagens desse método? Continua Russell:

Antes de descobrir tal técnica, eu costumava passar os meses intermediários a preocupar-me por não estar fazendo nenhum progresso. Nem por isso chegava eu mais cedo à solução do caso, e os meses de permeio eram meses desperdiçados, ao passo que agora posso dedicar-me a outras empresas.

É necessário analisarmos melhor essa técnica – esse processo constituído de *fases* cuja nomenclatura deve-se a Catherine Patrick, em *What is creative thinking?* São elas: 1) preparação; 2) incubação; 3) iluminação; 4) verificação. (Claro, o processo pode ser descrito através de um número maior de fases, como se subdividirmos a primeira fase em "preparação" e "manipulação", mas ele será sempre, globalmente, o mesmo). Preferimos descrevê-lo em quatro fases:

Preparação

Face ao problema que a pessoa se dispõe a resolver, parte ela para a coleta e manipulação do maior número possível de dados e elementos pertinentes, para, em seguida, "queimar pestanas" sobre os mesmos. Lê, anota, discute, coleciona, consulta, rabisca, cultiva sua concentração no assunto.

Em propaganda, a regra principal é a que eu chamo *"curtir" o produto,* saber tudo sobre ele, devassá-lo, conviver com ele noite e dia. Pô-lo em cima da mesa, enquanto se aquecem os 10 bilhões de neurônios com o problema fundamental: que devo dizer, ou mostrar, para que cada sujeito que tope com meu anúncio concorde em comprar esse troço? É a lição básica que o Lessa me deu.

Se o produto em questão é um lápis (como no exemplo do Lessa), quero escrever com ele dias e dias, ver como foi pintado, se é sextavado ou redondo, mordê-lo na ponta como fazia quando criança (a Johann Faber, por sinal, publicou lindo anúncio institucional sobre isso), quebrá-lo, imaginá-lo multiplicado aos milhões de todas as cores, espetado em maçãs, em ovos, na forma de um foguete interplanetário, como espinhos de ouriço, setas de Cupido, nas mãos de minha filhinha que aprende caligrafia: ou vencendo, em forma de lança, num torneio medieval, a caneta esferográfica concorrente; ou talvez argumentar com certa lógica que hoje um lápis é muito mais "intelectual" (ferramenta de arquitetos, artistas) do que a esferográfica; ou notar que esse seria o único lápis com grafite preto mas, que escreve em azul (ou qualquer particularidade única), bem como conotações positivas: alfabetização, Mobral etc., e negativas: censura quando vermelhos etc.

Além disso, saber o máximo possível sobre lápis – talvez como foi inventado, onde se consome mais no Brasil, qual o fabricante líder nacional, e por que ele vende tanto, quanto custa na papelaria, se se vende no país inteiro, o que é exatamente grafite, qualquer madeira serve para fabricar lápis?

É impressionante como essa fase de preparação, de curtição do produto e dos dados concernentes a ele é às vezes desprezada por tanta gente... e gente criativa (que por causa disso muitas vezes não cria tão bem como poderia). Já vi publicitários bolando anúncios de lançamentos imobiliários simplesmente com base nas descrições e plantas dos apartamentos... sem visitar *pessoalmente* o local. Certa vez, em contato com vários redatores responsáveis por um número enorme de anúncios financeiros, entre os quais de letras de câmbio Segurança-Liquidez-Rentabilidade), descobri que nenhum até então sabia, ou tivera interesse em saber, o mecanismo financeiro de uma operação mercantil que originava a emissão de uma letra de câmbio. Não estou absolutamente dizendo que isso seja indispensável para o homem de criação, mas sim que esse desconhecimento de qualquer forma é uma limitação, talvez grave, à amplitude dos recursos mentais que possibilitam o aparecimento de uma idéia realmente excelente.

"Rara é a vez que uma grande idéia publicitária cai do céu como maná", ensina Hal Stebbins, um dos mais bem-sucedidos redatores que a propaganda já conheceu. "Normalmente, brota da terra como resultado de termos cavado muito".

Há outros recursos que podem render ótimos dividendos nessa fase de "curtição" e preparação: folhear catálogos ou álbuns de fotografias, por exemplo, quanto mais variados melhor: gente, troncos de pinheiros, festas, cabides, velas de Natal, cenas de circo, touradas, gaiolas, crianças de língua de fora, esportes de inverno, coquetéis, flamingos, aviões Concorde, pôr-do-sol etc. Idéias novas são novas combinações, são remanejamentos de coisas que sabemos no sentido de novos usos, no sentido de soluções. Ter o máximo de dados do problema na cabeça, bem como fazer com que passe ante os olhos um mundo de cenas, objetos e sugestões nessa primeira fase, pode, de repente, acarretar a explosão direta da solução, da iluminação, sem necessidade de mais nada.

Mas também pode ser que isso não ocorra. Então, após remoer conscientemente todos os fatores que você julga possam constituir, ainda que remotamente, fragmentos de uma solução, após sentir o cérebro no limiar do esgotamento, da exaustão, você passa à fase seguinte.

Incubação

Você descansa, se desliga do problema. (Pessoalmente, gosto de manter uma "luzinha" acesa na mente, isto é, a consciência de que aquele problema ainda não foi resolvido). Mas você abandona os detalhes, os números, as formulações, a procura.

Que acontece então? Arrefecido o consciente, o inconsciente, como mostrou a psicanálise, entra em ação. O inconsciente, desimpedido pelo intelecto, começa a elaborar as inesperadas conexões que constituem a essência da criação.

Esse é um período (para mim não totalmente agradável devido àquela "pendência") em que se deve preferencialmente ouvir música, ir ao teatro, cinema, ler jornais, jogar, fazer ioga. "Vida normal", como dizem os médicos, quando proíbem uma porção de coisas. Sim, como a das gestantes, sem excessos. Nada de excessos. Um longo dia de praia no verão, a prática de esporte exaustivo; ou uma noitada de *réveillon,* uma bebedeira, e lá se foi tudo por água abaixo.

Quando a trama do crime tornava-se particularmente densa, Sherlock Holmes parava tudo e levava Watson a um concerto; ou se dedicava horas ao violino. (Conan Doyle conhecia bem o processo de criatividade para fazer seu personagem agir assim.) Einstein também tocava violino, ou lia Dostoievsky; Gandhi costumava tecer; Beethoven chegava às suas soluções em longas caminhadas, anotando enquanto andava (desde os tempos de Aristóteles tem-se aceito o passeio como bom auxiliar da ideação).

Há outros truques e hábitos, aparentemente irracionais, que têm favorecido gênios específicos nesse processo de incubação: Schiller enchia sua mesa de maçãs podres; Fischer ouvia vibrantes sinfonias, enquanto Proust, ao contrário, só trabalhava em absoluto silêncio, num quarto forrado de cortiça; Shelley brincava com barquinhos de papel na banheira, esperando as musas; Kant, caso curioso, só criava deitado em sua cama, sobre lençóis que ele mesmo arrumava de um jeito especial, e olhando a torre de Konigsberg (a ponto de, quando as árvores encobriram sua visão, as autoridades da cidade mandarem cortá-las). Brahms tinha suas melhores idéias todos os dias de manhã, enquanto engraxava as botinas. Alex Osborn narra que eram tantas as idéias que lhe surgiam enquanto fazia a barba, que passou a usar uma navalha velha, para ter mais tempo...

Aprendi recentemente com este último que tal fenômeno muito impressionou Goethe, Coleridge e inúmeros outros. Stevenson falava das "Brownies" como auxiliares que trabalhavam para ele enquanto dormia. Barrie confiava muito em "McConnachie" a quem descrevia como "a minha metade sem governo, a metade que escreve". Milton apelidava de "secos" os períodos de incubação. Chegava mesmo a provocar essas situações meditando num tema e nada escrevendo deliberadamente: às vezes, de noite, acordava as filhas para ditar-lhes poesias (era cego, como sabemos). Henry James dava grande importância ao "poço profundo da cerebração inconsciente". Emerson dedicava um pouco de cada dia à "meditação tranqüila diante dos riachos". Shakespeare chamava a incubação de "magia na qual a imaginação dá corpo às formas das coisas desconhecidas".

Chega? Os exemplos são numerosos, todos demonstrando que há uma parte, em cada um de nós, muito interessada em criar e ajudar, assim que você der a ela subsídios para isso e parar de falar o tempo todo...

Essa parte chama-se seu inconsciente (ou pré-consciente, como querem os neofreudianos). Para fazê-la emergir, se expressar criativamente, há vários recursos, inclusive insólitos, como vimos. Mas há também outros, bem perigosos: no afã de enfraquecer o ego e libertar o inconsciente, Donizetti, por exemplo, encharcava-se de café a ponto de vir a morrer com complicações nervosas advindas desse hábito; Baudelaire fumava haxixe; Coleridge tomava láudano; De Quincey fumava ópio; Freud cheirava cocaína; Alfred Jarry bebia éter. Talvez, em se tratando da concepção artística, seja tortuoso discutir aqui se essa foi ou não a razão, por exemplo, que levou Baudelaire a atingir *As flores do mal*. Mas em se tratando de propaganda, que não é arte, mas sim uma técnica essencialmente prática e pragmática, qualquer dose de tóxico (exceto nicotina e cafeína), inclusive álcool, é puro desastre. Realmente, uma equipe de propaganda não tem nada, nada que se compare a uma equipe de jazz, capaz de uma *performance* magistral "com todo mundo muito louco"...

Há outras "proibições" não tão drásticas: Schopenhauer aconselhava que não se deve ler por divertimento durante o período de incubação. Graham Wallas citou a leitura passiva como "o mais perigoso substituto do relaxamento corpóreo e mental durante o estágio de incubação". Um conhecido compositor popular brasileiro confidenciou a amigos que, em períodos de grande criatividade (gravação de um novo disco ou apresentação de um *show*, por exemplo), abstém-se totalmente de sexo. Isso às vezes costuma durar semanas e, segundo ele, "aumenta a sua fertilidade musical". A teoria é antiga e, parece, já era adotada por Balzac, o qual acreditava que sua capacidade de escrever era medida pela sua "retenção de esperma". Conta-se que, certa manhã, Balzac queixou-se à sua companheira: "Ontem à noite, perdi uma obra-prima". Mas, naturalmente, não há a menor prova científica de que a criatividade tenha qualquer coisa a ver com a abstinência.

O publicitário John D. Yeck, dono de agência em Dayton, Ohio, chama esse estágio de incubação, muito apropriadamente, de *back burner*. Aconselha ele: "Se quer obter algo rapidamente no *back burner*, não use o seu 'gás' em coisa diferente. Faça coisas, entrementes, que não exijam completa atenção ou concentração. Isto é, procure ouvir música, assistir à televisão. Faça coisas que mantenham seu motor mental em funcionamento, porém o deixe em ponto morto. Não procure resolver dois problemas ao mesmo tempo – um no consciente e outro no inconsciente".

O esforço consciente, como vimos, é apenas para a preparação exaustiva, para garantir combustível ao inconsciente. "O trabalho inconsciente é impossível se não foi precedido pelo trabalho consciente", diz Thomas A. Edison, que sabia das coisas. Analogamente, "não pode vir a inspiração sem o trabalho do inconsciente", diz George F. Kneller, "seja por seis meses, seis horas, ou seis minutos." Eu diria mesmo "seis segundos", considerando pessoas que parecem cuspir imediatamente idéias, boas idéias, da ponta da língua, sem aparente necessidade de atravessar todo o processo que estamos descrevendo. Mas isso é fruto de longa prática no discernimento de relações. Em qualquer caso – seis segundos ou seis anos – este momento da gênese da idéia, de iluminação, é sempre algo maravilhoso e fartamente compensador. É uma das maiores alegrias que se pode ter.

Iluminação

"Posso me lembrar" – descreve Charles Darwin, que durante anos juntou material e informações sobre a evolução das espécies, sem que sua teoria, por todos esses anos, conseguisse tomar forma – "o preciso lugar da estrada em que, estando eu na carruagem, me ocorreu, para alegria minha, a solução."

É o clássico *heureca* de Arquimedes. Pode ocorrer para o homem criativo em "incubação", nas circunstâncias mais estranhas ou inconvenientes, forçando-o a se apartar de seus afazeres sociais do momento e buscar lápis e papel desesperadamente. É o momento em que cai a maçã na cabeça de Newton. É o momento assim mencionado pelo matemático Henri Poincaré ao falar de quando e como lhe surgiu, em viagem, a intuição que o conduziu à descoberta das funções fuchsianas: "No momento em que coloquei o pé no estribo".

Hamilton, descrevendo a descoberta dos números quatérnios, disse que a solução básica lhe veio à mente quando "estava andando com a esposa para Dublin, ao aproximar-se de Brougham Bridge".

Tomás de Aquino vivia obcecado pela idéia de harmonizar a fé com a razão. Um dia, achando-se num banquete com Luís IX, deu de repente, aparentemente sem propósito, um bruto soco na mesa e exclamou: "Aí está a resposta aos maniqueus!". Um vizinho, escandalizado, fez-lhe notar que estava em presença do rei. Mas Luís IX cortesmente mandou um criado trazer pena e papel para que Tomás anotasse a idéia que lhe ocorrera.

Conheço um publicitário que se defrontava com o desafio de criar uma campanha internacional, cujas exigências, variadas e específicas, tinham lhe sido dadas num *briefing* por escrito pelo diretor internacional de propaganda da companhia. A campanha, por outro lado, teria de ser marcantemente criativa, e o tal diretor mostrava dúvidas quanto à possibilidade de o problema ser resolvido no Brasil. Um dia, voltando de carro para casa, este publicitário viu-se preso por um engarrafamento dentro do túnel de Copacabana. Em dez minutos, dentro do túnel, lhe explodiram o tema principal da campanha, cinco títulos ótimos sob esse tema, a introdução dos textos – a solução! A campanha foi aprovada com louvor em reunião de diretoria.

Em qualquer nível – artístico, científico ou meramente publicitário – não adianta falar muito desse clímax fulgurante, "iluminação", "síntese", como queiram chamar. É um mistério. Como disse, em qualquer setor é uma das mais intensas alegrias que se conhece, e uma das mais gratificantes faculdades da condição humana. O autor sente-se tomado pela exaltação – como proclama Nietzsche em seu *Assim falou Zaratustra.*

Verificação

Volta agora tudo novamente ao quadro do consciente, da racionalidade. O intelecto tem de terminar a obra que a imaginação iniciou. Após identificar-se, ou mesmo sentir-se ofuscado por sua obra, sua idéia, o criador agora recua e imagina as reações daqueles com quem intenta comunicar-se.

Nesse estágio, evidentemente, o isolamento pode tornar-se contraproducente, pois restringe a previsão das reações alheias: são necessários testes, críticas, avaliações, julgamento.

Em propaganda, é nesse estágio que entram em função as exigências de *adequação,* de que falamos no capítulo anterior. É, portanto, nesse estágio que a criatividade publicitária – sempre prática e pragmática por definição – entra em comportamento dinâmico, assume (ou não) funcionalidade e valor, como veremos no próximo capítulo.

Ainda comentando o processo de criação, cuja última fase acabamos de descrever, o citado John Yeck nos fala de "hábitos" utilíssimos.

O primeiro é o hábito de "começar" realmente a pensar, tanto física como mentalmente. Mentalmente, passamos em revista o problema e fazemos deliberadamente com que a mente mergulhe neles, envolva-se neles. Você tem que se habituar a ingressar *voluntariamente* nesse estágio 1, o de preparação.

Contudo, tão importante quanto a partida mental, ou mais, é a partida física, pois esta muitas vezes é que acarreta aquela. A maneira mais direta de começar a criar... é começar. Muitos autores verificaram que o melhor artifício para garantir criatividade é obrigar-se [a si próprio], diariamente, a uma hora de tarefas criativas e acorrentar-se a elas. Alex Osborn perguntou certa vez a Clarence

156 criatividade em propaganda

Kellang como podia produzir tanto. Em resposta, ela confessou que dificilmente poderia produzir algo se não se forçasse todas as manhãs depois do café a começar a bater à máquina independentemente da disposição que sentisse.

Qual o primeiro passo para se criar um texto genial? – já me perguntaram isso algumas vezes. Há uma única resposta realmente segura: o primeiro passo para se criar um texto genial é colocar o papel na máquina...

Como publicitário, se disponho de uma semana para criar, por exemplo, um *slogan* importante, ainda posso mantê-lo no *back burner* hoje, para ver o que acontece amanhã ou depois de amanhã. Mas se acaso só disponho de 24 horas, boto o papel na máquina e vou em frente. Bem, será muito mais enervante, poderá me consumir horas de tentativas, pilhas de papel, mas o *slogan* normalmente sairá antes do fim do prazo.

Outro hábito valioso é o tomar notas. É excelente qualidade, para um homem de criação, o de ser permanentemente "anotador". Mais importante ainda: tome notas quando estiver procurando uma idéia, de modo que as que vêm não se percam. É o diabo descobrir a solução no meio da noite e depois perdê-la. Igualmente terrível é conseguir a solução parcial e esquecê-la antes de começar a segunda parte do problema. As notas ajudam a fazer as primeiras seleções mentais, separando os pedaços possivelmente úteis sugeridos dos pedaços inúteis. Não se surpreenda quando, ainda nessa fase, a solução espouque na sua frente sem exigir mais nada!

Há hoje gravadores de bolso (Philips, de preferência, pois tem assistência técnica no Brasil) preciosíssimos para quem trabalha com idéias. Uma das razões por que escolho, quando tenho tempo, ir a São Paulo de carro é a possibilidade de divagar compulsoriamente durante horas, ditando para o gravador qualquer achado ou conclusão.

Aspecto importante desse conselho: para redigir as notas, você precisa expressar suas idéias em palavras. É um passo à frente. Ajuda a pensar, clarifica a idéia ou mostra logo que ela não serve. Sempre ajuda. Se acaso você não consegue rapidamente a solução, guarde-as, porque serão sempre disparadores automáticos para novos períodos de "preparação", de "quebra-cabeça".

Mais um hábito – importantíssimo para publicitários: marque sempre um prazo inadiável para conseguir qualquer solução! Mesmo no *back burner*, inconscientemente, esse prazo tem de exercer sua pressão! Essa pressão não só ativa todo o processo criativo como também é, por si só, exigência permanente, cotidiana, na profissão de publicitário.

Assim, de um lado, é possível que você mesmo, hoje, tenha mais de um problema, velho de um ano, que já teria há muito tempo sido solucionado... se você tivesse marcado prazo para solucioná-lo. Por outro lado, creio que o maior gênio de todos os tempos em propaganda, que necessitasse sempre de 30 dias para parir sua genialidade, dificilmente conseguiria emprego em agência.

Mesmo se fosse um prazo menor, vinte ou quinze dias. Publicitários são profissionais que trabalham *sob pressão* – sempre! Este fator, ditado pelas próprias condições dessa atividade econômica, torna-se por isso, em minha opinião, fator constituinte dos processos de criação publicitária: criar a prazo fixo, improrrogável. Falaremos disso mais adiante.

Outra sugestão: procure descobrir como você funciona melhor: o lugar e as condições que escolhemos são muitas vezes importantes. Alguns trabalham melhor à noite, outros pela manhã. Dizia Erasmo: "As musas gostam das manhãs" (as musas *dele,* bem entendido). Uns só sabem produzir escrevendo à máquina, outros a lápis, outros com caneta esferográfica. Eu, se querem meu testemunho, só escrevo à máquina, mas quase sempre, ao chegar ao último parágrafo, retiro o papel do rolo e termino à mão. Não sei produzir sem máquina, lápis e caneta por perto.

Estas condições e hábitos servem tanto à fase descrita como "preparação" (fase 1), quanto à fase seguinte, inconsciente, de "incubação", uma vez que esta, com freqüência – principalmente na vida de um publicitário criativo – é extremamente curta, questão de segundos. Um publicitário criativo pode, realmente, em seu trabalho, pular de uma fase para outra com desenvoltura, até confundi-las: o próprio trabalho de "verificação" já serve como "preparação" para um novo salto adiante. Ou, então, ocorrem três ou quatro "iluminações" diferentes em resposta a um único estado de "incubação".

"Mind like parachute", diz Charlie Chan, "only works when open". Talvez a qualidade, ou característica mais importante de um publicitário criativo, é sua receptividade, curiosidade, capacidade de indagação. Ele está permanentemente aberto, alerta para tudo, não só para suas próprias idéias, mas para o mundo geral que o cerca.

Ter idéias, notadamente em propaganda, é descobrir relações novas entre coisas conhecidas. Por exemplo, descobrir utilidades novas, originais, de persuasão. Quase tudo que está em torno de nós pode prestar-se a um bom anúncio, tão logo o joguemos em um contexto novo e original.

Desta forma, uma das atitudes mais compensadoras para um publicitário é se perguntar, sempre que possível, a propósito de tudo o que vê ou ouve: para que serve isso além do óbvio? Ou melhor: que argumento isso representa no sentido de persuadir as pessoas a respeito de algo?

Você vê uma foto de uma nativa africana com os lábios deformados por aqueles monstruosos adornos. É óbvio, pode servir a um anúncio de turismo, que promete um safári em Zâmbia. Mas pode servir, bem mais criativamente, para um bom anúncio de agência de propaganda: "Miss Burundi 1976. Não ria: mesmo grupos humanos que preferem Candice Bergen diferem entre si por conceitos estéticos, sociais e psicológicos, arraigados e específicos. A propaganda de sua empresa jamais obterá sucesso se não empregar linguagem adequada às pessoas que pretende influenciar... Está sua propaganda se dirigindo adequadamente às pessoas que pretende influenciar?...".

Uma foto inusitada, com centenas de palitos de fósforos queimados. Serve, digamos, para uma empresa de captação de recursos na área do reflorestamento (consumo de madeira); como também serve, por comparação, à propaganda de um isqueiro descartável, ou de uma empresa de engenharia, tentando provar que um projeto é feito, afinal, de centenas de idéias que acendem e se queimam. Serve para propaganda antifumo: "Cada vez que você acende um cigarro, a chama de sua vida diminui um pouco". Serve como belo institucional para uma grande *corporation*: "Ninguém mais dá valor, hoje em dia, a muitas das mais brilhantes invenções..." Serve para qualquer produto que prometa segurança no automóvel: "Este ano, 5.322 pessoas morrerão no trânsito!". Serve para a propaganda farmacêutica, de seguros, de um grande número de empresas de serviços.

160 criatividade em propaganda

NÓS TRABALHAMOS PARA ACABAR PARA SEMPRE COM ESTE TIPO DE ARTESANATO!

Veja.

O que é mero lixo nas grandes capitais, transforma-se em preciosa utilidade no Nordeste: candeia para lares sem energia elétrica...

O que é resto de um prazer efêmero do carioca, do paulista – lata de cerveja, de conserva, de óleo – converte-se, por força da habilidade e de cruéis necessidades (ambas abundantes no Nordeste), em utensílios e instrumentos de trabalho de tantos outros brasileiros como cariocas e paulistas – como você.

Retrato vivo da angustiante desigualdade do desenvolvimento brasileiro!

A Usiba – o maior projeto industrial em funcionamento na área da Sudene – é o mais vigoroso golpe contra esse estado de coisas. Transferindo investimentos do Sul (pela sistemática dos Incentivos Fiscais) para implantação no Nordeste da mais moderna siderúrgica do país, ela implanta também, com isso, todo um mundo de novas indústrias periféricas, novos empregos e oportunidades, novas garantias de produção, consumo e melhoria de vida!

Seu mais importante produto são as implicações econômicas, sociais e psicológicas que desperta, como pedra de toque da Revolução Industrial na Região.

Ela é força que luta por dissociar da miséria todo o talento criativo do Nordeste.

USIBA USINA SIDERÚRGICA DA BAHIA S.A.

(Se – agora – cada uma dessas idéias será ou não suficientemente *adequada* para cada problema específico, isso é outra história que, como disse, está prometida para o capítulo seguinte.)

A jogada internacional do estanho.

O mundo inteiro vê com espanto a conquista da Amazônia, e chama seu conquistador "um dos mais dinâmicos países da Terra" – o "Gigante de Amanhã"!

Porque com essa conquista ele porá a mão em recursos quase inimagináveis, por exemplo, talvez em primeiro lugar, o estanho.

Da noite para o dia, o estanho passou a figurar entre as mais promissoras perspectivas do Brasil. Tudo devido a descobertas, na Amazônia, de riquíssimas jazidas de cassiterita, a concentração mais generosa do mundo: até 5 quilos por metro cúbico (contra apenas 200 a 500 gramas nos países produtores), com um teor de estanho de 74% (contra 50% na Bolívia).

Além disso, Rondônia, sozinha, tem reservas estimadas em 10 milhões de toneladas, maior do que a soma de todas as outras reservas conhecidas no resto do mundo. Somente as jazidas já localizadas garantem produção de estanho brasileiro para mais de 100 anos!

"O Brasil prepara-se para ser o maior exportador de estanho do mundo!" - anuncia hoje o Governo Federal. Para tornar isso possível, foi constituída a C.I.A. - Companhia Industrial Amazonense, que se prepara para ser a maior produtora de estanho do Brasil!

A usina-piloto da CIA (em funcionamento há mais de 1 ano) ativou toda a mineração na Amazônia, que passou a se mecanizar em passos extraordinariamente rápidos: pesquisa, lavra e refino estão cientes de que, já no próximo ano, ultrapassarão o consumo brasileiro e se lançarão nos mercados da Europa e da América, a preços competitivos.

Isso lhe parece um bom negócio?

Note que a colocação de ações da CIA junto a pessoas físicas encerrou-se em tempo recorde. Sua empresa, contudo, ainda pode se associar a ela através da Legislação dos Incentivos Fiscais (Dec. 756 - Sudam).

Procure-nos hoje mesmo, sem compromisso:

COMPANHIA INDUSTRIAL AMAZONENSE

Orientação para aplicação:
Rio: Av. Pres. Wilson, 165 - 7º andar
Tels.: 221-8629 e 252-8200
São Paulo: Rua Francisco Pedroso de Toledo, 555
Tels.: 63-6433 e 63-7280

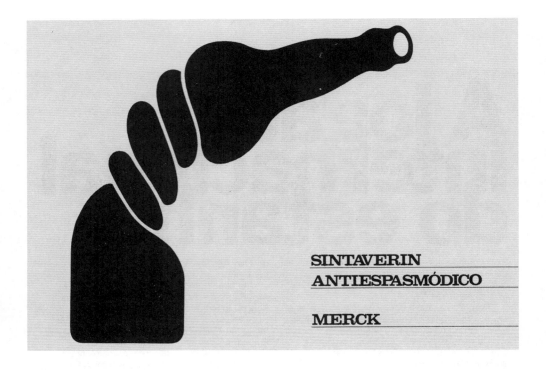

Ou então você pega uma foto, uma imagem consagrada – e lança-a num novo contexto. Por exemplo, o famoso instantâneo de Joe Rosenthal para *Life*, que documentou os fuzileiros levantando vitoriosos a bandeira americana em Iwo Jima. Uma agência no Brasil transformou-os em mineiros, na mesma posição, levantando uma bandeira onde se lia "O cobre é nosso" (captação de incentivos fiscais). Outra, na América, transformou os homens em vendedores, levantando na mesma posição um tapete enrolado – evidentemente uma conquista notável da tecnologia de tapetes...

Uma vez, numa feira do Nordeste, encontrei uma porção dessas lamparinas a óleo (fifós), feitas de lata velha, e comprei uma. Outra vez, chamou-me a atenção uma edição de *Newsweek*, com a reportagem de capa sobre o Brasil: guardei um exemplar. E achei curioso essas garrafas de cachaça "amassadas", em forma de um bêbado, ainda que de péssimo gosto. Mas também fiquei com uma delas. Ei-las aí.

Não vou fazer mistério. Desde o primeiro olhar reconheci a potencialidade que cada um desses objetos representava como "argumento" de venda, como solução de persuasão para problemas específicos de clientes meus:

- No primeiro caso, o anúncio (institucional) argumentava que a lata vazia, mero lixo nas grandes capitais, transforma-se em preciosa utilidade no Nordeste: candeia para os lares sem energia elétrica... E continuava: "O que é resto de um prazer efêmero do carioca, do paulista – lata de cerveja, de conserva, de óleo – converte-se, por força da habilidade e de cruéis necessidades (ambas abundantes no Nordeste), em utensílios e instrumentos de trabalho de tantos outros brasileiros como cariocas e paulistas – como você. Retrato vivo da angustiante desigualdade do desenvolvimento brasileiro! A Usiba – o maior projeto industrial em funcionamento na área da Sudene – é o mais vigoroso golpe contra esse estado de coisas. Transferindo investimentos do Sul (pela sistemática dos incentivos fiscais) para expansão no Nordeste da mais moderna siderúrgica do país, ela expande também, com isso, todo um mundo de novas indústrias periféricas, novos empregos e oportunidades, novas garantias de produção, consumo e melhoria de vida! Seu mais importante produto são as implicações econômicas, sociais e psicológicas que desperta, como pedra de toque da Revolução Industrial na região. Ela é força que luta por dissociar da miséria todo o talento criativo do Nordeste. Usina Siderúrgica da Bahia S.A.".

- No segundo caso, o anúncio (venda de ações) chamava a atenção para a evidência de que "O mundo inteiro vê com espanto a conquista da Amazônia, e chama seu conquistador 'um dos mais dinâmicos países da Terra' – o 'gigante do Amanhã'!". E continuava: "Porque com essa conquista ele porá a mão em recursos quase inimagináveis, por exemplo, talvez em primeiro lugar, o estanho. Da noite para o dia, o estanho passou a figurar entre as mais promissoras perspectivas do Brasil. Tudo devido a descobertas, na Amazônia, de riquíssimas jazidas de cassiterita, a concentração mais generosa do mundo: até 5 quilos por metro cúbico (contra apenas 200 e 500 gramas nos países produtores), com um teor de estanho de 74% (contra 50% na Bolívia). Além disso, Rondônia, sozinha, tem reservas estimadas em 10 milhões de toneladas, maior do que a soma de todas as outras reservas conhecidas no resto do mundo. Somente as jazidas já localizadas garantem produção de estanho brasileiro para mais de 100 anos! O Brasil prepara-se para ser o maior exportador de estanho do mundo! – anuncia hoje o Governo Federal. Para tornar isso possível, foi constituída a C.I.A. – Companhia Industrial Amazonense, que se prepara para ser a maior produtora de estanho do Brasil!".

- No terceiro caso, quando dei de olhos com aquela garrafa retorcida, vi que seria um bom símbolo de espasmo, ou melhor, para ilustrar a propaganda farmacêutica (somente distribuída a médicos) de um produto antiespamódico. Evidentemente, preocupo-me sempre com esses enfoques, de vez que minha agência responde pela propaganda ética dos Laboratórios Merck. E não deu outra coisa. Contudo, fotografada, mostrou-se de definição visual péssima. Partimos então, com base na idéia original, para uma série puramente gráfica, com vários objetos retorcidos: tesoura, pente, chave de parafuso, lápis, garrafa etc. Após o primeiro ano, verificou-se que o lápis retorcido foi, de todas as ilustrações, a mais bem-aceita pela classe médica, e ele virou o símbolo de um produto da Merck, o Sintaverin. Já estávamos longe do momento em que encontrei a garrafa deformada num boteco do Estado do Rio...

Isso leva à conclusão de que é perfeitamente possível, prático, desejável, um arquivo de "boas idéias", principalmente para clientes que a agência atende.

Preocupo-me com problemas de clientes meus, problemas que só surgirão no futuro... ou jamais surgirão – e sei que muitas outras agências também agem assim. David Ogilvy recomenda que toda agência mantenha em carteira, sempre, uma campanha pronta (mesmo não encomendada) para cada cliente. Para a Merck, por exemplo, guardo, em forma "semi-acabada", idéias para o lançamento de um tranqüilizante, um anticoncepcional e um produto para acidentes em esporte (distensões etc.), se bem que jamais tenha notado qualquer indício da empresa de pretender lançar produtos nesses setores. Simplesmente "achei" as idéias por aí...

Os partidários extremos da *adequação* "chiam" muito contra essa prática de arquivo de idéias porque acham, algo supersticiosamente, que toda idéia deve nascer "sob medida" para um problema específico, de um cliente específico, num momento específico.

Bobagem. A idéia nasce. Se ela será ou não adequada, isto é uma "verificação" posterior à "iluminação" – para ficarmos na nomenclatura. É imprescindível que se prove adequada não antes de nascer, mas sim antes de se investir dinheiro nela.

Já contei a história do pintor que viu seu cachorro absorto ante um gramofone, *reconheceu* a potencialidade publicitária da cena e a vendeu a um fabricante de gramofones, daí surgindo uma das consagradas marcas do mundo, a da RCA Victor: "A voz do dono". Outro, criador de cartazes, estava pintando um deles na rua quando um transeunte lhe pediu um cigarro. Ofereceu-lhe um Camel. O outro agradeceu com entusiasmo, e disse: "Eu seria capaz de andar uma milha por um Camel". Imediatamente o sujeito *reconheceu* a potencialidade da frase, apresentou-a como sugestão para outro cartaz, e a frase tornou-se um dos melhores e mais familiares *slogans* de todos os tempos na América.

Vocês se lembram do exemplo que dei, tentando imaginar como foi inventado o Rolomag? Talvez alguém tenha partido do problema para chegar à solução... mas talvez tenha, ao contrário, descoberto primeiro a solução, *e a reconhecido como solução* de um problema!

O publicitário criativo, que mantém sua mente aberta, é o publicitário capaz de reconhecer soluções. Afinal, elas estão por toda parte...

Que posso dizer mais sobre o homem criativo? É ele um produto acabado, típico, característico?

Eu não posso dizer que conheça muitos homens criativos, profissionais de criação. (Falo de criatividade aplicada; não incluo artistas, filósofos ou cientistas.) Fiz uma lista recente, não chegou a trinta. É sem dúvida uma parte ínfima dos que atuam hoje, com sucesso, nessa área de atividade em todo o Brasil.

Mesmo assim, com certa dose de temeridade, eu tentaria descrever o homem criativo, genericamente, nos seguintes termos e por meio das seguintes características:

Inteligentes – Claro, inteligência é fundamental, pode estar acima da média, mas não precisa absolutamente aproximar-se do ápice.

Complicados; eventualmente neuróticos – Passíveis de sofrerem terríveis inibições. Sensíveis, podem se magoar impropriamente, e isso muitas vezes é chato. Dão margens a mal-entendidos nas relações pessoais. Também são eventuais vítimas de fossa. Contudo, possuem algo muito compensador:

Todos portadores de ótima veia de humor – Este é um fator realmente imprescindível no homem criativo, acho. Qualquer bom estúdio de agência é um centro de pândega, safardinagens e caricaturas. Os casos que eu poderia contar, só dos que me lembro, quanto ao estúdio da J. Walter Thompson, dariam para encher outro capítulo. A revista *Mad*, o maior sucesso editorial humorístico do mundo, sempre contou com a participação maciça de publicitários da Madison Avenue – que nela gozam tanto seus próprios anúncios. Além disso, o humor serve como válvula de escape daquela dose de neurose de que falamos antes. A qualquer pessoa que apresentasse agressão sistemática – eu disse *sistemática* – ou "cara emburrada" sistemática, eu aconselharia: "esquece, que você não dá para essa profissão". O humor serve demais à criatividade e demais ao ambiente produtivo de uma agência. Millôr Fernandes, o homem mais criativo que conheço, é, não por coincidência, o maior humorista da história do Brasil, desde Pero Vaz de Caminha (outro). (Quando dava essas aulas na Escola de Comunicação, eu instintivamente tinha muito mais confiança no futuro de certo aluno que me procurava caricaturar enquanto eu falava do que no de outro, que registrava num gravador tudo o que eu dizia.) O melhor diretor de arte com quem já trabalhei freqüentemente marca o lugar do texto em seus excelentes *layouts* escrevendo, disfarçadamente, palavrões e gozações de toda ordem: prefiro, numa reunião formal com um cliente, preocupar-me em fazê-lo não notar essas tolices, do que tentar "limitar" as molecagens do meu colega. Prefiro a vocação pela abordagem infantil, pelo desejo do brinquedo intelectual à simples, fria e muitas vezes inútil nota elevada em Q.I.

166 criatividade em propaganda

Pessoas capazes de suportar pressões – Sofrer pressão faz parte do negócio publicitário, como molhar-se faz parte do negócio do salva-vidas. Pressão de tempo, pressão de horários, pressão de problemas que têm de ser resolvidos, e em seguida resolvidos ainda melhor! Uma boa campanha simplesmente *não sai* sem pressão exata, estimulante mas forte, sobre redatores, *layoutmen*, produtores, todo mundo! Conheci João Moacir de Medeiros (jmm) numa época em que, depois de três noites seguidas, trabalhando até de madrugada, esgotando aparentemente todas as possibilidades de solução para uma campanha, quando enfim os anúncios, aprovados por ele, estavam finalizados, prontos para serem entregues aos veículos... ele os lia, mandava quebrar os clichês e reunia o pessoal para começar tudo de novo! (Eu trabalhei com ele há mais de 10 anos como *freelancer*, e o que sofri e aprendi nessa época só merecem duas expressões: um palavrão e muito obrigado.) Fui informado de que a agência dpz, que detém hoje o título de "mais criativa", tem um sócio que, após um esforço enorme, quando um anúncio finalmente fica pronto, ele eventualmente exclama: "Puxa, pessoal, este anúncio está uma maravilha! Agora vamos jogá-lo fora e criar um anúncio realmente *quente*!". É claro, essa necessidade de pressão pode ser com vantagem interiorizada, transformar-se em disciplina própria, auto-exigência. Mas... "quem não gosta do calor, não entre na cozinha", dizia Harry Truman. E eu repito essa frase para certos iludidos estudantes de comunicação. "Às vezes, visito um candidato a emprego em sua casa", conta David Ogilvy. "Dez minutos depois de cruzar o umbral, posso já dizer se tem ele uma mente bem-dotada, a classe de seu bom gosto, e se é bastante otimista para suportar as fortes pressões a que haverá de estar submetido como publicitário."

Inconformistas? Nem tanto – O conformista é um sujeito reprimido, nega a si mesmo, está dominado pelo superego, incapacitado por isso de correr os riscos de pensar com originalidade. Já o inconformista total aliena-se do pensamento dos outros, parte para a rebeldia pela rebeldia. É bomba, bomba! Não pode, portanto, persuadir os outros, pois não os aceita nem para análise, nem como massa de manobra. Em propaganda, há que se procurar o equilíbrio entre o grupocentrismo e o autocentrismo. Nem "expressar-se" autocentricamente, nem repetir a expressão coletiva dos outros, mas sim *pensar* originalmente, com seu próprio cérebro, a partir da compreensão do pensamento dos outros. Já o ceticismo é muito bom: duvidar de tudo, principalmente dos conceitos e afirmações genericamente consagrados. Ridicularizar, desprezar entrar em conflito, de um modo ou de outro, com o "evidente", o "costumeiro", o "lógico". Dizem que parte do gênio de Einstein consistia na sua incapacidade de compreender o óbvio.

Possuem autoconfiança – Ela não é tão necessária, evidentemente, quanto no homem de vendas diretas. Contudo, propaganda, técnica de vendas indiretas, é uma técnica de *domínio:* você convence, você vence a pessoa, você a supera no seu interesse prioritário. Essa evidência levou-me a uma observação curiosa (acho que foi essa evidência): nunca encontrei um único redator ou diretor de arte, um único profissional de sucesso em criação publicitária, ou sequer ouvi falar, que fosse homossexual, ao contrário do que ocorre na história da arte pura, onde, com perdão da palavra, eles abundam. Não estou emitindo juízo de valor, apenas apresentando uma observação cuja explicação deixo ao cuidado das teorias de cada um.

Pediram-me, a propósito, também um "programa de vida" para essa personagem abstrata, quase mítica: o publicitário criativo. Para não fugir ao desafio – mas sempre insistindo no fato de estar agindo temerária e discricionariamente –, aí vão sete sugestões genéricas e sete sugestões específicas:

SUGESTÕES GENÉRICAS:

1. Todos os dias leia dois jornais, uma revista, assista à TV (sem se empanturrar), escute música.
2. Vá ao cinema pelo menos uma vez por semana. Pelo menos. É melhor marcar logo um dia fixo.
3. Todo mês, vá ao teatro pelo menos uma vez. Ou a um concerto. Ou a uma exposição. Ou a tudo isso. Jamais, se possível, a um coquetel.
4. Todo ano, leia no mínimo 20 livros previamente selecionados. Apenas um sobre propaganda.
5. Viaje, sempre que possível, para qualquer lugar; quanto mais longe melhor. Quanto mais variada a direção na rosa-dos-ventos, melhor.
6. Programe uma viagem maior (ao exterior se possível, mas a Paraíba e Santa Catarina também servem),* pelo menos uma vez por ano.
7. Tenha *hobbies* e outros interesses, quaisquer que sejam, fora da propaganda. Fale pouco ou nada (se possível) sobre propaganda fora do expediente (mas mantenha uma luz acesa na cabeça...).

---

* Saibam os paraibanos e catarinenses que escrevo no Rio de Janeiro!

168 criatividade em propaganda

Sugestões específicas:

1. Ao entrar num aposento, trate logo de explorá-lo. Observe os detalhes e adornos, sinta a atmosfera, procure extrair o máximo de "informação" do cenário. Trate de *viver* qualquer recinto ativamente..., e não simplesmente "sentir-se à vontade".
2. Viajando em qualquer coletivo – ônibus, trem, avião – ou mesmo numa sala de espera, fixe a atenção em uma pessoa (ou em duas que estejam conversando) e "descubra" tudo sobre elas. Temperamento, formação, educação, situação financeira, personagem atualmente de que drama, que esperam da vida, como fazem amor, que fariam com um milhão de cruzeiros etc. Disseque seu infeliz companheiro de viagem...
3. Ao olhar uma foto – entre nela! Veja o que a foto não mostra (ou não mostra a todos). Uma boa experiência você faz com fotos do "Rio Antigo"; ou "São Paulo Antigo": olhe as fotos da rua 1º de Março ou da Praça da Sé no início do século, e não repare apenas nos bondinhos puxados a burro, ou nas anquinhas da época: ao contrário: *viva* o cenário naquele dia, com aquele sol, o calor, os ruídos, o estupor da cidadezinha quase deserta, aquele cara na porta da loja que olharia você passar com estranheza etc. Em seguida, dobre uma esquina, não tema "ver" as perspectivas daquela rua que se estende fora da moldura da foto.
4. Ande de vez em quando por sua cidade, que você vê todos os dias, como se nunca a tivesse visto. Imagine-se, por exemplo, como um polonês, que agora, adulto, está aqui pela primeira vez, nessa metrópole meio estonteante da América do Sul, olhando discretamente os "nativos", os brasileiros pelas calçadas, os cinemas, as lojas: agora você alugou um carro e se deixa levar pelo Aterro, ou pelo Minhocão, no meio desses edifícios maciços; muita riqueza, sim, mas que contrastes, subúrbios imensos, multidões, o porteiro negro do edifício da agência brasileira que lhe deu um emprego – tudo fica muito mais provocativo, interessante. Não exagere.
5. Não tema caricaturar ninguém, ou inventar situações incríveis e exóticas para quem quer que seja. Não é crime nem falta de respeito – pelo contrário, é muito saudável. (Em Direito Penal, você pode planejar minuciosamente assassinar alguém, pôr por escrito todos os passos de seu projeto, comprar até a arma, balas etc., aí vem a polícia, descobre tudo – e mesmo assim você não cometeu crime algum enquanto não tiver principiado *realmente* a tentativa.) Você pode e deve inventar apelidos para todo mundo que o cerca – e isso não é mal nenhum enquanto você não os divulgar. Pode divertir-se com os resultados de um murro seu nas bochecas do principal homenageado na reunião mais impor-

tante que você tem de enfrentar, e no mínimo a "cena" com seus desdobramentos o ajudará a vencer a chateação do evento...

6. Junte recortes, artigos, títulos, textos, *layouts*, principalmente fotos, que o impressionaram. Folheie sempre que possível isso tudo – são disparadores de idéias magníficos! Mapas, ilustrações, álbuns de peixes, veleiros, aviões, *posters de* circo, livro de recordes, notícia de jornal, caricaturas, anúncios incríveis, tabelas, coleções insólitas, tudo que particularmente o atraiu – não custa: guarde! E consulte de vez em quando...

7. Pergunte sempre a respeito de tudo: "e daí?", "por quê?", "para que serve?", "que novo uso (de persuasão) posso dar a isso?" Lembre-se que se usava o vapor, no Egito, em 120 a.C., mas apenas para mover um brinquedo. Alguém poderá dizer então que a Revolução Industrial teve de esperar 20 séculos porque nem o inventor do brinquedo, nem os que o viram e se contentaram com aquele uso primitivo do vapor – ninguém formulou a si próprio: "E daí?", "Que novo uso posso dar a isso?", "Acaso não poderia usá-lo para economia de mão-de-obra?". (Imagine o início da Revolução Industrial no século II a.C... A Via Appia Ferroviária; vândalos e hunos encantados com seus rádios de pilha [ainda estão], as agências de propaganda multiplicando-se durante a Idade Média etc.) Pergunte-se sempre face a qualquer coisa: "Para que serve?", "Que novo uso posso dar a 'isso'?". E anote.

9 som! luzes! ação! (propaganda sendo feita)

"Sim, vosso anúncio deve fazer barulho para ser notado, porém não um barulho insensato."

William Bernbach, titular da "agência mais criativa do mundo", falando em 1961 "especialmente aos redatores e diretores de arte".

Até um macaco que batesse continuamente nas teclas de
uma máquina de escrever chegaria, depois de alguns séculos
– segundo afirma a Lei das Probabilidades –
a datilografar um soneto de Shakespeare.
Dificilmente você encontrará algo se não procurar, tentar, insistir.
Lembre-se: cada tecla em que você conscientemente bater,
em busca da solução, irá repercutir em seu cérebro em
bilhões de combinações e possibilidades. Você vai gostar.

Cartão-postal do Jardim Zoológico de Zurique.

Para se compreender, com a maior precisão possível, o processo real, prático, que origina nas agências de propaganda a criação de bons anúncios, anúncios que *vendem*, há que se entender que esse processo é sempre composto de duas forças, duas funções, que se inter-relacionam numa combinação infinita de possibilidades:

- Criatividade.
- Adequação.

O passo seguinte – talvez o passo mais importante – é entender perfeitamente que esses dois fatores não correspondem a cargos específicos numa agência (por exemplo, um "diretor de Criatividade" e um "diretor de Adequação"), mas sim a funções ideais, possíveis de serem exercidas por *qualquer* pessoa, ou, freqüentemente, por uma *única* pessoa.

Quando o problema publicitário é enfrentado, por exemplo, por duas pessoas, um diretor de arte e um redator (o mais produtivo esquema de criação que conheço), isso não significa, em hipótese alguma, que um deles, especificamente, irá criar, e o outro "policiar" esta criação. Nem sequer significa que o diretor de arte apresentará criatividade visual e o redator criatividade de textos, editorial. Absolutamente. Significa que ambos irão explorar as possibilidades de solução – visual ou editorial – daquele problema.

E qualquer dos dois, ante cada idéia apresentada, irá julgá-la, avaliá-la à luz de uma série de exigências de conveniência e propriedade, principalmente seu poder de persuasão, dentro do quadro real do problema.

Tampouco se pode dizer que essas duas funções se complementam. O certo é dizer que elas *interagem* nas doses mais variadas possíveis.

Já falamos em capítulo anterior: "Criatividade pura", uma idéia aparentemente genial, pode na prática, frente a uma série de circunstâncias (de marketing, políticas, culturais etc.), prejudicar um produto, arrasar um cliente. Logo,

174 criatividade em propaganda

nem sequer pode se definir perfeitamente como "criatividade", pois esta é, íntrinsecamente, solução de problemas. Por outro lado, o sentido "puro" de adequação é quase sempre um estado de impotência.

Admitamos que estamos perante o problema de melhorar a imagem de um grande cliente financeiro, a curto prazo e com uma verba fixa. A função da criatividade (exercida não importa por quem na reunião) pode "iluminar" o debate sugerindo um anúncio digno de um prêmio de propaganda. Mas outro alguém, ou o mesmo alguém, pode *sentir* que gastar esta verba apresentando, muito claro e bem produzido, o balanço da empresa nos principais jornais do país, pode ser muito mais proveitoso para o anunciante naquele momento. Esta sugestão, ditada pela sensibilidade de venda e de persuasão, pode ser apresentada indiscriminadamente pelo diretor de arte, pelo redator, por um contato, pelo dono da agência. É um exemplo em que o problema foi resolvido com uma dose mínima de criatividade e uma dose integral de adequação, de *salesmanship.*

Não será isso também criatividade? Tentaremos responder mais adiante.

Há publicitários com elevado sentido de criatividade, grande capacidade de produção de idéias originais e um baixo componente de adequação: você os encontra mais entre *layoutmen* e diretores de arte, mas isso depende, é claro, da pessoa, da hora, do dia. do tipo de produto, da espécie de problema.

Há publicitários com grande sentido de adequação e nenhuma criatividade. Um dos publicitários mais completos que já encontrei, dono de agência, era exatamente desse tipo. Muitas vezes, frente a uma idéia fantástica, ele a vetava, mas passada a fúria ou frustração do "criador", este mesmo tinha de reconhecer que realmente seria uma idéia de riscos desnecessários, inadequada. Em geral, maior capacidade de adequação e baixa criatividade encontram-se entre contatos e executivos de conta.

Maior equilíbrio entre criatividade e adequação *pode* se encontrar, eventualmente, entre redatores.

Agora, nessa inter-relação, está um jogo extremamente sensível, jogado à base de riscos calculados. É o próprio sentido de adequação que acusa a necessidade de um problema ser enfrentado com uma carga extraordinariamente grande de originalidade. Ou, como vimos no exemplo do balanço da companhia financeira, ser resolvido de forma fria, tradicional. Contudo, mesmo este sentido de adequação deve honestamente recuar face a uma idéia particularmente magnífica e imprevista, cujos riscos se mostrem, de repente, dignos de serem assumidos

Claro, na prática essa necessidade de adequação dá margem à atuação de um ou outro sujeito medíocre que se disfarça atrás de "capacidades" extraordinárias de "sensibilidade" e "crítica" (contei um episódio a propósito, no Capítulo 1). Caso sua autoridade prevaleça, ele pode castrar a potência criativa dos que trabalham na agência. A boa propaganda, normalmente, não é a propaganda bem-comportada, média, medíocre, mas sim a que *assume riscos* – riscos calculados. A maior qualidade e a qualidade final de uma boa função de adequação é esta: assumir riscos calculados.

O homem criativo pode sofrer muito face às exigências de adequação. A necessidade de renunciar a uma idéia de todos os modos brilhantes, e que às vezes custou tanto para se obter, é tão agradável como receber na cara um balde de água fria. Faz parte das pressões a que um publicitário é continuamente submetido ouvir (até mesmo de si próprio) a avaliação final de sua idéia: "É realmente uma idéia genial. Esqueça-a!".

David Ogilvy, com muito senso de adequação, fala que o dono de agência tem de ter faro para descobrir, num jovem tímido e introvertido, a pessoa capaz de redigir um *slogan* capaz de dobrar as vendas dos clientes. Ele o chama "galinha dos ovos de ouro". Mas mesmo uma galinha que só põe ovos de ouro não pode ser útil *sempre*. Pelo menos não é útil quando o problema imediato é fritar uma omelete...

Você, como publicitário criativo, bolando uma campanha para companhia de seguros, não precisa, imperiosamente, conhecer aspectos políticos, legais, de concorrência, do mercado securitário brasileiro. Mas nesse caso, se você não conhece, se não está apto a exercer você mesmo também a função de adequação, então outra pessoa na agência tem de conhecer... E exercer a função.

De vez que o processo completo de gerar idéias passa, como vimos, por quatro fases (preparação, incubação, iluminação e verificação), as funções que estamos comentando – criação e adequação – relacionam-se, respectivamente, a "iluminação" e "verificação".

Iluminação, criação de idéia, só um único cérebro é capaz a cada vez; porém verificação, julgamento dessa idéia à luz da melhor conveniência, da adequação, esta é uma tarefa a que várias pessoas podem contribuir, até o cliente – jamais preferencialmente.

Redatores e diretores de arte tarimbados, vale dizer, experientes em venda, criam geralmente idéias acabadas, e até o problema de adequação é resolvido no ato criador. Isso ocorre em geral na área de negócios familiares a tais profissionais, como uma idéia ideal para um lançamento imobiliário, da autoria de quem já fez muitos lançamentos imobiliários.

Mas isso não é regra, de forma nenhuma. Quando, face a qualquer problema publicitário, ocorre-me uma idéia com conteúdo maior de novidade, anoto-a e a deixo de lado por algum tempo para julgá-la então "com outros olhos". Entrementes, muitas vezes o cérebro continua trabalhando no problema, em regime de incubação, de forma que, quando a gente retorna à idéia original anotada, é incrível o que pode acontecer.

176 criatividade em propaganda

Adequação – pelo amor de Deus, me entendam bem – não é eufemismo para a covardia, para o conformismo, nem desculpas para o pavor de se ser inédito e anticonvencional. Ao contrário, corretamente exercida, ela pode exigir mais e mais da capacidade de gerar idéias originais e insólitas... se este for o caminho melhor para a solução. "Vamos jogar tudo fora e criar um anúncio realmente *quente*" – eis uma atitude típica da adequação.

Tampouco, de forma alguma, entenda adequação como qualquer coisa que se assemelha a "censura" – a anticriatividade quimicamente pura! Ela é, isso sim, a função que dirige, que garante a eficiência das idéias no quadro de circunstâncias reais em que o problema se apresenta! Ela é parte integrante, constitutiva, do processo completo de criatividade!

Tudo isso, numa boa agência de propaganda, devo também dizer, ocorre de modo informal, nada burocrático e sobretudo *rápido. As* idéias surgem, e sua própria avaliação já fornece campo para que surjam outras e outras. Os próprios anteparos e dificuldades de adequação servem, muitas vezes, frente a publicitários criativos, como outros tantos suportes para novas idéias originais. É uma agradável loucura.

No caso, então, dos componentes de uma dupla de criação estarem perfeitamente entrosados, isto é, já terem atravessado com sucesso inúmeras e heterogêneas dificuldades, a possível velocidade de produção criativa pode ser escandalosa para quem vê a coisa pela primeira vez... "Então é assim, trabalhando minutos, que esses caras justificam suas faturas e salários?"

Uma dupla de criação – redator e diretor de arte –, quando se reúne para resolver um problema publicitário, não pensa, cada um, de forma especializada: o primeiro de forma literária, editorial; o segundo, de forma plástica, visual.

Diversamente, eles pensam, os dois, de forma *criativa*, para resolver o problema. E comuníssimo o redator descobrir genial solução visual, ou, em outra oportunidade, o diretor de arte dar o título que mata a charada! Ou então descrever, com suas palavras, o tipo de anúncio eminentemente editorial que mais se presta ao caso.

Um diretor de arte pode criar, por exemplo, um cartão de Natal maravilhoso, mas no canto do mesmo "sentir falta" de um texto, que o redator terá de enxertar. Ou o redator apresentar um texto fenomenal sem nenhuma idéia de como o diretor de arte o ilustrará, mantendo-lhe o impacto, a excelência, a adequação.

Muitas vezes passo a meu diretor de arte, Rodrigo Octávio, um texto dizendo de antemão como quero o *layout*, enfim considerando a solução acabada e dando-lhe uma tarefa "mastigada". Ele normalmente pode corresponder à sua parte, e preparar o *layout* na forma que realmente atende a essa solução. Mas, como já ocorreu tantas vezes, pode apresentar um *layout* totalmente diferente... e muito melhor! E pode também devolver meu texto acusando uma impropriedade que simplesmente me passara despercebida! A mesma coisa trocando os dois (ou os três, ou os quatro) de lugar. As combinações são variadíssimas.

O importante é sempre entender que, numa agência, não importa o número de pessoas envolvidas na tarefa de criação de boa propaganda, há sempre a necessidade do exercício permanente das *duas* funções – mesmo estando a tarefa a cargo de uma única pessoa. Havendo mais pessoas, não devem tais funções implicar "divisão de trabalho". O correto: uns criam, outros julgam, os que julgam também criam e os que criam se autojulgam. Essa é a atuação dinâmica de um grupo de criação publicitária (mantenho a opinião de que, na prática, também aqui três é demais).

Da mesma forma, é secundário o fato de os componentes desse grupo serem, fora dali, fora da criação, redatores, desenhistas, diretores de arte. Na criação o que importa é a *solução*. Redigir, desenhar, "layoutar", fotografar – trata-se sobretudo de tarefa, embora de qualidade imprescindivelmente elevada, simplesmente técnica, posterior à solução. É o que certos autores chamam de fase de "elaboração". Não faz mais parte, a meu ver, do processo completo de criatividade.

Quando qualquer pessoa de criação enfrenta problema específico de persuasão, isto é, de criar boa propaganda, pode, segundo a sugestão de alguns teóricos, ter em mente certos "apelos", em que todo mundo está interessado: ganhos materiais, romance, saúde, segurança, emulação, conforto, prazer sensorial, curiosidade, felicidade doméstica.

OK, e daí? Esta lista faz parte daquelas regrinhas que esterilizam qualquer gênio. Sabemos que todo mundo está interessado nessas coisas, e pronto. Beco sem saída.

Diversamente, o *approach* ao problema deve ser muito mais empático, envolvente, direto: "Que devo dizer para que cada um compre este lápis?", "Que devo mostrar para persuadir meu próximo?". Afinal, todo mundo já nasceu sabendo que o *próximo* aprecia "ganhos materiais", "conforto", "saúde"... Não é privilégio de um publicitário profissional.

Procurando manter este enfoque empático – "Que devo dizer...?", "Que devo mostrar...?" – organizei, com base em meus arquivos, uma série de recursos de persuasão publicitária, uma série de alternativas que você pode passar em revista, ou se familiarizar com elas como vias de soluções possíveis para os problemas publicitários que você enfrentará na prática.

(É como se você tivesse de *impressionar* uma platéia, e eu apenas lhe dissesse, sem conhecer suas habilidades, nem sua platéia, nem mesmo por que diabo você enfrenta essa necessidade: você pode dançar; cavalgar um tigre; tocar a "Morte do Cisne"; explicar séria e confiantemente os gráficos do plano

178 criatividade em propaganda

de contenção do Ministério da Fazenda; fazer um *strip-tease;* fingir-se de morto etc. Um exemplo infame).

Dividi esses recursos em: 1) visuais e 2) editoriais (com um desdobramento para uma terceira série: audiovisuais). Vou insistir em que, na prática, sua criação não é de desenhistas nem redatores, respectivamente, mas sim de ambos, ora de uns, ora de outros, indiscriminadamente. A execução da idéia, depois da solução, esta sim, cabe a tais profissões especializadas.

Não estarei dando a receita da criatividade, o que é basicamente impossível, mas sim apresentando ao leitor opções de aproximação a eventuais soluções. Vamos chamá-las então de "opções eventuais".

Aqui nos despedimos definitivamente das preocupações quanto à adequação – embora seja ela constituinte tão importante da criatividade publicitária, a criatividade que *resolve problemas de persuasão.*

Como será possível então, doravante, nos abstrairmos dela? Ou, retrospectivamente falando: como se chamará então a faculdade de criar idéias originalíssimas, mas que na prática não resolvem o problema do cliente? E não resolvem, unicamente, devido, por exemplo, a certas peculiaridades da distribuição do produto, que impossibilitam a aplicação da idéia? Por causa desse detalhezinho aleatório, uma brilhante idéia, concebida sem seu conhecimento, terá deixado de ser um ato de criatividade? Ou, ao contrário, vamos chamar de criatividade uma idéia que, na verdade, no duro, não resolve problema nenhum – não importa a razão?

A saída para esse dilema, a meu ver, pode ser encontrada numa analogia com a ciência jurídica.

Existem, para confusão de muito estudante calouro, dois conceitos completos e bastante independentes um do outro: o primeiro chama-se direito; o segundo, direito positivo. O primeiro abrange todo o universo de normas, princípios, teorias jurídicas, jurisprudência etc. O segundo, tão-somente a legislação em vigor. O primeiro é amplo e genérico; o segundo, embora se nutrindo do primeiro, é concreto, prático, real.

Eu proporia que houvesse em propaganda, pelo menos para efeito de melhor entendimento desse assunto, dois conceitos inter-relacionados mas independentes: o primeiro, o da *criatividade,* a capacidade de gerar idéias atraentes e originais, a capacidade de descobrir relações imprevistas, a capacidade de mergulhar no inconsciente e trazer de lá enfoques realmente luminosos.

O segundo, o de *criatividade positiva:* a idéia brilhante já lapidada, que resolve o problema; a idéia digna de merecer o alto investimento publicitário; o anúncio criativo nas páginas das revistas, dos jornais, nas telas de TV, enfim, a *criatividade em vigor.*

Nem de um lado desmerecemos a primeira, dando-lhe nome diferente; nem de outro, desmerecemos a condição *sine qua non* da criatividade aplicada em propaganda, isto é, a de resolver problemas reais, problemas de persuasão.

Desta forma, podemos nos despedir das preocupações quanto à adequação, ao passarmos agora à apresentação das opções eventuais.

Isto porque vamos apresentá-las usando anúncios já publicados, na imprensa brasileira ou estrangeira. Tal fato permite, com um mínimo de boa vontade, lhes creditarmos a suposição de terem, tais anúncios, resolvido problemas específicos de seus anunciantes.

Vamos assim usar exemplos de *criatividade positiva,* de criatividade aprovada pelos critérios de adequação das agências, e também dos clientes, responsáveis por eles.

Como hipótese de trabalho, parece-me satisfatória.

Passemos às opções eventuais.

10 criatividade visual

Princípio básico: deixe-os ver para crer.

Folhas de papel de desenho podem se transformar em dinamite.
Depende de você.

Capa de folheto da Cia. T. Janer oferecendo papéis finos a diretores de arte, desenhistas etc.

As opções que prometemos no capítulo anterior não são absolutamente, como dissemos, listagem de soluções, mas sim levantamento de possibilidades de aproximação a soluções.

Para um dado problema, podemos talvez fazer isso, podemos fazer aquilo, ou podemos fazer aquilo outro. Ou podemos tentar fazer uma parte disso, e de repente achamos a solução, combinando-a com parte de outra coisa.

Os itens não são absolutamente completos (propositadamente), mas espero que sirvam como abertura para aquela fase de preparação e esquentamento ante qualquer problema específico de persuasão.

O caminho para chegar à solução de um problema de persuasão publicitária, de venda por meio da propaganda, começa, como já vimos, pela necessidade imprescindível de "curtir" o produto. No exemplo do Lessa: "Aqui está um lápis. Que devo fazer, mostrar, para convencer alguém a comprá-lo?".

Olhar o lápis. Curtir o lápis. Compará-lo a – o quê? Levá-lo a situações – quais? Mostrá-lo. Valorizá-lo.

Um lápis – ou os produtos que passamos a anunciar:

Submeta o produto a uma aventura visual

Para vender seu produto, demonstrar o que você quer demonstrar, deve-se às vezes combiná-lo visualmente com outros – por mais absurda e inédita que seja a combinação. (A definição de que boas idéias são descobertas de relações tem aqui a demonstração máxima.)

Um cigarro mentolado, cujo ponto de venda máximo seja o frescor: você pode acrescentar, no maço "gelado", dois canudinhos de refresco, como fez Winston Menthol. Ou então – não importa o absurdo – fazer um maço transparente, onde se vêem pedras de gelo, como numa bebida *on the rocks*, como fizeram os cigarros franceses Royale Menthol.

184 criatividade em propaganda

Um pequeno acréscimo ao produto – um outro objeto – pode resolver o problema, criar um anúncio provocante e atraente.

- Para copinhos de iogurte destinados a emagrecer: envolvê-los com uma fita métrica (Lünebest).
- Para loção bronzeadora que promete grande economia de aplicação: amarrar nela um conta-gotas (Bozzano).
- Para um absorvente que anuncia seu modelo "luxo": envolver a embalagem em diáfanas plumas (Modess).
- Para um óleo lubrificante que quer ressaltar sua ação "carinhosa" (trata seu carro com amor): cingir a lata com um buquê de flores (Mobil).
- Para uma loção de barba que quer dar ênfase à sua aplicação para barbeador elétrico: "ligar" o vidro num fio elétrico com pinos (Williams).
- Para um cupê que luta por definir seu caráter jovem: fazer pender do radiador uma gravata espalhafatosa (Plymouth).
- Para um disco de canções *sexy*: "vesti-lo" com uma calcinha feminina.
- Para uma coleção de fitas plásticas, de forma a demonstrar sua variedade de cores: dispor os rolos numa paleta de pintor.
- Para uma revista que se proclama muito lida pela classe médica: mostrá-la "auscultada" por um estetoscópio (*Seleções*).
- Para uma correia de transmissão interessada em provar sua força e resistência: dispor seu contorno de tal forma que, acrescentados alguns traços mais finos, sugira a figura de um elefante.
- Para rolamentos industriais que convidam o leitor a calcular a economia que eles garantem: construir com eles um ábaco chinês, usando-os no lugar das contas (Timken).
- Para um cartão de crédito de uso mais econômico: "depositá-los", como se fosse uma moeda, num cofre-porquinho.

Em todos esses exemplos, a solução (admitindo *a priori* que tais anúncios representaram sempre soluções) adveio da combinação do produto com um segundo surpreendente objeto – e a síntese que isso representou.

Essa síntese pode ser bastante óbvia – como a lata de óleo Mobil Super provida de rodas de tala larga. Outras, contudo, apenas se resolvem depois de lido o texto, como a visão de uma garrafa de uísque protegida por corrente e cadeado: "Para quem está você poupando o Old Taylor? Não são seus amigos dignos do seu melhor Bourbon?".

Importante é que o produto anunciado esteja perfeitamente em foco, objeto de todas as atenções (atenções redobradas em virtude das insólitas operações a que o submetemos):

- Num frasco de refrigerante infantil, enxertamos uma chave de caixinha de música, para provar como ele é alegre e infantil (Florida Boy).
- Em bombons de cereja, fazemos florescer dois cabinhos de cerejeira, para provar como eles são naturais (Mon Cheri).
- Numa garrafa de cerveja (German Bier), adaptamos um bico de mamadeira para sugerir que é inofensiva à saúde até de crianças.
- Num rolo de tapete (World Carpets), prendemos cadeias de presidiário, com a explicação: "Sentenciado a trabalhos forçados para o resto da vida".
- Num Fusca, substituímos toda a frente (tampa do capô e parte superior) pela cabeça de um cão São Bernardo, de forma a dar ênfase à canina utilidade e fidelidade desse carro (Volkswagen).

O produto em sua forma visual concreta, icônica, pode, nesse processo de manuseio, ser quase totalmente "engolido" pela segunda referência que garante a síntese criativa. Exemplos:

- Um monte enorme de moedas de ouro, com a forma de garrafa de Chivas Regal: "O *scotch* do homem rico".
- Uma miniatura de suéter com a forma do creme Nívea: a oferta mais "calorosa" para proteger sua pele "nesses dias úmidos e frios".
- Uma posta de filé mignon na forma da silhueta do Volkswagen: "Onde você ainda obtém produto de primeira a $ 1,26 a libra?"

Parece-lhe simples bolar essas coisas?
Bem, para ser sincero, muitas vezes é mais simples do que você pensa...

Vá do abstrato ao concreto

Idéias, argumentos, notícias necessitam freqüentemente ser *vistas,* vale dizer, necessitam de representação visual. Tal representação pode ser constituída de um único objeto, simples, definido. Problemas:

1. "Quem é pequeno tem a obrigação de dar duro" – de uma empresa que enfrenta concorrentes muito maiores.

186 criatividade em propaganda

2. "Evite vazamentos" – de uma empresa especializada em instalações hidráulicas.
3. "Como abrir para sua empresa um mercado de alimentos no valor de 688 milhões de dólares" – de um jornal americano.
4. "Phazyme (digestivo) evita aprisionamento de gases."
5. "Tem gente muito triste com os novos produtos lançados pela Usiminas: os países que exportavam aço para o Brasil."
6. "A pior coisa do mundo é uma boa idéia" – de uma empresa de planejamento industrial, que lembra quantas vezes boas idéias, devido à improvisação e ao pioneirismo, se tornam um mau negócio.
7. "Muitos dos melhores candidatos ficam nervosos demais no primeiro teste" – de uma empresa de seleção de executivos.

Em todos esses casos, foi possível visualizar sua força informativa simplesmente solicitando, como ilustração, algo concreto, simples, conhecido. (Pode ser um bom teste para você: que coisa você ilustraria para cada uma das afirmações acima?):

1 – uma abelha; 2 – uma concha; 3 – um abridor de latas; 4 – um baiacu; 5 – um gancho de guindaste vazio, no chão; 6 – uma lâmpada quebrada; 7 – um cinzeiro cheio.

A solução, muitas vezes, pode exigir representação mais sugestiva à semelhança das que descrevemos ao tratar da "aventura visual". Trata-se de novo de descobrir relações, para obter uma síntese criativa e convincente. Consideremos as seguintes afirmações:

1. "Você conta com uma força de vendas na Suécia" – de uma empresa que oferece corpo de vendedores na Suécia a fabricantes no exterior.
2. "Uma idéia pode vencer qualquer coisa" – de uma empresa de planejamento.
3. "Quão pequena deve ser uma usina siderúrgica?" – de um fabricante de rolamentos (Timken), capaz de atender a qualquer empresa do setor.
4. "Energia promove cultura" – Light.
5. "O tempo em que estarão esgotadas todas as reservas de petróleo está chegando depressa."
6. "Há um limite máximo mesmo para a produtividade" – de uma empresa de consultoria.
7. "Os ricos que já não são tão ricos" – de uma corretora de Bolsa.
8. "Cada dia é mais frágil o sistema monetário internacional" – notícia.

9. "Uma parte do país cresce mais do que a outra: a nossa parte" – de um banco do Oeste americano.
10. "Feliz Natal" – da Associação de Empresas Imobiliárias.

Já agora as representações visuais passaram a ser mais complexas, envolvendo invarialmente dois elementos: é justamente a síntese de ambos que promove a solução criativa (ilustrações dos títulos acima, item por item):

1. Uma série de pastas negras, iguais, de vendedores, alinhados com intervalos estudados de forma a compor a bandeira da Suécia.
2. Um lápis atravessando uma parede de tijolos.
3. Uma corrida de aço líquido partindo... de um dedal.
4. Um fio elétrico, com pinos na ponta, retorcido de modo a formar o contorno de um livro.
5. Uma ampulheta que, em vez de verter areia, verte petróleo.
6. Um lápis, quase no fim, com ponta nos dois lados.
7. Um charuto envolvido por um anel dourado pertencente a outro charuto muito maior.
8. Um "castelo de cartas", armado não com cartas, mas com o dinheiro (notas) dos principais países.
9. Um canteiro com a forma dos Estados Unidos, todo gramado, mas a grama da esquerda está muito mais crescida.
10. Uma pá de pedreiro, posta na vertical, coberta de bolas e enfeites natalinos, como uma árvore de Natal.

O homem criativo é o que, após "dormir" longamente sobre aquelas informações, extrai de cada uma *dois* elementos capazes de se combinarem de modo fascinante. Isto é difícil? Não, isto pode ser infantilmente fácil.

Em aula, dei vários testes, como o que se segue. Não saberia reproduzir exatamente o que aconteceu, mas o processo era quase sempre mais ou menos assim: uma frase, título de um anúncio da AT&T (Bell System): "Good Communication is money in the bank". Precisamos, como se viu, de *dois* elementos para ilustrar criativamente esta afirmação. Considerando que a hipótese mais simples é quase sempre a mais correta, como dividir esta afirmação em duas partes, a fim de explorá-la? A resposta é unânime: boas comunicações; dinheiro no banco.

Agora, vamos escrever uma lista de tudo o que pode concretamente sugerir "comunicações", ou "boas comunicações": telefone, telegrama, o fone do aparelho, o "telefone" infantil (latas presas por um barbante), o telex, a fita de

188 criatividade em propaganda

telex, o satélite artificial, os fios de central telefônica, as conexões de mesa telefônica, a discagem de telex, um megafone etc – a lista era enorme, e anotávamos no quadro-negro todas as sugestões sem induzir ninguém a nada.

Em seguida, passamos a pensar em "dinheiro no banco". Quem já viu "dinheiro no banco"? Como representá-lo? O guichê do caixa, os talões de depósito, os maços de notas, os pacotes de moeda, o cofre-forte, o talão de cheques etc. etc., e então temos a segunda lista.

Finalmente, combinar o que com o quê? Qual o objeto mais visualmente nítido de *comunicações* que possa ser proveitosamente combinado com a visão mais nítida de *dinheiro no banco?* Em alguns minutos começavam a surgir sugestões, que simplesmente anotávamos uma a uma no quadro-negro, para depois compará-las entre si. Em cerca de 10 minutos, numa sala de 15 alunos, alguém atinava com a solução melhor (considerada melhor inclusive pela maioria, sem minha intervenção): um maço de notas amarrado com uma fita de telex.

Quando, após o julgamento, eu mostrava à turma o anúncio americano com a ilustração que *eles* criaram, a reação era realmente digna de ser filmada...

Mais ainda: em vários testes, tomados de anúncios estrangeiros, diversas sugestões surgidas em classe, diferentes da "solução" dos anúncios, eram também perfeitamente operacionais.

Alguém poderia alegar que o teste acima estava por si só pré-solucionado, com a divisão da frase muito óbvia – e que jamais eu conseguiria, por exemplo, escrevendo no quadro. "Os ricos já não são tão ricos", a solução do charuto dentro de um anel dourado maior.

Por que não? Entre sinais de ricos, dificilmente o charuto não seria mencionado em menos de 15 minutos numa classe de 10 alunos. A idéia sofisticada de introduzi-lo num anel maior, bem, talvez demorasse mais tempo, ou talvez fosse substituída por outra não tão plástica, como a de um charuto depositado num cinzeiro vagabundo. Ou mais provavelmente ainda, poder-se-ia chegar a outras combinações partindo de vários outros elementos que não charutos e elas seriam melhores ou piores do que aquela "solução" do charuto.

O importante, a meu ver, é treinar um *método mental:* o de procurar numa longa série de coisas conhecidas e triviais uma combinação compensadora – em vez de pensar ser possível imaginar de estalo a idéia acabada: o pacote de dólares amarrado com a fita; ou o anel de um grosso havana no corpo de um charuto modesto...

De resto, como vimos, este método permite várias soluções, simplesmente porque quase sempre há várias soluções para um mesmo problema.

Vejamos prova disso: na segunda semana de setembro de 1972 todas as principais revistas noticiosas traziam, como assunto de capa, os episódios sangrentos das Olimpíadas de Munique, quando atletas israelenses foram seqüestrados por terroristas árabes, morrendo todos em seguida: "A tragédia de Munique" (*Veja*); "Le drame de Munich" (*L'Express*); "Murder in Munich" (*Time*).

O desafio, para os diretores de arte responsáveis por essas três revistas, era ilustrar criativamente esse mesmo título básico. E todos os três partiram, por coincidência, do mesmo elemento: os cinco anéis entrelaçados, símbolo internacional das Olimpíadas desde 1902. Aí estava o primeiro dos dois elementos necessários a uma representação criativa.

Daí em diante, os três artistas divergiram (aliás, se duas, ou mesmo as três capas se assemelhassem, seria absurdo falar de plágio, dada a simultaneidade das edições em três continentes: América do Sul, do Norte e Europa).

A revista *Veja* reconheceu num dos anéis do símbolo (o anel negro) a mira telescópica de um fuzil. A revista *L'Express* transmutou o anel azul na estrela-de-david, e metralhou em seguida o conjunto. A revista *Time* viu nos cinco anéis entrelaçados uma boa sugestão para apresentar a seqüência da tragédia, em cinco etapas.

Na mesma semana o artista da revista *Visão*, com a tarefa de ilustrar o mesmo título, partiu de outro símbolo das Olimpíadas – o fogo olímpico – e sobre ele aplicou os elementos de explosão e fogo do terror.

O importante, a meu ver, é treinar esse método de trabalho: levantamento de elementos, procura de relações. Várias soluções diferentes podem brotar daí.

Compare para valorizar

Eis uma das formas mais simples e efetivas para se conseguir visualmente alto grau de persuasão: compare na foto o seu produto com algo que possa substancialmente valorizá-lo:

1. Uma pilha enorme de livros velhos e amassados de contabilidade ao lado de um pequeno maço de cartões IBM perfurados.
2. Um circuito impresso dos computadores RCA colocado numa folha de planta, e menor do que uma joaninha, ao seu lado.
3. Um copo de cerveja e uma taça de champagne. "Se acabou Löwenbrau – diz o título – peça champagne."
4. "Nesta mão", diz o homem da Kodak no meio da estrada, "você está vendo mais de um quilômetro de formulário contínuo" – e o formulário se desdobra e escorre pela estrada, a perder de vista. "E nesta também", diz ele, mostrando na outra mão um pequeno carretel de microfilme.
5. Dois objetos semelhantes: uma bala de rifle e um batom. O primeiro apresentado como "arma de defesa", por Winchester; o segundo, como "arma de conquista", por Tangee.

190 criatividade em propaganda

6. "Pode você localizar o Volkswagen?", pergunta o título sob a foto de seis carros esportes – lindos e parecidos – entre os quais o Karmann Ghia. E o texto esclarece: "É claro que você não pode alcançar a velocidade de um Ferrari de $15.000, de um Lamborghini de $16.000, de um Mercedes de $ 9.000, de um Maserati de $ 15.000, de um Aston Martin de $ 14.000, num Karmann Ghia. Mas você só paga $ 2.250 para ter a impressão que pode".

7. Presentes práticos para um homem de sucesso: equipamento completo de *aqualung*, ou um conjunto de produtos de perfumaria Hatric; um cão São Bernardo ou um conjunto Hatric; um carro esporte ou um conjunto Hatric; um monomotor ou um conjunto Hatric etc. etc.

Teste à vista de todos

"As pessoas", dizia Goebbels , "têm propensão imensa para acreditar. Elas precisam e estão sempre prontas a acreditar em tudo." Digam o que quiserem, o homem entendia de propaganda...

Ainda que se pudesse, em princípio, questionar a competência de uma foto de estúdio, muitas vezes visivelmente forjada, para funcionar junto ao público como prova documental das virtudes de um produto – bem, não me perguntem como, mas podem ficar certos de que funciona:

- Foto de um recipiente tipo pirex (Jena 2000): por cima, em montagem, a foto das neves do Ártico; por baixo, em outra montagem, a foto da cratera de um vulcão em erupção. *Como se vê*, Jena 2000 resiste a todas as temperaturas.

- Relógio Bulova à prova d'água. Como provar isso, à vista de todos? Simples: o homem que o usa mete a mão até o pulso num aquário, para recolher com uma rede de filó um peixinho dourado. E você *pode ver*, no anúncio, que mesmo dentro d'água o relógio não parou...

- Dois olhos de mulher. Um foi maquiado em 14 minutos. Outro em apenas três minutos pelo Eyeliner de Helena Rubinstein. Ambos lindíssimos. Ficou convencido?

- Uma bicicleta publicada em página dupla da revista, de uma ponta a outra. Título: esta bicicleta faz a mesma coisa que esta revista: ela fecha. (A linha de corte entre as páginas passa exatamente sobre a dobradiça da bicicleta.) À falta da bicicleta, você pode testar com a revista.

- Para provar definitivamente a capacidade de condicionamento do ar, do sistema Robertskaw, ele convida você a voar com um monomotor *dentro* da nova fábrica da Boeing, condicionada por ele. Voar dentro de um ambiente de ar condicionado, como mostra a foto, onde se vê, espetacularmente, um Piper em vôo circular. Mas o texto explica mais adiante, em corpo pequeno, que é tudo brincadeirinha, o vôo é impossível. Que importa? Trata-se realmente do maior edifício industrial do mundo, a foto é dramática, o anúncio magnífico.

- Tapetes. Como testar tapetes à vista de todos numa revista? No Brasil, a Tabacow desafiou Ferdinando, o Cruel, lutador de *catch*, a testar seu novo lançamento, o Nylon 14. Pode-se ver, claramente, pela foto, o esforço do brutamontes para destruir o Nylon 14, bem como a serena beleza com que o tapete resiste a tudo...

- O aspirador Progress, na Alemanha, passou por teste ainda mais trabalhoso. Foi levado ao centro de um deserto de sal, na Pérsia (Daskt-e-Kevir), no dia 20 de outubro de 1969, e lá, como documenta a impressionante foto, uma dona-de-casa, entre camelos, experimentou seu poder de sucção sobre "os tapetes mais empoeirados do Oriente", podendo afirmar com convicção: "Progress é melhor".

Este recurso de testar à vista de todos é, sem dúvida, como falaremos mais adiante, o mais persuasivo para comerciais de televisão.

Sexo

A simples menção desse item já duplica a atenção de toda a classe. "Agora é que vem o quente."

"Nunca encontrei quem não fosse obcecado pelo sexo", confessou Aldous Huxley. A começar talvez pelo consumidor, completamos nós.

Se não houvesse mulheres, todos os homens fumariam a mesma marca de cigarros – é um aforismo comum em propaganda. Tampouco trocariam muito de carro, nem de ternos e gravatas, nem necessitariam de tantos estímulos e símbolos, como relógios de classe, uísque, equipamentos de som, cosméticos de todos os tipos.

Vamos começar pela dose mais suave desse explosivo potencial. Na pior das hipóteses, ao criar um anúncio para homens, verificando ser problemática uma elaboração seguramente mais compensadora, jogue uma foto de mulher bonita! Por exemplo, para expor uma linha de engrenagens industriais, como fez a Bearing Inc.; um catálogo com conexões hidráulicas de plástico, como fez a Celanese; ou como fez o Fundo de Investimento Usif, para enlistar os números de seu crescimento – tudo apresentado por *pin-ups*, chamariz infalível.

Para nosso cliente, Cia. T. Janer, tínhamos nos jornais das principais capitais pequenos anúncios oferecendo a diretores de empresas papéis executivos.

192 criatividade em propaganda

Um dia "colamos" sobre os mesmos a foto de uma secretária linda: as consultas imediatamente duplicaram.

Mulher é algo invariavelmente atraente para homens... e para outras mulheres. Depende, evidentemente, da conveniência de sua apresentação, do tipo de modelo para cada caso. Porém, genericamente, nada no mundo *vende* mais.

Em anúncios de bebidas alcoólicas a foto do casal em romance, com os copos na mão – o álcool vendido aqui, visualmente, por sua talvez principal utilidade, a de desinibidor sexual – já foi repetida, de uma forma ou de outra, milhares e milhares de vezes. A sugestão pode ser mais explícita em revistas tipo *Playboy,* como no anúncio do uísque White Label: uma mesa com dois copos pela metade, um cigarro ainda aceso, a garrafa esquecida aberta, um colar feminino abandonado, um sapato de mulher descalçado, o ambiente em penumbra, e a promessa do título, que é o *slogan* do produto, usado aqui com duplo sentido: "Nunca varia, é sempre assim".

Um casal nu na cama, em evidente atividade sexual, foi um quadro de grande impacto em 1968 nos anúncios dos relógios Universal Genève (o relógio dela marcando 7:30; na foto seguinte, a posição dos dois inverteu-se e o relógio dele marca 7:45): "Esqueça o tempo". Provocou até comentário no *Time.* Mais tarde, com o crescimento da permissividade no mundo ocidental, o impacto da cena se arrefeceu muito, e ninguém nota que hoje, na principal revista alemã, um despertador (Diehl) seja apresentado com um grupo de pijama (ela-ele-ela) que sugere definitivamente sexo em grupo, e que a linha de produtos para banho Aqua Magica se anuncia com uma foto de mais de 20 homens e mulheres, na base de "todo mundo nu"!

O melhor anúncio que conheço nesse campo é o de um casal se amando – modelos lindos, foto sofisticadíssima – ela, em êxtase, exclamando: "A água Perrier é considerada de interesse público"; ao que ele, beijando-a apaixonado, responde: "Por decretos de 23 de junho de 1883 e 27 de janeiro de 1930".

Sexo, ou melhor, a sugestão sexual, é uma força poderosa da propaganda, na medida em que é integrante tirânica da vida contemporânea. O erotismo tornou-se um dos mais atuantes valores da cultura moderna e do nosso cotidiano. E a propaganda sempre foi veículo dessa cultura.

Como recurso visual, a sugestão erótica presta-se a uma infinidade de aplicações, muitas criativas, como a do anúncio italiano de água mineral, onde uma alegre jovem, para se refrescar, derrama para dentro do maiô o líquido gelado. Pode chegar aos limites máximos do risco, como os anúncios da revista americana *Epicure,* onde outra jovem, sob as vistas de um rapaz, lambe deliciada um morango, sugerindo você-sabe-o-que (a revista é puramente de assuntos gastronômicos).

Para um mercado ainda fundamentalmente conservador (não importa certas aparências), majoritariamente "careta", sexo, além da moderação, é sempre um grave risco. Mencionei em capítulos passados a angústia que as donas-de-casa sentem quando vêem em anúncios casais indo para a cama sem aliança. Cuidado, porque são elas que esvaziam os estoques dos supermercados...

O potencial erótico tem de ser explorado pela propaganda com perfeito senso de medida, de adequação. Mais ou menos como na vida real.

Testemunhal: mostre-nos com quem andas

Independente dos dizeres, você *vê* Pelé lhe estendendo as pilhas "amarelinhas", Rivelino uma lata de Atlantic Superpremium, astros e estrelas de quem você gosta tanto, como Jeanne Moreau, Anthony Perkins, Curt Jurgens (humm) com um cigarro Winston na mão... E Lawrence Olivier falando bem da nova Polaroid (EUA): recebeu 1 milhão de dólares por esse comercial de 30 segundos. É bom, é fácil ser como eles, e você nem precisa ler os textos para descobrir como.

Gente famosa de novela, que você conhece tanto (e que justificam até revistas especializadas em falar da vida pessoal de cada um), agora aparecem de repente de frente para você, querendo convencer, numa página inteira de revista – como Dina Sfat e Paulo José, por cima de um depilador e um barbeador elétrico Walita.

O poder visual de persuasão de um ídolo é enorme. Porém já é imenso o poder de qualquer pessoa, com seu retrato real, vivo, prestando-se a uma idéia, trabalhando em prol de um objetivo.

Quando, depois de 1967, a imprensa norte-americana (a que conta) voltou-se contra a participação americana na guerra do Vietnã, milhões de palavras foram escritas. Milhões de números foram divulgados e provavelmente muitas vezes foi dito, por exemplo, que 242 americanos morreram em apenas uma semana na guerra – de 28 de maio a 3 de junho de 1969. A revista *Life*, de 7 de julho de 1969, tomou medida terrivelmente mais eficaz: publicou em 12 páginas as *fotos* desses 242 americanos, um por um, quando ainda vivos. Você os *vê*, em toda sua variedade e revoltante condição dado o contexto: jovens todos, sorridentes, taciturnos, de farda, de camisa esporte, negros, louros, franzinos, bonitões, irônicos, confiantes, de óculos, galãs, feiosos, alegres, contidos, folgados – *vivos,* muitos tão parecidos com gente que você conhece –, mas agora *mortos,* enterrados, destruídos pela guerra. Uma simples seqüência de fotos foi considerada a mais veemente peça publicitária contra a presença americana no conflito.

Quando possível, mostre alguém real, de corpo presente, falando bem de seu produto em seus anúncios.

Onírico: as pessoas querem viver de outra forma

Talvez eu devesse ter começado a listagem dos apelos visuais expondo o mais usual e "psicológico" recurso da propaganda: a ambiência onírica, fantasiosa da realidade, envolvendo o produto com uma atmosfera de sonho, paradisíaca, ideal.

O casal de adolescentes num cenário rosa, trocando com pureza um buquezinho de flores, num anúncio de refrigerantes. A redenção do jovem executivo, abrindo, ao entardecer, na amurada de seu iate, a lata da cerveja certa. O momento absolutamente impecável quando o homem de meia-idade dá a ela, com aconchego e ternura, seu primeiro anel de diamantes e o brilho dela, de felicidade, de realização, de plenitude! A leveza impressionista, romântica, da mulher-miragem, diáfana, como seu perfume.

As pessoas são alegres, puras, generosas, sadias, bonitas, felizes! Quando em grupo, mesmo de forma despreocupada, elas se vestem todas de forma que combinam entre si, casais *ton-sur-ton* sobre o verde, ou sobre o *jeans,* ou sobre roupa de couro e flanela, frente a uma lareira com fogo certo, acolhedor. Se o tema do anúncio não tratar especificamente de qualquer coisa ruim, a cena toda estará absolutamente purificada de todo mal, em qualquer quantidade: nada de complexo de Édipo, luta de classes, opressão, poluição, uma unha partida, uma mosca no ombro dela – nada disso ocorre no país do anunciante, homens e mulheres elevados à quintessência da perfeição, graças à presença mágica e protetora do produto.

A propaganda tornou-se a grande arte inspiracional de nosso tempo. Paralelamente, é o mais acreditado modelo de vida para milhões e milhões de seres humanos, seu *único* escape para a esperança, a realização, a justiça, a alegria da infância.

Considere, ao criar um anúncio, se o caminho melhor não será entreabrir para o consumidor – com o produto que você anuncia – mais uma visão da terra imaculada, com suas delícias e perfeições.

Este tópico, aliás, já ressalta as contínuas relações entre os recursos criativos que estamos comentando. Um anúncio que explore um tema erótico, por exemplo, em qualquer intensidade, será também, quase sempre, marcantemente "onírico".

Imagem global: *leit-motiv* com variações

Mais que um símbolo, uma marca estática, você pode criar para um produto todo um mundo imaginístico (perdão) pessoal – amplo, variado, de desdobramentos infinitos.

Vejamos logo o exemplo mais marcante: a campanha mundial dos cigarros Marlboro: por meio de centenas de anúncios diferentes, usando invariavelmente *cowboys* como modelos, capitalizou fortemente para si a imagem máscula desses personagens mitológicos (campanha profundamente onírica, diga-se de passagem).

Marlboro praticamente patenteou o faroeste, o que lhe permite hoje não só proveitosa coerência e força promocional, como inclusive toda sorte de desdobramentos (por exemplo, venda de discos com baladas do país do Marlboro, e mesmo a abertura, na América, de uma "loja do país do Marlboro", com toda sorte de itens típicos: selas, esporas, *jeans*, chapéus, canecas de café, ferro de marcar gado... e cigarros Marlboro, naturalmente).

Outro exemplo é a campanha do uísque Canadian Club. Sempre, em cada anúncio, uma aventura narrada em seqüência, em algum ponto da terra (entre os homens-de-lama da Nova Guiné, descendo as corredeiras de um rio na Áustria, laçando rinocerontes no Quênia, montando uma arraia nas águas da Grande Barreira de Coral etc.), sempre com alguma tensão, mas... tudo acaba bem em torno de uma garrafa do Canadian Club.

Tal recurso implica a criação de uma relação repetitiva, mas extremamente variada: "You can take a White Horse anywhere" – informa o uísque White Horse, com uma série surpreendente de situações em que um cavalo branco (além da garrafa de uísque) é admitido com naturalidade.

"Man-on-the-spot" é o *leit-motiv* da campanha do Bank of America, mostrando em cada anúncio um representante seu, dentro de um círculo pontilhado, em cada uma das principais cidades do mundo onde esse banco opera.

O tigre da Esso é outro exemplo. Vampiros que dão susto em pessoas (uma situação em cada anúncio), as quais por isso necessitam urgente de um trago, e mais outro, este do aperitivo alemão Fernet Branca. No Brasil ocorre-me, por exemplo, o "guarda britânico", *leit-motiv* do Banco de Londres, e que em cada anúncio aparece de forma diferente, numa situação diferente.

Mostre seu produto!

Assim como em marketing pode ser uma providência criativa deixar como está; assim como, para um redator, pode ser uma solução criativa um título puramente informativo, do mesmo modo, visualmente, pode ser uma solução criativa a decisão de, prioritariamente, apresentar o produto claramente em primeiro plano.

Para um lançamento novo, muitas vezes isso é imprescindível, e o próprio sentido de adequação do publicitário deve ser seriamente requisitado para decidir se o anúncio deverá, por exemplo, partir para uma situação onírica ou, ao contrário, aproveitar o espaço para mostrar o produto em si mesmo, concreto, soberano.

Um dos melhores exemplos que conheço nesse campo foi o lançamento de um anti-séptico da Johnson & Johnson. Só um título: "Novo!". O texto era o rótulo do próprio produto dominando a página, aberto para mostrar o bastãozinho de plástico embutido na tampa, que facilita a aplicação. O anúncio era o produto!

O lançamento de um absorvente feminino, inédito, com adesivo, tem de mostrar prioritariamente o absorvente, o adesivo, como se puxa e fita protetora. Toda a campanha da Nikon ocupa-se em mostrar, dominantemente, a câmera Nikon. Se eu for lançar no Brasil um gravador de bolso, inédito, vou me preocupar muito pouco com qualquer coisa antes de mostrar, *exibir* o gravador com suas medidas. Ninguém compra o que não conhece, embora possa concordar com quaisquer argumentos...

Um anúncio do Volkswagen na Alemanha acarretou grande sucesso de vendas: a foto do Fusca de frente, dominando a página, e embaixo o preço.

As pessoas precisam reconhecer no supermercado, nas lojas, nos pontos de venda, os produtos que viram claramente na propaganda. Nossa agência tinha um dia de lançar um *outdoor* de reforço de vendas a um produto líder em seu setor, e de intensa distribuição pelo Brasil: as cuecas Adam. Contudo, como toda cueca de lycra, trata-se de um produto visualmente indefinível: fotografado, parece apenas um paninho colorido, um lenço. A agência que nos antecedera apresentara a cueca vestida num modelo, mas assim ela é igual a qualquer outra cueca de fio sintético, ou a um calção. Decidimos apresentá-la caracteristicamente, isto é, dentro de sua embalagem característica: o copinho de plástico que o consumidor encontra na vitrine de quase toda loja. O produto era não a cueca, mas o *copinho* com as três cuecas. O resultado do *outdoor* encorajou sua reapresentação por todo o país, três vezes no mesmo ano.

Você, como bom publicitário, na certa "curte" qualquer produto sob sua responsabilidade, conhece-o até os mínimos detalhes, mas pense que o consumidor pode nunca tê-lo realmente *visto*. Ouvir falar dele não tem a força de *vê-lo!* Mostre-o então! Arranje um jeito de esfregá-lo na cara do consumidor! Ele exige *ver para crer*!

Três aspectos técnicos

- Ainda que já tenha lido autores falando contra a "mania de campanha", partidários de peças totalmente independentes e diferenciadas, sou pessoalmente muito mais favorável à idéia de se manter sempre um tratamento visual coerente nos anúncios – vale dizer, unidade visual na campanha.

Há quase 10 anos os cigarros HB na Alemanha beneficiam-se do fato de todos os seus anúncios terem a mesma tarja amarela, um grande fundo branco, a mesma proporção para o maço, e todos os modelos vestirem sempre combinações amarelo e vermelho – as cores do HB. A Pall Mall, no Brasil, unificou recentemente seus anúncios usando a margem vermelha e a tarja enviesada da revista *Time*. As campanhas mais vitoriosas que se conhece em propaganda foram invariavelmente muito homogêneas visualmente, tanto em *layout* como em detalhes de produção.

- Fora das opções de criação que apresentei, há muito campo para inovações e soluções criativas no nível técnico: efeitos fotográficos, artesanato criado no próprio estúdio da agência, grafismo, histórias em quadrinhos, modelagem de peças, uso de desenhos infantis, arte-pop, fotofofocas, colagem, montagem no próprio fotolito etc.

  Nesse último caso, por exemplo, está uma surpreendente campanha da cerveja Michelob, veiculada em revistas, num encarte com uma larga orelha. Você vê primeiramente pessoas jogando monopólio, mas quando abre a orelha, a cena é enriquecida com alguém abrindo uma garrafa de Michelob ao lado do jogo. Ou então um carrinho de supermercado vazio, mas basta abrir a orelha, ele se enche de garrafas de Michelob.

- Do mesmo modo, qualquer campanha se enriquece extraordinariamente com o acúmulo de cuidados, investimentos e mão-de-obra que a agência e o cliente lhe dediquem.

Assim, como vimos, um fabricante de aspirador de pó concorda em testá-lo nos desertos do Irã, deslocando para lá carros, modelos e fotógrafos. A campanha do Canadian Club, como dos cigarros Peter Stuyvesant e Camel (na Europa), mantém continuamente modelos, fotógrafos etc. ao redor do mundo. Um anúncio da cerveja Kronenbourg (reproduzindo um *gentilhomme* do *Ancien Régime*, em seus aposentos), ou o champanhe Hoehl (revivendo uma cena da *Belle Époque*), ou a Chicago Mercantile Exchange (imaginando como seria uma Bolsa de Valores na União Soviética) – são de um cuidado, uma precisão de detalhes, uma luxúria de *décor* que fariam as delícias de um Visconti. É um prazer perder-se neles durante vários minutos.

Uma linha aérea, ao fazer um anúncio de 26 excursões pelo mundo, apresenta o chapéu típico de cada região: o chapéu cardinalício de Roma, o sombrero do México, o turbante da África oriental, a boina parisiense: 26 exemplares, fotografados! – imagine o trabalho e o cuidado, o tempo e o dinheiro para promover a coleção...

O calendário de uma empresa financeira suíça apresentava fotos de "dinheiros" não monetários ainda em vigor no mundo. Para provar que aceita

198 criatividade em propaganda

reservas a partir de qualquer telefone, um hotel de Nova York promove fotos espetaculares de pára-quedistas em pleno ar, com telefones portáteis, fazendo suas reservas antes de abrir o pára-quedas.

Usam-se lobos vivos, tigres albinos, fotos no fundo do mar, desfile de modas num atol dos Mares do Sul; explodem-se automóveis, derrubam-se aviões, pesquisam-se meses e meses um assunto, em busca de informação que talvez não exista – arrisca-se quase a vida para garantir o anúncio visualmente formidável, criativo, compensador.

Cabe à agência estar sempre pronta a investir muito trabalho e dedicação, e, ao cliente inteligente, pagar as contas...

11 criatividade editorial

Da discussão só nasce a luz quando você argumenta tão bem que o outro compra.

Você pode fazer miséria com uma máquina de escrever.
Sem dúvida mais do que com qualquer outra máquina.
Pelo menos em Propaganda.

Anúncio da DPZ para a Olivetti.

Criatividade editorial é a solução do problema de persuasão por meio de frases, títulos, textos – *palavras*. Numa reunião de criação, muitas vezes ela é encontrada pelo diretor de arte, por exemplo para justificar um bom *layout* que lhe ocorra. Digo isso para ressaltar que este tipo de solução, tanto quanto a solução visual, não é monopólio de nenhuma profissão dentro da agência: é monopólio de gente criativa.

É claro que, em seguida à solução, a um título expresso por alto, rudimentarmente, é imprescindível a entrada em cena da técnica de um bom redator, a fim de lhe dar concisão, ritmo, fluência – seja lá o que for. Mas técnica não é criatividade. Ela é posterior à criatividade, posterior à *descoberta da solução.**

---

* Notas a respeito do texto:

Dificilmente ele flui, todo e perfeito, da primeira vez. É necessário, pois, que se "durma" sobre o mesmo: quer dizer, redigido uma vez, deverá ficar esquecido pelo menos 48 horas, quando estará naturalmente "amadurecido" para uma segunda revisão. É espantoso como se descobre, então, impropriedades, traços supérfluos, obscuridades etc.

Conselho que me deu um grande redator: redigido qualquer texto, experimente eliminar, sem maior preocupação, a primeira frase. Começa-se logo com a segunda. Este conselho é tão bom que pode ser aplicado, muitas vezes, a todo o primeiro parágrafo. Quase sempre dá certo.

Economia: ótimo! A frase-chamariz deve ser única e breve, jamais se desenvolve independentemente. Tenho em mãos o seguinte anúncio: "Há gente que custa a entender as coisas. Na estrada, conversa não resolve. O que resolve é Fenemê. Para transportar, durar e dar lucro etc. etc". Ou a primeira ou a segunda frase está demais. Perde-se inutilmente tempo com essa carga dupla de "coloquialismo".

Dispersão: péssimo! O conjunto de idéias em direção de determinado argumento necessita ser uníssono e sólido. Um anúncio da Burroughs Eletrônica tinha por título: "Escravo do espelho meu: sai do espaço profundo e vem dizer se há no mundo alguém mais perfeita do que eu" – a folclórica evocação da rainha perversa, no conto da Branca de Neve. Mas o texto dizia: "Há quem se julga perfeito e adormece sobre as eventuais vitórias alcançadas. Foi assim com Golias…" etc. Ou se argumenta com Branca de Neve ou se argumenta com Golias.

Outras sugestões:

- Pouco jogo de palavras; mais calor humano.
- Quando lhe parecer que o texto está pronto, tome a resolução de cortar, ainda assim, mais uma palavra!
- Procure testar as palavras que você usa. Como? Perguntando se elas correspondem a uma imagem.

202 criatividade em propaganda

É claro também que a maioria das soluções persuasivas, expressas em palavras, parta naturalmente de redatores. Como, por fim, também é claro que, em princípio, ou em geral, o recurso editorial – as palavras – tenham (ainda) maior força persuasiva do que as imagens. Apenas palavras movem montanhas; apenas imagens, não. É nesse contexto que Ogilvy sublinha "a indiscutível soberania do redator".

Assim como é talvez nesse contexto que Stanley Resor (que durante anos dirigiu a maior agência do mundo) dizia: "O texto é a fonte de vida da propaganda; tudo o mais são acessórios".

Criatividade editorial está intimamente ligada ao campo argumentação & debate.

Um anúncio apoiado no título ou no texto é um anúncio que *argumenta,* fundamentalmente. É uma exposição partidária, uma peça de oratória enlatada, uma elegia com fins práticos, persuasivos. Daí a importância, a necessidade de as pessoas envolvidas em sua criação estarem realmente *entusiasmadas* com o que vão anunciar.

O propósito de qualquer argumentação é vencer o interlocutor. Mas essa vitória não atesta a justeza, a razão do vitorioso. Ela é produto de talento persuasivo, psicológico (criatividade) e de técnica. Um grande advogado, que emociona o corpo de jurados, pode conseguir a absolvição de um culpado. O deputado mais talentoso do ponto de vista "publicitário" que o Brasil conheceu nos últimos 30 anos, absolutamente imbatível na tribuna, de um brilho raro nas aparições de TV, era, contudo, defensor das teses mais contraditórias e desmoralizadas. Milhões o seguiam.

Quando você presenciar, meu caro leitor, um dos antagonistas arrasar o outro, num debate, não conclua apressadamente que ele tenha razão, embora possa ter. Conclua logo, isso sim, que ele tem uma técnica superior à do outro.

O melhor anúncio pode não anunciar exatamente o melhor produto. Não é culpa da agência, pelo contrário.

Realmente, "tudo pode ser provado pelo raciocínio" (Anatole France).

Também aqui as opções eventuais não constituem lista de soluções, mas apenas *levantamento de possibilidades.* O caminho para chegar à solução continua o mesmo: "curtir" o produto! Perguntar-se: "que devo dizer, que

---

- Não redija se você não está convicto nem entusiasmado.
- Se o texto está difícil de sair é porque você está trabalhando sem idéias. Se sua idéia é ótima, as palavras certas jorram.
- Leia seus textos em voz alta. Seus ouvidos podem ser sua melhor ajuda.
- Não existem Dez Mandamentos para um bom texto, diz Hal Stebbina. Existe apenas um: "Diga – e venda".

argumento devo buscar para convencer etc.". Esta é realmente a "alma" da solução. As opções que passamos a apresentar são, por definição, eventuais. Muito eventuais.

Defenda uma tese, imponha um raciocínio

Esta é uma das técnicas mais sofisticadas e inteligentes que conheço. Você parte de uma tese ampla, razoável – quase invariavelmente apresentada em termos retóricos – para demonstrar com ela as virtude específicas de um produto. Parte do geral para o particular.

A própria "razão" indiscutível do enunciado principal, *prova*, por assim dizer, a "razão" secundária do produto. Impossível "desmentir" nem um nem outro. Outra grande vantagem: o produto, ou o serviço, surge valorizado por um grau alto de inteligência. Tais anúncios parecem (eu disse parecem) puxar pela cabeça do leitor, e ele gosta disso.

Sua desvantagem é que, pela própria generalidade em que estes anúncios se apóiam, qualquer concorrente poderia assiná-lo. Seu poder de garantir a retenção do nome do anunciante na memória é fraco – e qualquer teste de memorização com muitos títulos "geniais" desse tipo vai mostrar que eles são longamente lembrados, muito mais do que o nome do anunciante que pagou pela campanha. Mas, para efeito imediato, ou face à conveniência de boa dose institucional nos anúncios, possibilitam peças magníficas.

Alguns exemplos:

- O telefone é o meio mais rápido de fazer grandes negócios. E perder outros (GTE Comunicações).
- O ar que você respira não custa nada. Por isso é tão ruim (GE, ar-condicionado).
- Os problemas da mulher começam quando ela começa a ser mulher (Cosamea, desodorante íntimo).
- Já que você não fez sucesso na vida, pelo menos dê a impressão (Trevira).
- O destino do bom whisky é ser amado num dia e esquecido no outro (Old Eight).
- A melhor maneira de economizar óleo é saber gastar (Mobil).
- Quem vive numa sociedade de consumo, não pode ter um cartão de crédito que facilita a vida só por 30 dias (Credicard).
- Se o sol é para todos, por que não libertá-lo? (Chapas Goyana).
- Melhor do que entender de ações é ganhar dinheiro com ações (Fundo de Investimento City Bank).

204 criatividade em propaganda

- Num país onde existem mais mulheres do que homens, você precisa usar as unhas (Palermont, esmalte).

São títulos que "pegam" o leitor. Difícil para ele desmentir, contestar essas afirmações. Além disso, note: são todas expressas retoricamente – e daí o seu fascínio. Mas note também que o primeiro anúncio poderia ser da Siemens, o segundo do Admiral, o terceiro de Modess, assim por diante. Prestam-se a grandes e inteligentes anúncios... de vida mais curta do que outros.

Mais exemplos, traduzidos do inglês:

- "Se sua casa está segurada a preços de ontem, tomara que ela não pegue fogo amanhã" (Crum & Forster Insurance Comp.).
- "Nada de bom acontece depressa" (Paul Masson Vineyards).
- "Pode a tecnologia resolver os problemas causados pela tecnologia?" (Chiyoda, Chemical Engineering).
- "Talvez a razão final para comprar um gravador de fita deva ser o gravador de fita" (Panasonic).
- "As pessoas não mudaram, os aviões sim" (Sabena).
- "Quando você toma sua vida nas mãos, você precisa de um bom relógio de pulso" (Omega).
- "Muitas companhias fazem tudo para que seus vendedores vendam mais. E nada para que vendam melhor" (Professional Selling Skills).
- "Os dentes não morrem de morte natural. Você os mata" (Crest, pasta de dentes).
- "Ao invés de ficar nos dizendo para não fumar, talvez fosse melhor que eles nos dissessem o que fumar" (Cigarros Vantage).
- "Muitas das respostas de que você necessita agora mesmo não valem o papel em que estão impressas". (...)
- "The Russians have good athletes because they compete. And dull clothes because they don't". (...)

Ainda outros, de anunciantes de que não me lembro mais:

- "Um financiamento nunca é grande ou pequeno. É certo ou errado."
- "Quanto menos tempo e espaço você dedicar ao passado de sua empresa, mais tempo e mais espaço você terá para cuidar do futuro dela" (microfilmagem).
- "Atrás de sua insônia pode haver algo mais do que as noites sem sono."

- "Se você acha que sua empresa não é tão grande para utilizar os serviços de um computador eletrônico… provavelmente ela nunca será uma grande empresa."
- "Se você quer um grande Bourbon, você tem de esperar por ele."
- "Quanto menos você gastar num carro, mais terá para gastar em outras coisas."
- "Será que uma câmera que custa além de 300 dólares fará de você um fotógrafo melhor?"

Como veremos, este recurso – impor uma tese retórica – pode prestar-se a combinações várias. Por ora, considere, em seu próximo anúncio, se você não pode criar brilhantemente uma tese irretorquível que leve o consumidor aonde você quer levá-lo.

Humanização

Agora, em vez de apelar para o cérebro do consumidor, você vai apelar para o coração.

- A Union Carbide produz polietileno – matéria-prima para mais de 10 mil produtos. Dito assim, um nome desses parece quase uma abstração – e as abstrações não impressionam, não persuadem. Desta forma, a Union Carbide parte para *humanizar* aquilo que faz: "Em maio de 1957", diz seu anúncio, "os radioamadores brasileiros conseguiram pedir ao Chile um medicamento raro para salvar a vida de Casimiro Lopes. A ampola chegou a tempo. Quebrada!". Entre os 10 mil produtos fabricados com polietileno, estão ampolas inquebráveis para medicamentos. Num choque, o leitor *sentiu* como é importante o que Union Carbide faz!
- A Singer fabrica máquinas de costura. A propósito, é possível se apelar para o coração das pessoas. Foto: três menininhas, limpinhas, penteadas, com vestidos de chita. E o título: "Os dias eram difíceis, mas nossa mãe nunca nos deixou com roupas rasgadas".
- EL AL, a linha aérea de Israel, vende passagens aéreas. Mas há um momento em que prefere publicar em anúncio a foto de uma velhinha ao lado de um porta-retratos, e o título: "Meu filho, o piloto".
- Indiana General é uma empresa tecnológica que desenvolveu uma memória especial para o computador que estava a bordo do módulo lunar, computador este, simples parte do sistema de orientação que permitiu o retorno do módulo à Terra. Muito complicado? Muito

remoto? *Humanize* esta contribuição da Indiana na operação de retorno dos astronautas: foto da paisagem lunar, inóspita, empoeirada, em preto-e-branco. Título: "É um lugar interessante para se visitar, mas você não gostaria de viver lá".

Em setores como telefones, seguros, finanças, a humanização é sempre uma grande pedida. Western Electric: um velho ao telefone, meio constrangido: "Vocês acham mesmo que não vou incomodar?". E o homem adulto, feliz, no outro lado do fio: "Bobagem; seu quarto está pronto, papai".

- AT&T: recém-casados, partindo para a lua-de-mel, e a mãe, pela janela do carro: "...e telefone todo fim de semana, assim que tudo estiver em ordem". O rapaz partindo em férias, e os pais: "...e lembre-se, nós queremos saber notícias suas todo fim de semana".
- E este anúncio, obra-prima no gênero: Foto de homem adulto, na varanda, conversando com uma menina de tranças, de seus 13 anos. Título: "Quando foi a última vez que você teve um bate-papo franco com papai?". E o texto: "Certa vez, quando você perguntou a ele qual era a altura do céu, ele a suspendeu tão alto que você quase podia tocar nas nuvens. Outra vez você chorou, dizendo que jamais cresceria e ficaria bonita. Ele não se riu. Agora você cresceu e saiu de casa. Você ainda pode ter esses bate-papos calorosos com papai. Uma chamada interurbana é a melhor coisa, exceto estar lá".

Da mesma forma, compreensivelmente, no setor de seguros: Mulher séria, passeando num campo outonal: "A viúva" (Aetna). Outro, da Prudential: imenso urso de pano numa poltrona, fumando e lendo jornais: "Há dias em que você resmunga como um urso. E viver com você é um bocado difícil. Mas sabe o que seria muito mais difícil?". E, mais abaixo: "Viver sem você".

Humanizar é atingir o mais profundamente o âmago, o sentimento das pessoas, emocioná-las e fazer com que se identifiquem com o produto, o serviço. Como este texto da Northwestern Mutual Life (Seguros de Vida): foto de um executivo de meia-idade: "Ele gosta de falar sobre seu novo emprego, ou sobre *o camping* com as crianças, ou como ele faz 25 flexões toda manhã. A aposentadoria para ele está além da outra metade da vida. Ele não perde muito tempo com esse assunto. Mas um dia ele vai querer uma pequena casa, na praia. Talvez também um barco. Este é o seu sonho. Seu verdadeiro sonho pessoal. Porque ele é um individualista. Nós (da NML) crescemos tanto porque sempre reconhecemos este fato". A descrição desse "individualista" é uma descrição humana e pessoal de *milhões* de executivos nessa faixa etária.

Tentar humanizar e não conseguir, vale dizer – não envolver, não como-ver, não *personalizar*, é desastre certo.

Vejamos este anúncio do Banco Econômico da Bahia para cheques de viagem: foto: carteira cheia de dinheiro caída no asfalto. Título: "Alguém vai ter que voltar de viagem antes do tempo. E nem sabe como". Alguém? Não conheço. Vai ter de voltar? Azar! E nem sabe como? Dane-se! Talvez seja cínico dizer, mas o leitor estará mais interessado em quem vai *achar* aquela carteira recheada do que no desastrado que a perdeu...

Contudo, o desastrado que a perdeu tem uma história interessante, humana, para contar... e envolver os leitores. Como as dos anúncios do American Express, vendendo (agora corretamente) também cheques de viagem:

1. "Não era exatamente o que eu planejava dizer na primeira noite de nossa lua-de-mel, mas não sei como as palavras acabaram saindo: "Querida, perdi nosso dinheiro!". O texto a seguir é simplesmente pungente.
2. "...e fomos passear na praia, e havia uma lua enorme sobre o Caribe, e tudo provava que um ano e meio de economias tinha realmente valido a pena. Foi quando Alberto perdeu nosso dinheiro". Dentro do texto, a frase decepcionada: "não precisava acontecer".
3. "No terceiro dia de férias, arranjei um jeito de perder todo o dinheiro. A parte mais dura foi ter de dizer ao Marquinhos: vamos voltar para casa uma semana mais cedo". E a foto do Marquinhos pescando, entretido, antes de saber do desastre.

Nem sempre é hora de humanizar. Mas você jamais será um grande publicitário, jamais convencerá efetivamente as pessoas, se não conhecer o caminho para o coração delas. Pense nisso, e em *todos os* seus anúncios.

Particularize

Assim como você pode partir de uma tese genérica para beneficiar um produto em particular, também pode partir de uma particularidade do produto, por mínima que seja, para beneficiá-lo como um todo.

O truque pode ser logo mostrado, de corpo inteiro, com aquele brilhante anúncio da DDB para a Lufthansa, que já citamos: "O vôo 404 da Lufthansa atrasou-se oito minutos porque pifou a máquina de café". E o fim do texto: "Agora imagine como tratamos as coisas importantes, se damos tanta importância às coisas sem importância".

208 criatividade em propaganda

A última frase expõe com absoluta precisão o argumento central dessa técnica de "particularização". O raciocínio que se induz no consumidor é óbvio: se somente 1% é tão maravilhoso, imagine o que não serão os 100%...

Aliás, essa linha aérea, em campanhas diferentes, e agências diferentes, apelou inúmeras vezes para a "particularização":

1. "Quantas pessoas voariam numa linha aérea só porque ela tem um cartão de bagagem melhor?"
2. "Compare o sal antes de voar." E um longo texto explicando o cuidado com que a companhia seleciona e testa o tipo de sal que oferece a bordo.
3. "O detalhe. Uma das maiores preocupações da Lufthansa." Na foto, um dos menores itens do serviço de bordo, a seu dispor: um copo d'água.

- A Oxford Pendaflex é uma empresa que fabrica coisas, entre as quais computadores eletrônicos. É dela o seguinte título de anúncio: "Você pode aumentar a eficiência do seu escritório por duzentos mil dólares e vinte centavos". E completa, mostrando uma pequena pasta de arquivo, de sua fabricação: "Vamos começar com os vinte centavos".
- A Union Carbide brasileira, em anúncio internacional, em vez de falar de milhares e milhares de toneladas de polietileno que produz, prefere ater-se apenas a um grãozinho branco, que pesa 0,043 g, e que hoje custa centésimos de centavos para o consumidor, mas que custou, o primeiro deles, para a Union Carbide, muitos bilhões de cruzeiros!
- Rolex faz anúncios de página dupla, não para falar de sua precisão, ou das vantagens específicas do seu relógio, mas do cuidado que emprega na construção... do estojo: "Depois de 162 operações industriais independentes, nós ainda nem sequer começamos a trabalhar no mecanismo".
- A Light também prefere anunciar seu menor item: "Cada vez que você aperta um botãozinho, acontece a coisa mais linda do mundo: acende a luz".
- Um aparelho elétrico de barbear, como Braun, investe, corretamente, um bom dinheiro para dar ênfase à particularidade de sua rede protetora, da espessura de 0,05 mm, enquanto a espessura do fio de barba é de 0,15mm.
- The First National Bank of Miami possui vasto serviço internacional, em quase 30 países. Evidentemente, isso implica uma variedade bastante extensa de financiamentos de exportações, conhecimento

de questões alfandegárias e transporte, operações várias em todos aqueles mercados. Com uma oportuna dose de humanização, O banco prefere particularizar um caso entre milhões: "Se suas laranjas na Califórnia valem 6.230 dólares, e um cara na Itália oferece por elas 4.343.750 liras – feche o negócio!".

- Alumínio Albra – na época o maior nome na indústria de alumínio – fez interessante campanha, mostrando realmente onde ele está: na tampinha hermética de alumínio da penicilina que vai curar seu filho; no trilho de cortina de sua sala de jantar; no grampo que prende o cabelo de sua mulher; na composição do batom cintilante que é sucesso da moda etc. etc.

A ordem de idéias que leva o publicitário à particularização não deve ser evidentemente mecânica, no sentido de se concentrar logo num detalhe do produto ou serviço. Como sempre, o processo é vivo, e a imaginação fundamental:

- As cidades são barulhentas. A eficiência nos escritórios se ressente disso. As secretárias são talvez as que mais sofrem. Então, cabe um anúncio com foto de um teclado de máquina de escrever, e uma única letra, o H, com uma caricatura com expressão de tristeza: "O H está errando muito hoje...". O anúncio é de forro acústico Eucatex.
- Nos Estados Unidos, a revista empresarial *Fortune* publica todos os anos, em edição especial, "As quinhentas maiores empresas dos Estados Unidos", lista ansiosamente aguardada pelo mundo empresarial norteamericano. Muito bem, vamos fazer um anúncio para *Fortune* baseado nesta lista, usando a técnica de particularização. Aqui está a lista toda, de 1 a 500. Que empresa você acharia mais interessante, dramática, curiosa, *particular* para focalizar, de forma a obter um anúncio realmente criativo? (Este foi um teste dado em aula.) Depois de apenas cinco minutos, uma garota acertou na mosca: a 501ª, a infeliz empresa que ficou de fora por um triz!

Explique seu produto

As pessoas só compram o que conhecem. Melhor: as pessoas compram mais aquilo que chegam a conhecer mais e melhor. Pois vamos fazê-las conhecer mais e melhor.

Dois anúncios quase iguais, de página, em preto-e-branco, mas veiculados em meses diferentes, sobre o rádio Transoceanic Royal 7000 (Zenith),

210 criatividade em propaganda

cuja foto aparece, em ambos, do mesmo tamanho, na mesma posição. No primeiro: títulos fortes, genéricos, sobre as novas vantagens do lançamento: "Novo desenho!", "Novo chassis", "Mais faixas de som", "Performance melhor do que nunca!". No segundo, mais de vinte tópicos, ligados por fios a diferentes partes do rádio, explicam ponto por ponto cada botão, cada luzinha, cada detalhe. O primeiro, em que pese as informações do texto, é um anúncio mais adjetivo. O segundo, absolutamente substantivo. Não há teste que não eleja o segundo como muito mais capaz de estimular o leitor a comprar o Transoceanic 7000.

Da mesma forma, em centenas de casos, a técnica de tópicos objetivos, ligados por fios a cada detalhe do produto, ressaltando o funcionamento e vantagem de cada particularidade, é sempre poderosa arma de vendas. Assim se vendem relógios, geladeiras, bicicletas, réguas de cálculo, máquinas de calcular, um número infinito de equipamentos técnicos, e mesmo alimentos, bebidas, serviços, e até imagens institucionais.

A Hawker Siddeley International Inc. publicou anúncio de duas páginas, a da esquerda com uma gaivota em pleno vôo, ligada por fios a vários tópicos explicativos sobre o vôo dos pássaros: a função da ponta das asas, dos pés, da cauda, sua visibilidade apurada, a estrutura dos ossos, principalmente o esterno etc. Quase verbetes de enciclopédia. Na outra página, seu avião DH125 (um *business jet*), na mesma posição de vôo, com verbetes informativos sobre cada detalhe, comparado ao detalhe correspondente no pássaro. Nenhum outro texto necessário, é claro.

Empresas financeiras beneficiam-se em explicar seu balanço ponto por ponto. Uma corretora americana lembrou-se de explicar cada tópico desses anúncios-padrões de lançamentos de papéis (*tomb-stones*), cuja primeira informação é: "Apenas para efeito de registro". Como compreendê-los, como interpretá-los, o que procurar neles.

Bebidas, inclusive nossa Brahma Chopp, lançam anúncios explicando ponto por ponto o que significa seu rótulo. O uísque White Label, no afã de provar que é absolutamente autêntico – escocês –, apresenta um escocês com seus trajes típicos e explica, ponto por ponto, cada particularidade de sua famosa indumentária (boa "prova" de quanto ele, White Label, é escocês). Melhor: a United Fruit Company publicou anúncio com uma grande foto de banana, o título "Como ler uma banana", e a explicação de cada ponto que você jamais supôs que tivesse significação numa banana: boa prova de quanto ela entende do assunto.

Nunca anuncie nada a ninguém sem a certeza de que esse alguém conhece bem o seu produto. E mesmo assim, não deixe de explicá-lo.

O Fusca 1300 seria aparentemente o carro mais conhecido do mundo, e no entanto foi criado na América um anúncio inteligentíssimo sobre o mesmo, que diz apenas: "Um Volkswagen anda para a frente... para trás... move-se depressa... devagar... sobe ladeira... desce ladeira... e faz curvas. Não é genial?".

Milhões e milhões são desperdiçados a cada ano em lançamento de novos produtos, novos papéis e planos de seguros, de excursões e viagens, entrando muitas vezes por títulos sensacionais e grandes bolações – sem notar que o público ainda não compreendeu exatamente do que se trata. Há que explicar-lhe sempre, detalhada, pacientemente, até no modo denominado *fool-proof*, isto é, possível de ser entendido por qualquer imbecil.

E pode ficar tranqüilo que quem não é imbecil não se ofende...

Explique seu antiproduto

Não se acanhe de mostrar ao consumidor todas as infelicidades e vicissitudes que se abaterão sobre ele, caso não use o produto que você anuncia.

- Da mesma forma como pode ser proveitoso, como se viu, explicar ponto por ponto o rótulo de um inseticida, o Baygon da Bayer preferiu explicar ponto por ponto os detalhes de uma barata, e poucas lições no mundo serão mais repulsivas.
- Um lançamento de lâmpadas especiais Sylvania, com a propriedade de não atrair insetos, preferiu, inteligentemente, mostrar em tamanho grande toda a multidão de mariposas, cigarras, libélulas e besouros que as outras lâmpadas atraem...
- Pirelli, falando de outros pneus radiais à base de cintura de aço, mostra carros com rodas de locomotivas, outros com lagartas de tanque etc.
- "Suas cartas podem estar dizendo o contrário do que você escreve", afirma a Facit, mostrando proposta importante de uma grande indústria cheia de grandes promessas, porém porcamente datilografada.
- "Seis modos de perder uma boa secretária", ensina Art Metal, fabricantes de móveis para escritório. Por exemplo: "Assegure-se de que os puxadores de seus arquivos sejam maldosamente desenhados de forma a lhe quebrar as unhas se ela não for cuidadosa" (impossível de acontecer com os puxadores de Art Metal 500).

Todo um inferno de frustrações espera o consumidor que não preferir as delícias e vantagens de *seu* produto...

Faça o cara viver o drama

Não pense nas pessoas como massa, ensina Claude Hopkins. Pense num indivíduo típico, homem ou mulher, que provavelmente irá querer aquilo que

212 criatividade em propaganda

você vende. Pois há oportunidades em que você pode colocar adequadamente este homem típico numa posição tão crítica que ele se convencerá por si próprio.

- Por exemplo, com este anúncio estupendo: uma página inteira de revista, quase totalmente negra. Apenas um rodapé, com os dizeres: "Eis como margaridas amarelas, num campo verde, contra um céu azul, aparecem para muitos americanos. Você só tem um par de olhos. Quando foi a última vez que os mandou examinar? Instituto para uma Visão Melhor".
- Numa revista a ser lida por lojistas, a foto de uma velhinha simpática, sorridente, apresentando a você um cartão de crédito; e o título: "amiga ou inimiga?". Dúvida que assalta todo lojista, pelo menos uma vez por dia, face a desconhecidos com cartões de crédito: "Honesto ou vigarista?". O equipamento AMP, que assina o anúncio, é um terminal de computador que dá OK ao bom cartão de crédito em segundos.
- Foto tomada do alto de um enorme edifício para a rua, lá embaixo, de forma a sugerir uma vertigem. "Suba até o último andar", convida Estacas Franki. "É um bom lugar para se pensar em fundações."
- Foto em preto-e-branco, com quatro bandeiras iguais. "Estas são as bandeiras da Argentina, da Holanda, da Áustria e do Irã" –, diz a Basf. "Vê agora como as cores são importantes?"

Haverá pior recado para um homem de negócios do que o título do anúncio da Ericsson, vendendo centrais telefônicas particulares, tipo PABX: "Telefonou um tal de Rockefeller, mas o seu ramal estava ocupado…"?

Ou então, o melhor anúncio que conheço para "vender" propaganda, isto é, convencer a empresários, muitos dos quais também com vendedores na rua, a anunciar, tornar-se conhecido, conceituado por meio da publicidade. Foto do cliente em potencial: sério, prático, duro, falando francamente com o vendedor (o leitor): "Não conheço você. Não conheço sua empresa. Não conheço o que ela representa. Não conheço seu desenvolvimento. Não conheço sua reputação. Não conheço seus produtos. Não conheço seus clientes. A propósito, o que você desejava vender-me?" (McGrawHill).

Desdobre o uso do produto

Em qualquer situação, pense em todas as aplicações possíveis para o produto que você está anunciando. Não o venda nu: venda-o embalado em sugestões, em idéias.

- Não venda apenas óleo de cozinha: venda receitas dos pratos deliciosos que ele possibilita (Kühne).
- Não venda apenas lâmpadas: venda planos completos de iluminação no lar (Philips).
- Não venda meramente aperitivo: venda-o com uma lista completa de frios que se casam com ele às maravilhas (Schinkenhüger).
- Não venda apenas uísque: venda-o como presente para dar a outrem, como solução para problemas de dedicatórias, "quando as palavras não dizem o suficiente" (Johnnie Walker).
- Não venda apenas óculos: venda as mais variadas expressões (todas lindas) que a leitora pode assumir com eles – por exemplo, quando quer expressar: "Atenção mundo, lá vou eu!", ou "Coitadinha de mim", ou "Azar o seu", ou "No meu ou no seu apartamento?" (Renaissance Eyewear).
- Não venda apenas Coca-Cola: ela própria tem um anúncio excelente em que aparece cercada de oito saborosas sugestões para hambúrgueres, com as respectivas receitas.
- Não venda apenas máquina de escrever: a Olivetti portátil publicou um anúncio – "Olhe só o que sua mãe vai fazer com uma Olivetti Portátil" – com quase vinte itens versáteis, entre os quais: "emprestar a Olivetti para seu pai colocar em dia a correspondência; emprestar a Olivetti portátil para você passar a limpo seus trabalhos de faculdade; passar a limpo o livro de cozinha; escrever para o advogado reclamando a herança; mandar cartões de Natal etc. etc."

Mesmo que seu anúncio não seja prioritariamente nesse estilo, explore invariavelmente todos os usos possíveis do produto que você quer anunciar. E, sempre que conveniente, divulgue-os no texto.

Informação

Não é absolutamente justo que deixemos este item em oitavo lugar mas não há, de fato, qualquer hierarquia na ordem.

Propaganda é uma forma de jornalismo – apenas jornalismo confessamente partidário –, e a informação continua sendo a alma da propaganda. Nada, nada convence mais ao consumidor do que *fatos* – e meu próprio leitor já inferiu isso por meio de comentários anteriores como "Particularize", ou "Explique seu produto".

Sucede então às vezes que o poder dos fatos, da informação, é tão decisivo para a persuasão, tão esmagador, que a *notícia é o anúncio*.

214 criatividade em propaganda

- Por exemplo, a Fiat simplesmente informa aos compradores de carros europeus: "Para cada Volkswagen vendido na Italia, oito Fiats são vendidos na Alemanha; para cada Renault vendido na Itália, três Fiats são vendidos na França. Para cada Volvo vendido na Itália, nove Fiats são vendidos na Suécia". A informação é o anúncio.
- Ou então, informa a escova de dentes TEK antigerme: "Você sabe quantos germes se multiplicam por hora nas escovas de dentes comuns? Quase 1.000.000!".
- "O tempo que você leva para ler esta frase é o tempo que uma copiadora Xerox leva para copiar uma carta." A informação é o anúncio.
- "Um passageiro juntou-se a nós a 35.000 pés sobre o Atlântico", informa a Lufthansa. Um bebê nascera a bordo, no vôo 603 Frankfurt – Nova York. E informa os cuidados e a capacidade de atendimento e flexibilidade numa emergência demonstrada pela tripulação e pelo pessoal de terra. "Tudo bem. É menina."
- A Cruzeiro do Sul , interessada em promover viagens para Manaus, publicou anúncio muito bom. Título: "Os preços da Zona Franca". Conteúdo: os preços da Zona Franca. Calça Lee, tanto; filmadora Canyon, tanto; gravador Sanyo, tanto etc.

Admitamos que eu tenha de lançar no Brasil um cartão de identificação revolucionário. Ao contrário de todos os conhecidos, cuja foto é presa em papelão impresso, este será inteiramente fotográfico. Ao contrário dos outros, em preto-e-branco, este será em cores. E será assinado, selado, e ficará pronto em dois minutos, quer dizer: *dias* antes dos outros. Qual seria o título sensacional que eu iria bolar? Eu não iria bolar nada, iria criativamente jogar no título a informação que está na minha frente. Eu "criaria" exatamente o título do anúncio da Cine-Som, ao lançar este cartão (Polaroid Id System): "Um cartão de identificação inteiramente fotográfico, em cores, assinado, selado e pronto em dois minutos!". E poria como ilustração, em tamanho grande, a foto deste cartão inédito. Alguém tem idéia melhor?

Quando nossa agência lançou outro produto inédito no Brasil, fraldas descartáveis (Pupy), as únicas fabricadas com protetor impermeável, simplesmente demos a *notícia,* a informação, em *outdoor* nas principais capitais: "Agora no Brasil: Fraldas descartáveis Pupy: as únicas com protetor impermeável". Apenas abaixo nos permitimos um *slogan*: "Sujou – joga fora!". Em quinze dias, o produto estava razoavelmente conhecido, comentado, noticiado... e vendendo. Alguém tem idéia melhor?

Mesmo quando a informação ou a notícia não esteja prioritariamente objetiva e clara, no título, lembre-se de que ela é sempre – sempre – a alma da propaganda, o melhor instrumento de persuasão! Ponha *fotos* em seus anúncios!

Sexo

De novo o pessoal com a orelhinha em pé. Como negar? Sexo está por toda parte, principalmente, exasperadamente, na propaganda.

- Para vender lingerie, é claro: "Esta noite seu marido vai dormir com outra mulher" (Nylonsul).
- Para vender lençóis, lógico: "As coisas mais importantes da vida acontecem na cama" (Santista).
- Para vender roupa feminina, naturalmente: "Você passa vestida 23 horas por dia" (Tergal).
- Para vender roupa masculina, pudera: "Tire a roupa do seu marido" (Clube Um). (O *outdoor* foi proibido pela censura, no Rio. O título teve de ser mudado: "Troque a roupa de seu marido". Sutil.)
- Para vender perfumes, compreende-se: fotos de mulheres lindas, confessando: "Todos os meus homens usam Colônia English Leather. Todos eles".
- Para vender ovos: foto do romano Lucullus, famoso por seu amor a bons pratos e a infindáveis orgias, afirmando: "Não há fogo sem ovo" (União das Granjas Alemãs).
- Para vender máquina de escrever: "A Olivetti é tão elétrica como sua secretária".
- Para vender refrigerantes: "O bebe quieto" (Guaraná Antártica).
- Para vender simples liqüidação de tecidos: "Você vai gemer de felicidade" (Michel).
- Para vender serviços de uma linha aérea: "Às vezes, nossas recepcionistas levam rapazinhos para casa" (Lufthansa). "Voe-me...", implora a aeromoça da National Airlines.
- Para vender papéis financeiros, letras de câmbio: "Muitos homens gostariam de casar com uma mulher assim. Mas eles sabem quanto ela custa por mês" (Financiadora vw).
- Para vender aluguéis de carro: "Quando a recepcionista da Avis pisca um olho para você, ela está a fim de fazer negócio".
- Para vender automóveis. Um exemplo marcante: foto de loura insinuante, com vestido de crochê, ao lado de um Dodge Charger, numa praia deserta. Título: "Mamãe me preveniu...". Segue o texto: "... que haveria homens como você, dirigindo carros como este. Você acha mesmo que é capaz de obter tudo o que quer com este automóvel longo, baixo, forte, com que suavemente me apareceu? Ha! Se você acha que uma garota com valores reais ficará impressionada pelo seu

ar condicionado e estéreo... um Magnum 440, ou como lá se chame... bem – é preciso mais do que macios assentos anatômicos para mexer comigo. Charger R/T SE. Parece dessas sopas, com letrinhas. Não, senti-me atraída por você porque você tem um rosto inteligente. Meu nome é Júlia".

E até para *não* vender sexo: "Nós não precisamos de sexo", proclama anúncio da revista *Better Homes and Gardens,* orgulhosa de jamais precisar apelar para chamadas picantes, artigos eróticos ou conselhos sobre comportamento na alcova, para ser a terceira revista mais lida nos lares americanos. A ilustração: uma mulher ótima, de camisola, sentada num leito amarfanhado, séria, pra valer!

Dificilmente, leitor, você poderá repetir a declaração de *Better Homes and Gardens.* Para criar anúncios, bons anúncios, eficazes, mais cedo ou mais tarde, ou a todo momento, você vai ter de apelar. Ora numa sugestão, ora num sentido duplo, ora num convite explícito... você vai ter de apelar.

Testemunhal

É basicamente o mesmo recurso que já apresentamos no capítulo de criatividade visual, com a diferença que não se apóia na imagem visual, no prestígio de um personagem conhecido, famoso ídolo de massas, mas especificamente no que é dito por gente comum, que fala bem do produto.

- "Estou do lado dele. É o carro mais econômico do país. Não quer nem saber de gasolina", afirma um sujeito comum, proprietário do Corcel. O anúncio não apresenta nome do cara; logo, a foto é de modelo profissional.
- "Uma panqueca de frango abre as portas da fama para dona Heloísa de Castro Silveira." Trata-se de dona-de-casa que aceitou o convite de Maizena, mandou sua receita, que foi publicada em anúncio, com sua foto ao lado.
- "Com 47 anos e 10 filhos, este advogado e homem de negócios se formou em engenharia." Trata-se do sr. A. J. Dalla, cliente do Banco Lar Brasileiro, que com sua pessoa testemunha a ajuda que recebeu do banco.
- Um convite da Sony, a propósito de seu televisor Trinitron: "Em nossa correspondência de 8 de fevereiro vieram duas queixas. Descubra-as". Abaixo, em corpo 6, o extrato de 156 cartas-respostas de compradores do Trinitron, com nome e endereço. Se você se meter a localizar as queixas, vai se afundar numa montanha de elogios...

- Allstate é uma empresa de seguros que busca ajudar as pessoas de todas as formas. Aqui está o depoimento da sra. Frank LaClave, dona de uma apólice e residente em Ft. Lauderdale, na Flórida, simultaneamente ao depoimento de Ed Walsh, gerente da Allstate em Denver, Colorado – do outro lado do país. Diz a sra. LaClave: "Nós estávamos em férias, estacionados numa cidade do Colorado, quando um carro derrapou e bateu na nossa porta aberta. Rumamos direto para a Allstate". Fala o sr. Walsh: "A porta do carro dos LaClave não fechava. Eles estavam um pouco amolados com isso". "O sr. Walsh", continua ela, "ficou no telefone duas horas tentando um jeito de nos arranjar outra porta. Finalmente, localizou uma oficina que conseguiu fechar nossa porta. Nós pudemos terminar nossa viagem". Comenta o sr. Walsh: "Foi um prazer ajudar gente de fora". "É difícil imaginar", continua ainda a sra. LaClave, "que alguém pudesse se preocupar tanto com um casal de forasteiros, de passagem." "Tudo o que fiz", retruca o homem, "foi dar a eles o que nós chamamos "um tratamento em boas mãos". "Tudo o que ele fez", finaliza a sra. LaClave, "foi salvar nossas férias."

Este tom simples, trivial, meio careta – vende. A grande massa de consumidores vive esse tipo de vida, de problemas, de ideais, de esperanças.

Convoque alguém – um consumidor típico de seu produto – para falar bem dele, no seu lugar. Muitas vezes, convence mais.

Desperte a curiosidade

Será demais pedir isso de um bom anúncio? Evidentemente, de um modo ou de outro, todo bom anúncio deve atrair a atenção, fisgar o leitor. Há vezes, contudo, em que toda sua força reside num título enigmático, paradoxal, absurdo, inexplicável por si só, que leva o leitor a procurar explicação dentro do texto. Exemplos de tais títulos:

1. "Este relógio pode matá-lo" (Bulova).
2. "Dezessete anos depois de você comprá-lo, este relógio pode acarretar sua prisão" (Rolex).
3. "O melhor de Tóquio é Bangkok" (Lufthansa).
4. "Eis o Relatório de 1972 de uma companhia que não existia até 1973" (Louisiana-Pacific).
5. "As maiores perdas causadas por um incêndio podem ser de coisas que não pegaram fogo."

218 criatividade em propaganda

6. "A primeira água de colônia para homens casados" (Monsieur Rochas).
7. "É dos carecas que a Loteria Federal gosta mais."
8. Foto: radiografia de um crânio. Título: "Este homem jamais morrerá" (GTE).
9. Foto: dois cremes de barbear Bozzano exatamente iguais. Título: "São absolutamente iguais – mas o segundo vai durar mais".
10. Foto: garçonete segurando meio contrariada um vidro de Listerine: "Detesto mas adoro".

Dificilmente você será capaz de deduzir a "moral da história" que há por trás dessas perturbadoras declarações – a menos que recorra direto ao texto. É o caso (muito desejável) em que o consumidor procura a história toda. Vamos a elas, nos exemplos citados:

1. "Por favor, não se meta a testar sozinho este relógio. Se não acredita em nossa palavra, será melhor para você deixar este Bulova Oceanográfico em paz. Ele é muito mais macho do que você. Ele pode mergulhar a mais de 100 m, ficar no fundo do oceano por vários dias – e nem notar. Nós podemos marcar seu tempo, se você quiser tentar, mas jamais apostaremos em sua vitória. Ele pode sobreviver uma semana na atmosfera rarefeita e abaixo de zero no pico do Everest. Nenhum homem jamais conseguiu ficar lá mais de uma hora" etc.
2. Explicação num longo texto: após fazer sua declaração de bagagem num aeroporto internacional e pagar por todos os objetos novos comprados no exterior, o possuidor do Rolex foi detido como suspeito por não ter declarado relógio tão absolutamente novo em folha (depois de 17 anos) que levava consigo, no braço.
3. Explicação: em sua viagem a negócios ao Japão, o melhor pode ser uma escala – grátis – em Bangkok, Tailândia, na época muito cotada após o filme *Emmanuelle*.
4. A Louisiana–Pacific era, até 1972, ramo da Georgia–Pacific. Isso não impediu que suas vendas rendessem US$ 30,8 milhões – 36% a mais do que as vendas em 1971. Números como esse levaram-na a transformar-se numa corporação autônoma a partir de 1973.
5. Explicação: clientes perdidos, contratos que deixaram de ser atendidos, imagem institucional abalada quando a causa pública do sinistro foi desleixo, imprevidência etc. (anúncio de seguradora).
6. Texto: "A maioria dos fabricantes de Colônia olha para a América como uma terra de homens solteiros. E é para homens solteiros que

seus anúncios falam, prometendo a eles a garota de seus sonhos, nunca falando sobre o que acontece depois que ela é conquistada. Já que pegar uma garota é fácil comparado à tarefa de conservá-la, Monsieur Rochas criou uma fragância muito mais forte..." etc.

7. Explicação: os calouros, de cabeça raspada, que passaram no vestibular. Texto: "Diminuir o número de excedentes nas escolas superiores do país significa estimular o desenvolvimento. Por isso a Loteria Esportiva destina parte de sua renda líquida anual ao Fundo Anual de Desenvolvimento da Educação (FNDE)" etc.

8. Texto: "Dor de cabeça, vertigem, visão dupla: pode ser um tumor cerebral. Febre e elevada contagem de células brancas no sangue; pode ser meningite. Pressão arterial 240/150: pode ser hipertensão maligna. Os sintomas são reais, mas o paciente não. Conectado a terminais numa sala de aula da Escola Médica da Universidade de Illinois, um equipamento desenvolvido pelo Sistema de Informações GTE age como secretária supereficiente de um computador, aceitando informações e emitindo respostas. O estudante considera informações e diagnostica. Se acerta, o computador lhe dá nota 10. Se erra, ele volta com novos sintomas e queixas. De novo o estudante diagnostica; se de novo erra – ninguém morre".

9. Texto: "Quando você começar a usar o segundo tubo de creme de barbear Bozzano, já deixou para trás todos aqueles maus hábitos adquiridos com cremes comuns. Você já sabe então que não é mais necessária aquela quantidade costumeira de creme – um centímetro basta" etc.

10. Texto: "Deixa eu dizer: o gosto é horrível. Por isso é que funciona tão bem, sabe como é, matando aqueles germes que causam mau hálito. As gorjetas estão duras de se arranjar hoje em dia, e eu estou a fim de quem me ajude, como Listerine Anti-séptico. Duas vezes ao dia".

Termos quentes

A criatividade publicitária se alimenta – muito mais do que o leigo pensa – do chavão e do lugar-comum, e com grande sucesso.

O truque está em lançar mão da expressão conhecida, o termo consagrado, o lugar-comum... num contexto incomum. Isto é, associá-lo, originalmente, a um produto ou uma situação que até então ninguém julgara possível associar.

220 criatividade em propaganda

Este recurso é de grande impacto, e no dia-a-dia profissional garante muitas vezes um quebra-galho precioso. (Colegas vão dizer que uma boa agência não se presta a quebra-galhos, mas ainda não está na hora dos comerciais...) Além disso, além da atração imediata que desperta, garante grande economia tanto no título quanto no desenvolvimento da argumentação.

Anúncios para:

- Máquina de embalagem que protege o industrial não só contra sanções legais advindas de peso de menos, quanto de prejuízos advindos de peso de mais. Título: "Detector de mentiras" (Icore).
- Trator diesel e caminhão pesado. Título: "Tropa de choque" (Dinasa).
- Uísques de várias marcas, do mesmo fabricante, em anúncio destinado a lojistas e donos de supermercados: "Lucro líquido" (Seagram).
- Dodge Dart: "Classe dominante".
- Fiat 147: "Modelo econômico brasileiro".
- PABX Siemens: "Public Relations".
- Trator Massey Ferguson: "Produto Nacional Bruto".
- Páginas Amarelas: "Best Seller" ou "Shopping Center"
- Chuveiro Fabrimar: "O manda-chuva".
- Espaço interno do Ford LTD: "Living Room".
- Uísque *on the rocks*, oferecido por rapaz à moça: "Quebra-gelo".

Da mesma forma, o *título quente* pode bem ser o título de um filme em cartaz, de um *best-seller,* ou um ditado famoso, uma expressão consagrada, palavras compostas, ou até mesmo um *slogan* de sucesso de outro anunciante – tudo, é claro, invariavelmente aplicado num contexto novo, feliz e surpreendente. É realmente um lance de paródia.

Anúncios sobre:

- A solução que representa o sistema de microfilmagem da 3M face ao problema de arquivar 2.400 documentos. Título: "A odisséia do espaço", o mesmo do premiado filme de Kubrick.
- A solução para o impasse (de um lado o sol forte, agressivo, de outro, você) que garante o revestimento de controle solar Scotchtint, aplicado a vidraças: "Duelo ao sol" – o mesmo do famoso filme de King Vidor.
- O crescimento da Cia. Siderúrgica Nacional, tomando por referência a ponte sobre o rio Guaíba, uma das 62 construídas pela empresa: "Panorama visto da ponte"– o mesmo da famosa peça de Arthur Miller.

- Possibilidades inéditas para a instalação de novos empreendimentos em Pernambuco, alternativa a investimentos no Sul: "O Novo Estado Industrial" – título do badalado livro de Galbraith.
- Os diferentes relevos, ao todo sete, com que são oferecidas as placas brancas do forro Eucatex: "O Branco de Neve e os Sete Padrões".
- Proliferação de ratos nas cidades, inclusive nos lares, podendo-se ver, na ilustração, enorme ratazana na *sua* cozinha: "Adivinhe quem veio para jantar" – o grande sucesso de bilheteria de Sidney Poitier.

Homenagem do Conselho Nacional da Propaganda "a todos os pais que não vão ganhar presentes no Dia dos Pais por não terem dinheiro para dar pros filhos comprarem" (80%, acho eu, dos pais no Brasil): "Pai Herói é o que vive com salário mínimo" – alusão à badalada novela da Globo, em curso na época.

Bom recurso para um publicitário previdente é ter sempre em mãos e em mente toda a coleção dos títulos de sucesso, no momento, de novelas, filmes, peças de teatro, *best-sellers,* shows etc. Eventualmente podem ser condutores incandescentes para sua mensagem. Nossa agência conseguiu marcar um bom ponto durante a maciça campanha "Mexa-se!" promovida pela Rede Globo, veiculando, em todo o Brasil um *outdoor* com o título: "Mexa-se melhor com Adidas". E parodiamos a famosa campanha "Rico também bebe cachaça" com anúncios institucionais para nosso cliente Moinho de Ouro: "Pobre também bebe café".

Da mesma forma o uso de expressões, ditados, chavões:

- Coleção de peças de cristais Prado: "Faça seu jogo".
- Caminhão Mercedinho, muito versátil: "Deixa comigo".
- Campanha Zero Defeitos, da Standard Electric: "Errar é desumano".
- Refrigerador Frigidaire: "Cabeça fria, coração quente".
- Trens estropiados, reformados pela Emafer: "Quem te viu e quem te vê".
- Bronzeador Copertone: "Escureça e apareça".

Ou mesmo o uso de *slogan* famoso de outro anunciante (atenção, atenção. Isso não tem nada a ver com plágio. Pelo contrário, é extremamente criativo):

- Volkswagen: "Use e abuse" (*slogan* do Mate Leão).
- Embalagem cartonada do cigarro Carlton: "Não amarrota nem perde o vinco" (*slogan* de Nycron).
- us Top (*blue-jeans*): "A única calça que amarrota e perde o vinco.

222 criatividade em propaganda

- Garoto assaltante de arma em punho, numa campanha para o Juizado de Menores: "Neste Natal lembre-se de mim" (tema de um *jingle* de rádio da Delfin Crédito Imobiliário, que encheu os ouvidos de todo o país no Natal de 74).
- Um dos *slogans* mais conhecidos do mundo é o da Pan American: "Voe agora–pague depois". Serviu como título sob medida para anúncio de campanha contra tóxicos, da Blue Shield: a relação das drogas, uma por uma, que possibilitam a você uma "viagem" – seguidas das respectivas conseqüências, do preço a pagar.

De qualquer forma, é absolutamente desejável que no título, no texto, no corpo do anúncio, se lance mão criativamente de termos, expressões coloquiais, chavões de linguagem, assuntos do dia, todas as formas verbais aquecidas e consagradas pelo uso. "Não faça transplante em seu Chevrolet" – diz a GM, vendendo peças originais. "Pode haver rejeição". Considere uma alternativa assim.

Cole uma frase no produto

Considere também esta alternativa: no processo de "curtir" o produto, explorá-lo, conviver com ele, tateá-lo com a imaginação (o único método comprovado de garantir uma solução criativa), tente o seguinte: bote-o em cima da mesa (às vezes possível figurativamente) e diga sobre ele uma frase, uma definição espetacular, persuasiva, um "rótulo" que fará, ao ser lido, as pessoas se interessarem em comprá-lo.

- Ponha um Volkswagen sobre a mesa e defina-o brilhantemente, "vendavelmente", por exemplo: "Um carro que você pode vender a um amigo, sem perder o amigo". Ou então: "Aqui a gente sabe o que a gente tem".
- Uma Kombi: "Colaboração da Volkswagen para incrementar o turismo no Brasil".
- Uma Nikon Ftn: "Ela melhora sua imagem".
- Uma calculadora Sony de 14 dígitos: "Ela faz você sentir-se estúpido".
- Uma garrafa de Johnnie Walker, rótulo negro, de 12 anos: "Enquanto você luta para subir na vida, não custa experimentar o gosto do que já está lá em cima".
- Coleção de móveis modulados, fáceis de trocar de lugar: "A sala que anda".

- Um fogão Wallig, com ênfase na janela do forno: "O programa de maior audiência entre as donas-de-casa é visto nesta tela".

Humor

Vende – mas cuidado.

Claude Hopkins o desaconselha. Para ele, o publicitário "escreve sempre sobre um assunto sério: o de gastar dinheiro". E recomenda: "Nada para divertir, nada de engraçado".

Fazer humor com sucesso, em qualquer circunstância – todos concordamos – é lançar mão de valores simultaneamente pessoais e culturais. E lançá-los na hora certa, com absoluta adequação.

Como elemento de persuasão, funciona. Há um ditado francês que diz que são três os tipos de homens que têm sucesso com as mulheres: os fortes, os de gênio e os que as fazem rir...

Eu mesmo, para julgar o valor de anúncios que apelam preponderantemente para uma situação engraçada, tenho de me valer, em dose ainda maior (e à falta de pesquisa sobre resultados concretos), de critérios muito pessoais, subjetivos.

- Gosto, por exemplo, de humor empregado em anúncios de marcas muito conhecidas, o que lhes dá um caráter quase institucional.
- Gosto de um anúncio do uísque Ballantine's, onde, a bordo de um avião, um passageiro gordinho, insinuante, tomando seu uísque, puxa conversa com uma balzaquiana sensacional, ao seu lado, também de copo na mão: "Já tinha provado Ballantine's a bordo antes?". E ela, um tanto sarcástica: "Sim. Na Air Algeria, Air Canada, Alitalia, American Airlines, Austrian Airlines, BOAC, Braniff International..." e vai enumerando as 25 linhas aéreas que incluem Ballantine's em seu serviço de bordo.
- Gosto de um anúncio de outro uísque, onde aparece imenso palacete iluminado, vizinho de um imponente castelo no estilo românico, vendo-se o dono ao bater à porta do outro e formular um pedido nos mesmos termos da dona-de-casa que vai à vizinha em busca de uma xícara de açúcar: "Eu estava me perguntando se não seria muito incômodo me ceder uma xícara de Johnnie Walker Black Label".
- Gosto de um anúncio do First National City Bank anunciando no Brasil as operações de seu escritório no Japão: um japonês de cabeça para baixo, exclamando: "Antípoda é você!".

224 criatividade em propaganda

- Gosto de um anúncio do First National Bank of Miami vendendo a aceitação fácil de seus cheques: um cara sendo assaltado (só se vêem a mão e o revólver do assaltante), indagando: "Aceita cheque?".
- Gosto daquele anúncio que deu o que falar, do famoso fabricante de *smoking* After Six, com a foto do líder soviético Kossygin, num *smoking* todo amarfanhado, visivelmente mais largo, como sempre se vestem os senhores do Kremlin, e mais aquela sua característica expressão de quem acabou de escapar do cerco de Leningrado: "Premier Kossygin, nós gostaríamos de lhe dar um *smoking* grátis". E o texto que, creio, merece ser traduzido: "Honestamente, sr. Kossygin, seu alfaiate deveria ser exilado. O que ele faz com suas roupas não deveria ser feito com ninguém, exceto Joseph Stálin – e talvez nem mesmo com ele. Seu tipo de roupa não o torna nada jovial. Nós, da After Six, somos pacíficos alfaiates capitalistas. Tentando ganhar um dinheirinho aqui, um dinheirinho ali. Vestindo pessoas com roupas alegres, felizes. Como nosso informal *smoking* colorido. Nosso simpático *dinner jacket.* Nossos elegantes acessórios. Nós fazemos roupas que fazem as pessoas sorrirem para quem as usa. Agora, sr. Kossygin, quando foi a última vez que alguém sorriu para o senhor? Por isso, gostaríamos de lhe dar um dos nossos *smokings* de luxo. Grátis. Antes de mais nada, com grande estilo e ultraconfortáveis. Depois, super-resistente, de modo que se o senhor entornar um pouco de vodca nele, ninguém notará. Além disso, colorido bastante para o senhor, ao assistir a paradas, ser visto por todo o povo. Por fim, fortes o suficiente para acompanhá-lo até sua vila na Criméia, um dia, quando o senhor se aposentar (o que, afinal de contas, pode suceder a qualquer momento). E o senhor pode ainda escolhê-lo em sete maravilhosas cores: ferrugem, azul-escuro, azul-claro, ouro, tijolo, verde ou preto. Mas, para o senhor, podemos fazê-lo em vermelho".

(Atenção: um anúncio como este, no Brasil, estaria formalmente incluso na Lei de Segurança Nacional: ataque a chefes de Estado. Só a Fidel Castro pode, acho eu. E a Idi Amim.)

Não gosto de uma interminável campanha americana para os cigarros Benson & Hedges, sob o título permanente "A quebra de cigarros favorita da América", multiplicando situações cômicas em que um cigarro de 100 mm quebra-se inadvertidamente. Nunca percebi a graça, nem senti aumentar meu desejo de fumá-los.

Gosto menos ainda de outra longa campanha, também americana, à base de *cartoons,* da empresa seguradora New England Life. A idéia: alguém está sempre a pique de ser esmagado por um guindaste, devorado por crocodilos, precipitado numa cachoeira – sempre sem notar – e sempre respondendo à pergunta de alguém próximo, ciente da iminência da catástrofe: "Minha companhia de seguros? New England Life, é claro. Por quê?". Depois de ter visto uns vinte anúncios deste tipo, convenci-me de que New England Life é a seguradora que mais dá azar no mundo!

Se, como disse, será sempre arriscado impregnar de humor seu anúncio, suas campanhas, como alavanca principal de persuasão e venda, saiba que ele será sempre ajuda valiosa para escrever textos descontraídos, espirituosos e eficientes. Vide, por exemplo, o texto do anúncio "Este relógio pode matá-lo", que citamos antes; ou o de Listerine, com a garçonete. Ou de milhares de outros bons anúncios, por toda parte.

Em televisão, ele ainda se torna mais importante devido ao constante dualismo tensão-alívio das mensagens de propaganda por meio deste veículo. Chegaremos lá.

Trocadilhos

Soam sempre como infames. Não acredito na eficácia deles, como não acredito na de jogo de palavras, rimas, versos. O consumidor os toma sempre como artifício evidente, manobra ilusionista declarada – argumento falsificado. Com razão.

"A Texaco vê sua indústria com bons óleos" – não é nem de longe título capaz de convencer um industrial sobre o que essa empresa oferece no campo da lubrificação. Sente-se na poltrona dele e você concordará comigo.

"Há algo de estanho na solidão verde da Transamazônica" não foi absolutamente boa forma de a Companhia de Pesquisa de Recursos Minerais anunciar jazidas de cassiterita no traçado da Transamazônica (estanho estranho – hummm!).

"Pense em tudo ao comprar um utilitário a fim de não comprar um inutilitário" – acho que foi o pior anúncio da Kombi.

"Seja um ditador no seu escritório" – foi um apelo infeliz da IBM para vender sua máquina de ditado portátil (tanta coisa interessante e séria para se falar sobre ela...).

"Esso e isso", ou "Esso não é só isso" – uma série de *slogans* que felizmente desapareceram a tempo...

Para não dizer que estou irascível: dois bons anúncios usando trocadilhos.

1. O da Coopersucar, após a conquista pelo Brasil da taça Jules Rimet no México, reproduzindo o testemunho do médico da Seleção sobre a base alimentar dos craques – carne e açúcar – que contribuiu para a

vitória. Título: "A Copa nasceu na cozinha". Ilustração: duas mãos levantando um açucareiro no gesto clássico do capitão do time vitorioso ao levantar a taça conquistada.

2. O de *Seleções*, na América, em anúncio destinado às agências de propaganda. Tal revista é uma das muitas a enfrentar a concorrência crescente e maciça da televisão, como opção para os investimentos de mídia (programação da verba dos anunciantes). O anúncio concorda que TV é um grande veículo, mas que por causa disso seria insensato eliminar os demais. Título: "TV or not TV?" (um trocadilho do célebre monólogo de Hamlet, no terceiro ato: "to be or not to be?"). E completa: "That's *not* the question". Ilustração: Hamlet, empunhando uma pequena televisão portátil no lugar da tradicional caveira (que a rigor não faz parte dessa cena).

Feitas tais concessões, trocadilho é quase sempre dinheiro posto fora.

Story-appeal

As pessoas não se interessam apenas por sexo, lucro e outras vantagens materiais. Elas se interessam por qualquer coisa que seja interessante.

Conte uma história. Adler baseou toda sua obra na criança que fomos e somos. A maioria das pessoas gosta de histórias. Segundo Freud, narrativas de histórias podem assegurar felicidade porque estão ligadas a experiências infantis (ao contrário do dinheiro, diga-se de passagem, e segundo o mesmo Freud).

O vinho francês Cruse tem um lindo anúncio, com o título: "A curiosa lenda da Dama Branca", seguido por longa, sugestiva e cativante narrativa.

O uísque escocês 100 Pipers, para explicar que "faz parte da Escócia", conta em anúncio (e no verso de suas garrafas) a batalha de 1746, quando o príncipe Charles uniu os diversos clãs e marchou contra Londres. É nessa batalha que se ouvia o fantástico som das gaitas dos 100 *pipers.*

Burns, agência de segurança industrial, narra em cada anúncio uma história policial, aparentemente verídica, com final justo e a moral "o crime não compensa" (graças a Burns).

No Brasil, lembro-me de uma exótica história de um ganhador da Loteria Esportiva no interior da Bahia, contada em benefício dos produtos Walita.

Pessoalmente, ainda vou arranjar chance de redigir um dia um anúncio que comece: "Era uma vez...".

Hard-sell (propaganda comparativa)

Eis o mais explosivo e radical argumento publicitário de persuasão: citar explicitamente o concorrente, com todas as letras, a fim de provar que *seu* produto, e não o dele, é melhor. Consagradíssimo nos Estados Unidos, proibido em muitos países da Europa, no Brasil ainda pode dar confusão.

Em 1966, a Editora Abril publicou anúncio em que se via a capa da sua revista *Realidade* (um jogador de futebol coberto de amuletos) ao lado das capas de *Manchete* (Miss Brasil 66), *Fatos e Fotos* (Miss Brasil 66) e O *Cruzeiro* (Miss Brasil 66). Título: "Em plena semana de eleição de Miss Brasil, o homem dos amuletos foi mais visto do que elas". Texto: "E olhe que as três principais revistas semanais brasileiras trouxeram em suas capas o mesmo assunto: Miss Brasil 66. Naquela semana, *Realidade,* revista mensal, já tinha praticamente esgotados os seus 450 mil exemplares. Agora, imagine se o senhor tivesse programado um anúncio em *Realidade* de julho. Ele teria sido visto por mais leitores, por um preço muito menor. (Some o custo das três e veja quanto dá.) E um anúncio programado em *Realidade* dura 30 dias". Enfim, nada que não pudesse ser perfeitamente provado. Mesmo assim, deu bolo.

Ao lançar no Brasil seu uísque Royal Label Black, a Destilaria Continental, associada à Seagram's, procurou situar-se logo na faixa de preços de seu principal concorrente, o Old Eight, de Fabrizio Fasano, citando-o nominalmente no título dos anúncios: "Royal Label Black versus Old Eight". Dizia, no início do texto: "Demorou mas lançamos Royal Label Black. Para concorrer diretamente com Old Eight". E, no fim: "Experimente-o. Compare-o com Old Eight ou com um bom *scotch"*. Fabrizio Fasano estrilou, num grande "Comunicado à Praça sobre esta Propaganda", publicado na imprensa, onde lamentava "que o fabricante do uísque em questão (Royal Label Black) tivesse sido tentado a valer-se de tal expediente, que fere em nossa opinião a ética comercial e publicitária [...] Em vista disso, e na defesa dos nossos direitos e interesses mais legítimos, estamos adotando as medidas judiciais cabíveis".

Fabrizio Fasano, é claro, estava totalmente errado. Antes de tudo, diga-se logo que o recurso de citar concorrentes na propaganda – mesmo de forma a colocá-lo em posição crítica – não fere de maneira nenhuma a ética publicitária. É trivial nos Estados Unidos como disse, país onde a propriedade industrial é tão protegida e os direitos contra difamação, quando feridos, são rapidamente desagravados por pesadas indenizações judiciais. Ou mesmo condenações à cadeia. No entanto, citar um concorrente, descrevê-lo, expô-lo, não é evidentemente difamação.

O âmago da questão está no fato de a propaganda ser uma forma de jornalismo (ainda que partidário, como já dissemos). E jornalismo é informação. Se a propaganda comercial, como dizem as associações de classe, repre-

228 criatividade em propaganda

senta estímulo à "seleção natural" dos produtos, por meio da livre concorrência e da livre escolha do consumidor; se acaso, além de procurar aumentar as vendas do anunciante, presta também serviço no sentido de manter o mercado informado e exigente quanto à qualidade do que compra; então, no caso de incluir informações objetivas, concretas, provadas sobre o concorrente, estará servindo ainda melhor à população, alertando-a e protegendo-a ainda mais. Não faz sentido?

Podemos aqui fazer analogia com os dispositivos do Código Penal (de praticamente qualquer país): há os crimes chamados de injúria, difamação e calúnia. Os dois primeiros, tecnicamente, previnem contra expressões e imputações insultuosas (do que evidentemente nunca houve caso em propaganda). O último, contra a imputação a outrem de fato considerado crime e que o acusador *não pode provar*. Se chamo alguém de ladrão, e provo que ele é ladrão, evidentemente não é crime, e do ponto de vista da lei é até um serviço social.

Mas lei alguma, de país algum pode proibir que qualquer pessoa *fale* de outra (seja concorrente, seu desafeto, seu pior inimigo). Proíbe, sim, ofendê-lo; proíbe imputar-lhe acusações de fatos desabonadores ou de crimes *que não pode provar*. Mas não proíbe dizer que o outro é louro, mora numa favela, foi despedido por justa causa, atropelou certa vez uma carrocinha de sorvete etc.

A técnica legítima do *hard-sell* em propaganda é citar nominalmente o concorrente num contexto envolvendo fatos reais, concretos, que você pode tranqüilamente documentar, provar. "Para cada Volkswagen vendido na Itália, oito Fiats são vendidos na Alemanha". Chato para a Volkswagen? Pode ser. Mas é um *fato*.

No Brasil, a Rural Willys fez um provocante anúncio: "É bom comparar". Nenhum texto, só fatos apresentados em colunas sobre a Rural (lª coluna) e o Fuscão (2ª), citados nominalmente e ilustrados em tamanho iguais. Assim: Potência: 90 HP – 52 HP; Torque 18,67 mkgf – 10,3 mkgf; nº de cilindros: 6 – 4; Capacidade do porta-malas: 1.420 dcm^3 – 200 dcm^3; Passageiros: 6 – 5 etc. Por fim: "Compare também o preço: A Ford Rural custa a partir de Cr$ tantos" – e nem uma palavra sobre o preço do Fuscão, mais baixo, como sabemos. Como nem um palavra sobre outros pontos em que a Rural ficaria em desvantagem em relação ao Fuscão: lógico, o anúncio é da Willys, não da vw. Mas não mentiu, não fantasiou, pode provar tudo o que publicou. "O resultado", disse o relações públicas da Ford em entrevista a *Veja* de 24 de março de 1971, "foi sensacional: em 45 dias de campanha as vendas aumentaram 600%."

De vez que é o maior sucesso da indústria automobilística de todo o mundo, o Fusca apanha muito: "São necessárias muitas vantagens para fazer as pessoas trocarem seu Volkswagen por outro carro", diz a American Motors, vendendo seu carrinho Gremlin. "Quem diria", foi o título irônico de anúncio do maior revendedor Ford/Willys do mundo, quando a Volkswagen mundial apresentou seu K-70. "A Volkswagen acabou adotando as características principais do nosso Corcel, que já tem dois anos e mais de 70 mil possuidores. O Corcel vem provando que tração e motor dianteiros, atuando diretamente sobre as rodas..." etc.

Mas, claro, a VW se defende: "A única coisa mais ridícula do que uma Kombi levando 5m^3 de coisas (foto da Kombi, fechada, mas onde se pode ver, pela janela, um grande urso de brinquedo) é outro utilitário levando 5m^3 de coisas" (e agora a foto real, sem retoque, do utilitário da General Motors, soterrado por urso, árvores de Natal, barracas, embrulhos e pranchas de surf que saem por todos os lados...).

Decidir pelo *hard-sell* é uma decisão a ser tomada necessariamente à luz de muita dose de adequação e muita base nas realidades de marketing. Genericamente falando, é recurso do anunciante pequeno, que luta por se ombrear com o grande. É recurso do produto ainda em fase de guerrilha comercial contra o concorrente famoso, que domina o mercado. Quando o quadro é esse, mais uma razão para que o produto citado pela propaganda do concorrente não revide, não tope o duelo, não aceite o outro como seu igual.

Vejamos este anúncio da RCA (computadores): "Tese: a RCA é alternativa melhor do que IBM. Prova: 81% dos nossos novos clientes são antigos clientes da IBM". Claro, a IBM não respondeu à campanha. No escuro, posso adivinhar que esses 81% da RCA são talvez 0,1% dos clientes da IBM... que a deixou enquanto ela conquistava, no período, número maior de outros novos.

Em 1973 nossa agência aceitou a tarefa de anunciar em São Paulo um prédio de apartamentos em fase de acabamento, cuja venda, há vários meses, estava a zero. Fomos lá, visitamos a construção, o local, o que podia ser dito e não dito, até que alguém nos deu a informação (em seguida rigorosamente pesquisada, provada, documentada) que representava realmente a alma da oferta. Fizemos um anúncio de quase página inteira no *O Estado de S. Paulo* com o título: "A poucos passos do local onde GOMES DE ALMEIDA FERNANDES vendeu, este ano, um edifício com apartamento de 3 dormitórios, estamos lançando outro, do mais alto luxo, com apartamentos de 4 DORMITÓRIOS – E MUITO MAIS BARATOS!". Em dois fins de semana o prédio inteiro estava vendido!

Entrementes, houve um pequeno qüiproquó. A construtora, pelo que se apurou incidentalmente, não se importou (inteligentemente) com nosso anúncio. Mas a agência da construtora mandou representação contra nossa agência por meio do Sindicato em São Paulo, que por sua vez nos oficiou. E a empresa de crédito imobiliário, que financiava a obra, cortou o crédito de nosso cliente...

Tivemos o desprazer de ter de explicar ao Sindicato o que era *hard-sell*, sua legitimidade, bem como confessar-lhe nossa taxativa decisão de continuar citando em nossos anúncios a Gomes de Almeida Fernandes ou qualquer outra construtora, ou qualquer outra empresa, a nosso inteiro critério, e a critério dos interesses de nossos clientes. Quem quisesse que nos processasse, pois a Justiça é para isso. (Efetivamente, ainda publicamos aquele anúncio duas vezes, até as vendas se encerrarem.)

À empresa de crédito imobiliário, igualmente, fornecemos todo um dossiê, inclusive provas de que *ela também,* ainda que apenas não citando nominalmente seus concorrentes, afirmara muitas vezes, em seus anúncios, serem seus concorrentes lerdos em seus serviços, não oferecerem facilidade de acesso a seus clientes etc. Quando o maior dirigente dessa empresa (que na época estava em viagem) retornou à firma e soube de todos os detalhes, resolveu tudo com bom humor, reabriu a linha de crédito e felicitou a imobiliária pelas vendas...

De São Paulo a agência propôs, por meio do Sindicato, que se encerrasse a questão. Devo confessar, em defesa dela, que no último instante ela descobriu um ponto fraco em nossa posição. Nós erramos, mentimos sem querer, num único detalhe, que até então nos passara despercebido. Eu falara, a certa altura do título "estamos lançando outro", quando o prédio já havia sido lançado no ano anterior, e tratava-se de um relançamento...

Estou me estendendo tanto nesse item porque acho fundamental, mesmo quando o homem de criação não enverede pelo *hard-sell* direto, que ele tenha em mente, de forma clara, o quadro da concorrência do produto que anuncia.

"Ninguém ama um homem gordo" – vendendo adoçante artificial, teve sua resposta ao anúncio "Com açúcar e com amor", da Cooperativa dos Produtores de Açúcar.

Quando a Volkswagen insistia tanto no fato de o Fusca dispensar água ("O Volkswagen só precisa de água para lavar"), o Gordini perguntava "Economia de água?", com a foto de uma menina enchendo o radiador com um regadorzinho de brinquedo. E argumentava: "Qual a vantagem?". "O Gordini economiza o que custa dinheiro: gasolina!" Mas quando o Gordini noticiava as quinze provas de corrida que já tinha ganho em sua vida ("Modéstia à parte", ilustração do Gordini coberto de medalhas), o Volkswagen rebatia: "O Volkswagen não é obviamente um carro de corridas. Ele não precisa participar de corridas para provar sua superioridade. O Volkswagen é um carro para a família... Mesmo sendo um corredor profissional, você precisa de um Volkswagen: nem sempre você dirige dentro de uma pista".

E quando a Kombi, ilustrada no anúncio ao lado de uma Rural (retocada para salientar o motor), perguntava: "Você transporta carga ou motor?", a Rural respondia com um anúncio em que ela aparecia pegando um grupo de crianças no colégio: "Existe carga mais preciosa?". E o texto: "Se você acha que segurança realmente importa, sua escolha recairá sobre um veículo forte:

carroceria de construção rígida, estrutura sólida, reforçada nas laterais. Motor na parte dianteira, seu melhor pára-choques..." etc.*

Resumindo: se tenho de criar um anúncio para vender o lápis do Lessa, posso também convenientemente partir dos anúncios que vendem outros lápis com sucesso, ou mesmo diretamente dos outros lápis. Para rebatê-los. Para superá-los.

Prestação de serviços

Depois da opção mais agressiva, a opção mais "Paz e Amor". No intuito de capitalizar simpatia, valorizar a imagem institucional, posso abrir mão da oportunidade que tenho, nos anúncios que pago, de falar exclusivamente de mim mesmo, do meu produto, da minha excelência, para, ao contrário, divulgar idéias amplas, generosas, de interesse geral. Elas também funcionam.

- A grande campanha da Mobil: "Mobil wants you alive", contra as loucuras do trânsito.
- Olinkraft, fabricante de papel, exorta em anúncio de página dupla: "Se a África, a Ásia e a América do Sul virarem comunistas, não o culpe". Foto: Karl Marx.
- "Não queremos dinheiro algum que seria destinado ao feijão" – jura a Seagram's, "o maior fabricante de *whisky* do mundo", pedindo moderação no uso de seus produtos. "Não nos interessa, como consumidor, aquele que, para comprar nossas bebidas, sacrifica coisas mais valiosas."

---

* Este livro já estava escrito quando a Censura Federal proibiu propaganda que citasse concorrentes. Diz a portaria que os anúncios comparativos de natureza subjetiva, com o emprego de reclame (*sic*) dos próprios artigos ou produtos dizendo-se melhores que os do concorrente (designado nominalmente ou de modo audível) configura concorrência desleal, possibilitando a prática de crime.

Observações: 1) Antes de redigir desta forma, a Divisão de Censura deveria se valer da assessoria de outro organismo federal: o Mobral. 2) Toda propaganda é uma afirmação – de natureza subjetiva, como afirma a Censura – de que o produto anunciado é melhor do que o concorrente. 3) Nesse contexto, citar o concorrente exige a menção de prova concreta em teste fidedigno sobre a alegada superioridade – o que sempre beneficia o consumidor e seu poder de julgamento. 4) Essa prática não configura a concorrência desleal, crime descrito com muita precisão no Código Penal (art. 196); e o Código Penal não admite analogia, o que qualquer calouro de Direito já aprendeu. 5) Além disso, sendo a concorrência desleal um crime, como poderia sua prática (se acaso *hard selling* fosse concorrência desleal) "possibilitar" a prática de crime?

Enfim, uma decisão digna da proverbial inteligência e competência da Censura.

232 criatividade em propaganda

- Ou a campanha dos televisores Colorado, convidando a que você não deixe entrar em sua casa os programas horríveis que ainda infestam a TV brasileira. "Nem desvie para a tela de TV parte do amor que deve à sua esposa."
- Ou a da Caixa Econômica Federal, lembrando o quanto aquele pai de família "perfeito" pode ser na verdade um egoísta insensível quando se trata de vizinhos e estranhos...

Claro, as cartas estão marcadas, e as segundas intenções estão sempre presentes.

Isso se reconhece mais em (ótimas) campanhas como a da Coopersucar, convencendo as pessoas a fazerem exercício (açúcar é energia); ou a da Companhia Telefônica de Nova York, oferecendo uma "moeda de emergência" a toda criança, para, em caso de se perder, telefonar para casa; ou a campanha de esclarecimento a jovens sobre doenças venéreas, patrocinada, por exemplo, pela Metropolitan Life, empresa seguradora etc.

Mesmo assim, um toque que seja de desprendimento, de utilidade pública é algo civilizado e sempre bem-vindo em qualquer peça de propaganda.

O anúncio mais simpático que vi sobre o Sesquicentenário da Independência do Brasil foi aquele publicado pela Ultragás: "Aproveite agora que ninguém está olhando e decore a letra da música do aniversariante": no texto, a letra completa do Hino Nacional brasileiro. Pouca gente sabe de cor.

Já que propaganda, como um todo, é algo tão pragmático, interesseiro, agressivo, toma-lá-dá-cá, um anunciante disposto a gastar dinheiro para ser, ou parecer, uma exceção, pode beneficiar-se, às vezes mais do que os outros, de simpatia pública e credibilidade.

Considere a opção.

Cinco aspectos técnicos

Diga tudo criativamente

Aprenda a definir tudo com graça e originalidade. Há sempre dois modos (pelo menos) de expressar um mesmo pensamento: o óbvio e o criativo. E o óbvio raramente convence.

Independente da solução criativa, independente do título criativo, treine até poder definir tudo, redigir o texto todo, de forma nova, intrigante, espirituosa ou dramática, até a última palavra.

Para anunciar que uma grande loja (como a Macy's de Nova York) institui um serviço de recebimento de reclamações, que serão encaminhadas ao vice-presidente, você pode dizer: "Agora suas reclamações vão ser lidas por nosso próprio vice-presidente". Mas também pode dizer, de forma muito melhor: "Se você já desejou dar idéias ao vice-presidente da Macy's sobre como melhorar o negócio – aqui está sua chance".

Você pode dizer, sobre a segunda mão de tinta que cada carroceria do carro leva na fábrica: "Quando a pintura do seu carro acabou, nós o pintamos de novo". Ou, bem melhor: "Depois de pintarmos o seu carro, nós pintamos a pintura".

Você pode dizer, a propósito do antiperspirante Odorono: "O desodorante que age à medida em que você transpira". Ou, muito melhor: "O desodorante que funciona a suor".

"Os insetos destroem grande parte da safra mundial de legumes, cereais e frutas"? Não: "Você come o que os insetos deixaram".

"Mande em caso de necessidade o cupom desta página"? Melhor: "Rasgue a página em caso de emergência".

"A sopa Doxsee tem mais ostras" ou "A sopa Doxsee é feita de ostras e muitas outras coisas boas"? Não, muito melhor: "A sopa de ostras Doxsee é feita de ostras, batatas, ostras, tomates, ostras, cenouras, ostras, cebolas, ostras, salsas, ostras, óleo vegetal, ostras, sal, ostras, amido, ostras, pimenta vermelha, ostras, temperos, ostras, água e ostras".

Ponha o nome no título

"Um título vale oitenta centavos do dólar", diz David Ogilvy. "Não é incomum a mudança de título de um anúncio aumentar de cinco a dez vezes o retorno", afirma Claude Hopkins.

Moral: ponha o nome do produto direto no título, sempre que possível. Qualquer que seja a "opção" em curso, você sentirá que seu anúncio vai dobrar de eficiência:

- "A coisa mais importante na economia do Volkswagen é o tempo que ele permanece econômico."
- "A CTB já investiu quase 1 bilhão de cruzeiros para que falem mal dela."
- "Para provar que o amplificador Fischer é o que reproduz melhor, nós criamos um disco que faz até os concorrentes da Fischer reproduzirem bem."
- "Quando você instala um redutor Falk, a Falk nunca mais se esquece de você."

234 criatividade em propaganda

- "Você vai perdoar todos os buracos que a Light está abrindo quando souber o que acontece dentro deles depois de fechados."
- "Se você duvida que a Villares Wrightson é uma fábrica de indústrias, você não merece ter uma."
- "Alka-Seltzer on the rocks."
- "Se todas as vodcas não têm gosto, como é que você reconhece quando é Wolfschmidt?"
- "Criamos os cigarros Virginia Slims especialmente para as mulheres porque elas são biologicamente superiores ao homem."
- "Notícia para você que não gosta de leite: A Montor percorreu 12.300 quilômetros para que você passe a gostar!"

Invente (para as vítimas) uma desculpa

Aprenda que as pessoas precisam, para elas próprias, também de uma justificativa subjetiva para comprar. Avon, por exemplo, aumentou muito suas vendas de porta em porta, ao oferecer a cada mulher também algum produto "para ele": isso dá às compradoras eventual justificativa para gastos que elas possam fazer com produtos para sua própria vaidade feminina.

- "Todo médico já pode passar uns dias no exterior sem dores na consciência. A Pan Am tem o analgésico: Congressos Médicos Internacionais."
- Diz o anúncio do pequeno Citroen *deux chevaux* tentando vendê-lo aos homens: "Em último caso, você pode dizer que pertence à sua esposa".
- "Honra-te a ti mesmo", diz o uísque Johnnie Walker.

Textos grandes

Os textos grandes vendem mais que os pequenos.

Conheço coleção de anúncios excelentes, de resultados comprovados, com textos enormes, sobre praticamente qualquer produto.

A grande desvantagem de um texto grande sobre um pequeno é, em princípio, uma só: ele exige, imprescindivelmente, um grande redator para levá-lo a cabo. Já o texto pequeno – uma vez sendo boa a idéia, o título, o *layout* – é como um "extra" numa peça: pode declamar suas poucas palavras e sumir sem comprometer o espetáculo.

Redatores que acham, em tese, que os leitores não são dados a ler muito, são redatores que *não sabem* escrever muito.

Se seu anúncio concorre visualmente, e tantas vezes com vantagem, com as atrações visuais das reportagens das revistas, por que seu texto também não pode concorrer com as atrações editoriais? E praticamente não há reportagem de revista que não tenha texto cinco vezes maior do que o texto grande de qualquer anúncio...

Diga a verdade!

E o mais poderoso argumento de venda jamais encontrado pelo mais criativo cérebro! "Dizer a verdade", diz o presidente da DDB, "é o caminho mais comprovado para mover grandes quantidades de mercadoria" – e nós até aqui já citamos vários sucessos dessa agência provando que também isso é verdade.

Mas é difícil explorar a verdade. As pessoas – publicitários e clientes – muitas vezes estão de tal forma envolvidos em preconceitos e temores que, na hora de autorizar um anúncio – algo público, devassado, irreparável – "a inverdade poética", "a fantasia desculpável", a verossimilhança, a omissão, a habilidade em contornar desconhecidos problemas, torna-se a tentação de todos.

Certa vez, tínhamos de preparar campanha para uma fábrica de ar-condicionado que se incendiara e que então voltava a operar. Toda orientação nos fora dada no sentido de que o consumidor "aprendesse" que os produtos estavam simplesmente de novo disponíveis, em novo endereço, com novas características, introduzidas todas depois do sinistro – o qual, contudo, não deveria ser lembrado. Perdemos muito tempo em discussões sobre isso, antes de dar com a solução evidente, comercialmente compensadora para o próprio anunciante: anunciar que a fábrica pegara fogo há quatro meses, mas que estava inteiramente recomposta, pronta para servir. Somente quando a coisa foi posta nestes termos é que se viu que não havia nenhuma razão objetiva e coerente que justificasse "esconder" nos anúncios um incêndio que a imprensa noticiara e todo mundo no mercado sabia. O pessoal esquivava-se por vício...

Dezenas, talvez centenas de vezes, já deparei com pudores semelhantes. Quase todos irracionais, justificáveis talvez pela depressão, receios e bitolamento que sofre o empresário no comando. Um publicitário criativo deve tentar quebrar tais "defesas" do cliente em benefício dele próprio, cliente, de sua propaganda, de suas vendas.

As pessoas fascinam-se com a verdade. "Não há vinho que embriague mais", dizia o nosso Machado de Assis. Mesmo misturado com água. Até hoje, lembro-me de um comercial de televisão, veiculado há mais de quinze anos, que começava assim: "O creme de barbear Bozzano... é um creme como outro qualquer. Dura um pouco mais, faz realmente uma barba mais macia... etc."

236 criatividade em propaganda

Minha agência opera com vários bancos, todos grandes anunciantes, seja em jornais noticiosos, seja em fotos mirabolantes, demonstrações de força e juras de amor. Pessoalmente, sempre defendi a tese de que a propaganda bancária é fundamentalmente *reminder*, de lembrete – ninguém abre conta no banco por causa dela. Pois no meio de tanto *show* pirotécnico, um anúncio do Banco de Crédito Real de Minas Gerais, em preto-e-branco, com texto longo, sem ilustração, me fez mudar de opinião. Lendo-o, desejei realmente ser cliente desse banco.

Simplesmente porque ele dizia a verdade que, exposta assim, candidamente, provou ser afinal o argumento mais persuasivo de uma organização bancária, qualquer organização bancária. Argumento que, a valer as aparências, jamais foi considerado pelos criadores das notáveis campanhas dos outros bancos. Alguns tópicos:

"DECLARAÇÃO DOS DIREITOS DO CLIENTE

(Para você ler cada vez que for abrir conta num banco)

- Todo cliente tem o direito de ser bem recebido numa agência de banco. Qualquer que seja a operação (abrir conta, fazer depósito, pedir empréstimo), a visita do cliente sempre traz, direta ou indiretamente, algum lucro para o banco. Portanto, ao ser recebido com um sorriso, o cliente deve ter consciência de que o banco não está lhe fazendo nenhuma gentileza especial.
- Todo cliente tem o direito de receber do banco alguns serviços básicos, como pagamento de suas contas, informações sobre imposto de renda, incentivos fiscais e orientação em seus negócios. Ao fazer isso, o banco está apenas retribuindo a confiança do cliente. Afinal, o cliente não recebe juros pelo dinheiro que mantém em sua conta corrente. Um dos principais recursos operacionais de um banco é o volume de depósitos dos seus clientes.
- Todo cliente tem o direito de pedir empréstimo ao banco, sem constrangimento, sem achar que o gerente está sendo bonzinho ao emprestar. Primeiro, porque para conseguir o empréstimo o cliente atende a alguns requisitos básicos. Segundo, porque o banco cobra juros por esse dinheiro. Portanto, se o empréstimo pode ser bom para o cliente, melhor será para o banco, que faz disso um de seus meios de vida."

A verdade é uma grande solucionadora de problemas!

12 televisão: tudo diferente, só que a mesma coisa

Princípio básico: crie uma tensão dramática e alivie-a depois com seu produto.

TV
or not
TV?

Anúncio para Reader´s Digest.

Milhões de palavras já foram escritas para provar que televisão não somente é o órgão de comunicação absoluto do futuro, estando todos os outros com os dias contados, como para provar que já é, hoje em dia, o veículo definitivo. Se não milhões, pelo menos milhares de fatos, pequenos ou grandes, já ocorreram para abalar ambas as teses.

Televisão é um órgão caro e poderosíssimo. Para a sustentação de um produto consagrado (Coca-Cola) ou divulgação de um apelo simples (beba mais leite) pode ser o veículo ideal, não importa a tabela de preços. Possui índice baixo de fidedignidade comparável ao da palavra escrita – exceto talvez em campanhas "eleitorais", venda de personagens. Não se presta à explicação extensiva quando se trata de produto ou serviço particularmente complexo e cheio de vários aspectos. Mas presta-se superlativamente bem à técnica de demonstração de uma idéia ou produto relativamente simples.

Tudo isso são considerações gerais que fogem ao tema deste livro: criatividade. Assim, eu diria o seguinte: por muito que possa ser qualitativamente diferente e peculiar a criação de filmes de televisão, ela lança mão, basicamente, das mesmas opções (quase todas) que apresentamos nos dois capítulos anteriores. O leitor deve ter estranhado que num livro sobre criação publicitária eu já tenha completado 11 capítulos, e dado cerca de 50 exemplos de anúncios, praticamente "ignorando" a TV. Foi proposital. A criatividade em TV é constituída, como disse, dos mesmos recursos e forças da criatividade publicitária em geral, apenas com um único ingrediente a mais, que só agora vale a pena abordar: o drama.

Drama – todo mundo sabe o que é, *sente* que sabe. Envolve a tragédia e a comédia, mas a rigor nunca se conseguiu dar a ele definição precisa. (Já se disse inclusive que a tragédia é a mais alta forma de comédia; e a comédia a mais alta forma de tragédia.)

Para o efeito prático (e muito mais simplório, quando nos lembramos de Sófocles) de compreender o drama de que se nutre a criatividade em TV, eu me fixaria no fato de que ele é fundamentalmente *tensão*. Tensão – e alívio de

240 criatividade em propaganda

tensão, lembrando a forma clássica da catarse, efeito emocional da tragédia. Ou tensão – e alívio de tensão, na forma de humor, alma da comédia.

O drama está para a criatividade em TV como a retórica está para a criatividade editorial (assim como a fluência está para a criatividade em rádio; e a síntese, para a criatividade em *outdoor*). O homem criativo em TV cria situações dramáticas, situações de tensão, tomando por base os mesmos elementos que citamos em "criatividade visual" e "criatividade editorial". Estas situações se resolvem seja pela catarse que oferece o produto, o serviço, a idéia; seja pelo humor, pela descontração feliz, proporcionado pelo produto, pelo serviço, pela idéia. Dois exemplos, um para cada caso.

- Menina jogando bola na calçada, de rua com tráfego intenso, e, em superposição, a contagem regressiva de segundos: 20, 19, 18, 17. Agora ela vê a mãe do outro lado da rua – 14, 13, 12 – corre pela calçada, grita alegre para a mãe – 8, 7, 6 – ainda hesita, começa a cruzar a rua – 4, 3, 2 – surge o carto, freios, gritos – a cena pára em zero segundo. Moral: proteja a vida de seus filhos (campanha de segurança no trânsito).
- Longa fila de carros num funeral. Logo após passar o carro funerário, com o esquife, ouve-se a voz do falecido, citando seu testamento (que evidentemente ainda vai ser aberto): "Eu, Maxwell E. Snavelly, por minha livre e espontânea vontade, deixo em herança a meu sócio Jules (e então vê-se o sócio, num carro de luxo logo atrás, feliz, fumando charuto, cercado de amantes) meu isqueiro como lembrança"; "para minha sogra Margareth, tão dada a festas perdulárias (e lá se vê a sogra, posando em outro imenso carro de luxo), deixo aquele livro de receitas"; (e assim, uma lembrancinha para cada proprietário dos carros monumentais que vão se sucedendo). "Finalmente, para o meu sobrinho Harold, sempre tão trabalhador, tão econômico, tão sensato (e aparece um Volkswagen, fechando a fila) deixo toda minha fortuna..."

Existem publicitários mais criativos em imprensa do que em TV, e outros mais em TV do que em imprensa. Isso se deve, além do desenvolvimento e tarimba em um ou outro setor, a que na prática muitos dos profissionais acabam se ligando ao elemento *dramático* que a TV exige como verdadeira alma de sua movimentação.

A par disso, as opções são basicamente as mesmas, e podemos empreender um rápido exame de suas aplicações no vídeo, sem sequer nos preocuparmos em descrever cada filme por inteiro, nem em precisar o nome do anunciante:

Submeta seu produto a uma aventura visual

1. Uma lata de Ovomaltine. Ela agita-se, acomoda-se, tentando ficar confortável, enquanto o som é de cacarejar de galinha. Finalmente, a lata se levanta, revelando um ovo. Locutor: "Ovomaltine, a bebida alimentar e tonificante com ovos".
2. Um Volkswagen pequenino, como um besouro, corre a toda a volta, loucamente, com um som de besouro. Vem um mata-mosca gigante e bate nele. Ele pára um pouco, volta a correr. Outra pancada. Ele pára, "recupera-se", volta a correr...

Vá do abstrato ao concreto

1. Formiguinha em fila, andando, andando, trabalhando, girando, trabalhando, trabalhando. Corta para frota de caminhões Ford, manobrando, girando, trabalhando, trabalhando.
2. Pó finíssimo sobre uma placa de vidro, caindo. Aparece um dedo, desenha um olho. Locutor: "Seus olhos sofrem com a poluição, necessitam de Murine".

Compare para valorizar

1. Escova de dentes elétrica, com pasta, em três segundos deixa uma infinidade de marcas numa placa de vidro. Vem uma escova comum e começa a repetir a operação, "vagarosamente". Locutor: "Você precisa de cinco minutos para dar o mesmo número de escovadas que Broxodent dá em três segundos". O resto do comercial transcorre em silêncio, com a escova comum em seu infindável vai-e-vem.
2. À noite, na estrada, um carro arrebentado contra um poste, ainda de faróis acesos. O rabecão ao lado, com um funcionário retirando sem pressa uma maca. Perto, passa um trem noturno, veloz, iluminado. Locutor: "Num trem, você pode dormir a 120 km por hora e acordar de novo" (propaganda das Linhas Ferroviárias Britânicas).

Teste à vista de todos

Eis a opção em que a TV é absolutamente imbatível.

242 criatividade em propaganda

1. De bordo de um avião, alguém lança no ar uma mala American Tourist. Outra câmera, do solo, filma a queda: aos poucos, o pontinho negro no ar vai crescendo, crescendo, e a mala bate com força no chão, salta como uma bola. Alguém vai lá examiná-la. Perfeita.

2. Diz Ed Reimers, segurando um microfone, ao lado de um Mercury, num campo de provas. "Allstate (empresa de seguros) acredita em colchões de ar. Assim, recentemente adquiriu 200 Mercurys com colchões de ar para o pessoal da Allstate dirigir. Os colchões de ar estão logo aqui (mostra o interior do carro, em frente ao motorista). Esta unidade especial sensitiva (mostra na mão um objeto do tamanho de uma caixa de fósforo) que usa a tecnologia do programa espacial americano, decide se a batida é séria suficiente para inflar o colchão de ar. Há pessoas que se preocupam pensando que o colchão poderia inflar-se acidentalmente (e agora vê-se o Mercury tomando velocidade na pista), fora de hora. Mas o sensor foi desenhado para evitar isso. As mais acidentadas estradas não inflam o colchão de ar. Pequenas colisões não o inflam. Freiadas fortíssimas também não (e lá está o carro dando uma freada de queimar os pneus). Mesmo fazendo o carro saltar de uma rampa (e lá vai o carro voando, na famosa acrobacia), não inflará o colchão. O colchão somente infla (e agora o carro toma velocidade em reta) num choque frontal realmente sério (bum, contra uma parede) capaz de causar dano." (Vê-se o colchão absorvendo o impacto do corpo do motorista contra o volante.) "Allstate afirma: é hora de usar a tecnologia espacial para reduzir o número de vítimas em automóveis (motorista sorri, começa a sair do carro, *close* do Mercury todo arrebentado)... e salvar vidas."

Sexo

1. Um homem adulto, dirigindo carro, todo feliz, assobiando, enquanto ela (tipo latino, italiana) prepara uma macarronada. Ele chega, come depressa, começam a flertar, nem dá para acabar o prato, ele tira depressa a camisa, vão para a cama.

2. Há exemplos muito mais fortes, como o rapaz botando o cinto de segurança na moça, dentro de um carro esporte! A cada gesto, ela suspira, voluptuosamente.

3. Uma garrafa de champanhe, cujos arames da rolha vão se desprendendo com esforço, e ao som de batidas de coração aceleradas. Finalmente, solta-se a última ligação, a rolha salta, e o champanhe jorra sobre uma rosa, que desfalece. Que melhor exemplo de tensão e alívio do que um orgasmo?

Humanização

Outro item que funciona extremamente bem em TV.

1. Mãos de homem folheando uma caderneta de poupança. Sua voz lembra à mulher os episódios passados, em função da lista de saques e depósitos. "Nós começamos com tão pouco. Mas aqui já tínhamos economizado um bocado. Aí você teve nosso primeiro filho e a conta baixou. Depois eu fiz aquele negócio excelente, você se lembra? Veja como sobrou dinheiro. Foi quando nasceu o Carlinhos. Somente dois anos depois é que eu já tinha sido aumentado, e ficamos de novo com caixa alta. Aí veio Maurício, mas mesmo assim foi bom. Porque conseguimos juntar dinheiro de novo e agora temos um ótimo saldo." Fecha a caderneta. Voz de mulher: "Querido, eu hoje fui ao médico e adivinha o que ele disse?". Mãos do homem reabrindo nervosamente a caderneta...
2. *Close* de olho de homem. O olhar segue pessoa que passa, ouve-se o assobio galanteador: fiu-fiu. Depois o olho fixo, solene, e ouve-se a marcha nupcial. Agora o olho volta-se para baixo e escuta-se o vagido de um bebê – o olho se aperta, comovido. Ouve-se clic, clic: em superposição, o olho transformou-se num diafragma de câmera: a Kodak lembra a você como é bom documentar as fases de sua vida.

Humor

É tão freqüente em TV porque é uma das alternativas intrínsecas do drama, como explicamos.

1. Um claustro da Idade Média. Um monge beneditino passou a noite à luz da vela, copiando um manuscrito. Agora amanhece e o galo canta, ele se vira para o lado, bate sem querer no tinteiro e derrama a tinta pelas páginas, pondo a perder todo seu trabalho. O santo homem ameaça explodir numa imprecação, mas... ergue os braços aos céus, implorando paciência. Em seguida, abre com calma uma gaveta e retira uma garrafa de licor Benedictine para se refazer do revés.
2. A sombra de frondosas árvores uma garota feiosa ouve cada vez mais emocionada declarações de amor. Depois se vê melhor: ela está abraçada a um toca-fitas Aiko.

244 criatividade em propaganda

3. Comissários soviéticos visitam um inventor de automóveis na Sibéria. O camarada fez uma camioneta horrenda. Os homens gozam o inventor e o levam para fora da oficina mostrando-lhe uma Kombi. Em seguida, um deles diz: "Let's take him to a ride" (vão matá-lo).
4. (As companhias telefônicas são pichadas pelo público em qualquer país do mundo.) Locutor, sério e comedido, de frente para a câmera, começa a informar fatos sobre a Companhia Telefônica, o que ela está investindo, os melhoramentos que pretende introduzir etc. Às suas primeiras palavras, alguém atira-lhe um tomate na testa. Logo em seguida, outro na bochecha. Ele continua falando, sobriamente, e os ovos e tomates voando...
5. Aparece um americano entre políticos maoístas e é convidado a uma partida de pingue-pongue. Quando tira o paletó, todos os chineses emitem grunhidos de admiração pela camisa Arrow do rapaz.

Explique seu produto

1. Mão fechada, apontando o indicador para a câmera. "Num carro esporte de dois lugares... (lápis colocado sobre o indicador e apoiado na metade anterior) alguns colocam o motor na frente (lápis, desequilibrado, cai), alguns o colocam atrás (lápis, apoiado na sua metade posterior, de novo, cai)." "Mas uma coisa aprendemos em vinte anos de corridas... só há um lugar para colocar o motor" (lápis de novo colocado sobre a mão, agora apoiado no meio. Ele se equilibra perfeitamente). Aparece escrito sobre ele: "O motor central Porsche".
2. Helicóptero levanta vôo. Locutor: "Quando você está num helicóptero, o rotor automaticamente começa a girar (aparece mão soltando no ar um brinquedinho de papel, com duas asinhas), ele continua girando independentemente de energia ou comando (solto no ar, o brinquedo vai descendo vagarosamente, com as asinhas batendo). Há grandes engenheiros na Borg-Warner" (brinquedo ainda no ar, funcionando, aterrizando lentamente).

Explique seu antiproduto

A parte cortada de um pão de frente para a tela. Aos poucos, ouve-se o som longínquo de abalo sísmico. A superfície vai se enrugando, de início quase imperceptivelmente, depois mais acentuada, o "tremor" aumenta, agora a crosta se parte, surgem enormes fendas – o pão endureceu. (Filme suíço para explicar a conveniência de usar a folha de alumínio Golden Lion para proteger alimentos de deterioração. No caso, a técnica visual foi fazer um único fotograma a cada curto intervalo de tempo [quadro por quadro] durante uma semana, e depois rodar o filme a velocidade normal, com barulho de terremoto.)

Faça o cara viver o drama

1. Uma pessoa brincando no mar (a cena é filmada do ponto de vista dela própria), olha para a praia, pula, de repente perde o pé, grita, afunda, volta à tona, debate-se, afunda de novo, grita já com água entrando-lhe pela garganta, afunda, solta ar, borbulha, afunda, agora ouve-se apenas as batidas cardíacas, até a parada final. (Filme argentino, para prevenção de afogamentos.)
2. Um carro é levado de helicóptero até o alto de um edifício de dez andares. Depois, é colocado numa rampa e empurrado para baixo. Uma câmera filma, de dentro do carro, do ponto de vista do lugar do motorista, a queda terrível. "Quando você bate a 120 km por hora, você sofre o mesmo impacto de uma queda de dez andares" (campanha da Mobil).

Desdobre o uso do produto

1. Cada menino ou menina que chega para a festinha infantil segurando um presente, a mãe fotografa com uma Polaroid. Depois, revela ali mesmo, em sessenta segundos, e coloca foto por foto no lugar reservado a cada criança na mesa de doces. (Você já tinha imaginado uso tão simpático para a Polaroid?)

Testemunhal

Nem dá gosto exemplificar. Você os vê todos os dias: Marília Pera recomendando Sempre Livre. Paulo Autran recomendando o Dodge. Emerson Fitipaldi recomendando não me lembro mais o quê. É isso aí.

Onírico

Você os vê, na sua televisão, vários, todos os dias.

Crianças correndo pelo gramado, felizes. Cenas de romance perfeitas. Luares, praias desertas, florestas intocadas, lares divinos. Houve uma série deslumbrante de filmes para a Coca-Cola somente usando cenas submarinas, valorizadas com tratamento especial de laboratório.

246 criatividade em propaganda

Imagem global: *leit-motiv*

1. A "Mônica" e o elefante da CICA.
2. O "Teobaldo" do Guaraná Antártica.

Mostre seu produto

Poderia haver recomendação mais importante para um filme de TV? O produto em *close* nunca poderá estar errado. Como nunca estará errado simplesmente demonstrar o uso prático do produto.

Itens como "desperte a curiosidade", "informação", "*hard selling*" e "prestação de serviços" são de aplicação evidente por si mesmos. Isto é, são de transposição facílima para TV. Inútil exemplificar.

Por outro lado, itens como "trocadilho", "termos quentes" e "*story appeal*" – quase 100% literários – são de aplicação muito remota em TV, veículo preponderantemente *visual.*

Como sempre, as "classificações" acima (assim mesmo, entre aspas) são apenas pontos de referência, e não elementos precisos. Em geral, a todo momento, as técnicas se misturam, sendo o humor componente muito freqüente, e o drama (tensão) quase imprescindível.

Exemplos de uma das mais recomendáveis providências em TV – "Demonstre o uso do produto" – solucionado com uma "aventura visual", um toque de "humanização", uma pitada de humor, uma carga onírica etc.

1. *Aventura visual:* Pintinhos nascendo debaixo do cobertor elétrico Dream's.
2. *Toque de humanização:* Um senhor de idade fazendo, saudavelmente, sua sauna dentro de uma cabana na Escandinávia. Depois de bem aquecido, sai para fora, na neve, pula num poço de água gelada e lá fica boiando, feliz, batendo os pés, no meio do gelo. Ao lado, esperando por ele, seu carro Volvo (cujo motor "pega" sempre, não importa a temperatura).
3. *Humor:* a) Um homem de pijama abre a geladeira de madrugada, silenciosamente, e prepara um enorme sanduíche cheio de maionese, ketchup etc. Quando vem com ele, pé ante pé, deixa-o cair e a coisa faz uma sujeirada dos diabos no carpete. Ele rapidamente extrai um quadrado do carpete, no ponto em que sujou, e o substitui por outro, limpinho, e vai embora. Prova irrefutável da facilidade de manter o carpete X sempre novo; b) *Cowboy,* num rodeio, tentando domar

cavalo superenfezado, que pula feito louco com ele, que, mesmo assim, se mantém firme na sela Depois se vê: está preso a ela pelos cintos de segurança Y para automóvel; c) Homem acorda suavemente, feliz, graças ao seu rádio-despertador FM Sony. Fica de pé, compõe-se, perfila-se, abre uma porta. Ele é sargento, e agora acorda o batalhão todo aos gritos e descomposturas!

4. *Carga onírica:* Homem calçado por "Conga" salta na arena e enfrenta touro. O filme é todo cheio de efeitos, correrias, *closes* – com ênfase na agilidade, firmeza e leveza do calçado, em ação.

UM ÚNICO ASPECTO TÉCNICO

Eu já andei lendo alguns artigos sobre "como fazer filmes criativos", ou "como fazer filmes engraçados" e embora nada tenha a me opor a nenhum daqueles conselhos, não creio sinceramente que eles ajudem muito na hora premente de vender, pela TV, aquele maldito lápis do Lessa!

Ao contrário, prefiro sugerir aqui uma regra que não funciona. Quero dizer, não funciona sempre, e nas páginas anteriores foram enumerados muitos comerciais excelentes completamente contrários a ela. Contudo, ela pode, eventualmente, servir de uma primeira base especulativa, na tentativa de criação de um bom comercial.

TV é um veículo audiovisual. Contudo, é muito mais visual do que áudio. Nesse sentido, às vezes é oportuno cogitar a possibilidade de concentrar o vídeo, *fixar* o vídeo no produto, num objeto, ou numa série de objetos – e desenvolver a argumentação pelo áudio. Deixar ao áudio a persuasão, o arremate, a moral da história. Começar o filme por algo parado ou relativamente parado.

É uma "eventualidade" que às vezes leva o homem criativo a um bom *story-board.* (Ou não leva).

Exemplos:

- O rosto de um sujeito parado na tela olhando para você, sério, durante 20 segundos (constrangedor). Então, vem um punho fechado, dá-lhe um soco na cara (comercial sueco anunciando série de reportagens sobre violência nas grandes cidades).
- Mãos de mulher acabando de quebrar um ovo sobre a frigideira, no fogo. Toca o telefone. Mulher vai atender, diz à amiga que está fritando um ovo (câmera parada no ovo fritando), surpreende-se com o que a amiga responde (câmera parada no ovo), protesta, começa o bate-papo, a fofoca (câmera pára no ovo *queimando*) e finalmente o

locutor: "Uma extensão na cozinha custa menos do que um ovo queimado" (Companhia Telefônica).

- Sinal vermelho de trânsito. Pessoas falando alto, alegres, depois uma freada, um baque surdo, gritos (câmera aproxima-se lentamente do sinal vermelho aceso), correria, outros gritos, alguém morreu, comentários, burburinho atônito (câmera continua se aproximando do sinal vermelho aceso) (filme italiano para educação de pedestres).
- Dois sujeitos, um forte e um fraco, se encarando. Continuam se encarando. Ainda estão se encarando. Aí o fraco "amolece", acovardado. Locutor: "Beba mais leite".
- Mulher numa loja pára defronte à câmera e pergunta ao vendedor (você): "O senhor vende meias sanforizadas?". Voz do vendedor respondendo com grande loquacidade que dispõe de todas as variedades de pares de meia, para todos os tipos de pessoas... Na tela, a mulher insiste: "São sanforizadas?". Voz do vendedor continua exuberante explicação sobre o fato de que, se o problerna é medo de as meias encolherem, ela pode ficar certa etc. Mulher, já com rosto chateado, volta a perguntar: "São sanforizadas?". Vendedor continua falando, falando, enquanto a mulher se retira.
- Câmera parada sobre uma caminhonete, cercada de ferramentas, percebendo-se um sujeito deitado por baixo dela consertando-a. Braço do sujeito sai de debaixo do veículo, procurando algo. Pega um martelo, apalpa-o, rejeita-o. Pega um alicate – tampouco é o que procura. Pega outra ferramenta – e deixa para lá. Finalmente, encontra uma Coca-Cola e recolhe-a para debaixo do veículo. Locutor: "A pausa que refresca".
- Câmera subindo, lentamente, de objeto para objeto. A mamadeira. O refrigerante. O chope. A cerveja Guiness. Locutor: "É bom virar gente grande".

É uma técnica como outra qualquer, mas que às vezes funciona.

13 revisão integração testes

Divisa pendurada na parede de um laboratório de pesquisas: "Este problema, uma vez resolvido, será simples".

Um carro que anda para frente e para trás;
anda depressa e devagar; sobe ladeira e desce ladeira;
e ainda faz curvas... *é* de fato uma maravilha!
Você já pensou nisso?

Anúncio da DDB para o Volkswagen.

A pior conseqüência que poderia ter esse curso, para pessoas interessadas em produzir anúncios, seria, doravante, andarem elas "classificando" os anúncios que vêem de acordo com as opções que sugerimos: eis aqui um comercial que apela para "aventura visual"; lá está uma campanha na base dos "termos quentes" etc.

Nesse caso, um levantamento de possibilidades, uma lista de eventuais recursos, um campo para especulação sem compromisso, teria se transformado numa posição esterilizante e sem saída. Por quê?

Porque você, assumindo essa preocupação, estaria se relacionando com estas opções a partir da ótica do consumidor, e não do criador. A partir do produto acabado, e não do problema.

Propaganda é uma força absolutamente unilateral. Ela vai do criador, por meio do anúncio, para o público. Como as opções antes comentadas são partes constituintes da propaganda, elas estão obviamente magnetizadas por essa força unilateral. Você só pode manejar produtivamente tais opções se se colocar como sujeito no comando dessa força – e não como objeto do seu efeito. Quer dizer: como autor de propaganda, como criador de soluções para problemas de comunicação, persuasão e venda.

E, nesse contexto, o enfoque volta a ser sempre o mesmo: em cima de sua mesa está o produto, e você tem de lançar não de recursos e argumentos no sentido de sensibilizar pessoas a comprá-lo. É face a tal desafio que alguma das opções comentadas pode ser tomada, eventualmente, como a opção. Um recurso como, por exemplo, "Teste o produto", é o *meio* de persuasão entre você e o consumidor. Cada um de vocês estará numa ponta. Assim, você estará sempre numa ponta desse "meio". Apenas, se for um publicitário criativo, estará na ponta certa...

Os itens que apresentei não esgotam absolutamente as alternativas de que você dispõe. Isso aqui não é um tratado e, propositadamente, eu nem sequer apresentei *todas* as opções.

252 criatividade em propaganda

Assim, a melhor de todas, a que possivelmente pode lhe dar mais sucesso em sua profissão de publicitário criativo, não apresento neste livro. Você que quebre a cabeça.

Outro assunto importante que só agora podemos abordar: a criatividade pode explodir nas palavras, ou pode explodir na imagem, mas pode não explodir nem nas palavras nem na imagem. Ela pode, muito simplesmente, explodir na *junção* das palavras com a imagem.

Acredito que há quatro formas de se apresentar a junção título-imagem, ou texto-*layout*, ou visual-editorial:

A primeira, a junção óbvia – criativamente pobre e, portanto, em geral, *errada* – é quando a imagem é simplesmente redundância do texto (ou vice-versa): "Antes de chegar a Paris, que tal uma caçada de elefantes na África do Sul?". Foto: caçada de elefantes. "Nossos gerentes ficam muito chateados quando tudo na seção de embalagem corre bem". Foto (adivinhem!): gerente chateado. Vocês já viram muitos anúncios assim.

A segunda é a junção natural, *correta:* "O melhor de Tóquio é Bangcoc". Foto: tailandesa linda, que não precisava necessariamente estar lá. Ela soma força de persuasão. Outro exemplo: "O 11º mandamento: obtenha lucros". (Argumento de um anúncio da revista de negócios *Forbes*). Foto: padre, inclusive de crucifixo no peito, examinando as longas fitas de uma máquina de somar. A ilustração deu força ainda maior à originalidade do título.

A terceira é a junção desconexa, *errada:* tenho em mãos um anúncio da Moore McCormack (navegação): Título: "Que tal anda seu prestígio em casa?". Ilustração: casal jogando malha a bordo de transatlântico. Início do texto: "Você costuma chegar cedo?... Lembra aniversário de casamento??... Sai de férias com o pessoal?... Não? Então é bom inventar uma compensação: uma viagem (de transatlântico) é uma boa pedida" etc., e só a partir daí é que você fará ligação do título com o *layout*. São casos em que o redator e o diretor de arte não foram apresentados. Cada um elaborou qualquer coisa válida para uma empresa de navegação, entregou sua idéia à produção, bateu o ponto e foi para casa.

A quarta junção é a da contraposição criativa (claro que *correta*) e possibilita muitos dos mais brilhantes anúncios conhecidos. É prova também de que criatividade de texto ou *layout* não é monopólio nem do redator nem do diretor de arte, pois se os setores fossem totalmente estanques, tais anúncios seriam impossíveis.

- Por exemplo: existe a expressão consagrada "Geração Coca-Cola". Então, um título como "Geração Pepsi-Cola" pode, em princípio, ser apenas o uso de um termo quente, por sinal não muito feliz, nem original. Agora, se num anúncio de página, acima do título "Geração Pepsi-Cola" você publica (como fez a revista *Fortune*) a foto de todos os carrancu-dos líderes do Politburo soviético, perfilados debaixo de uma enorme foice e martelo, naquela conhecida sacada do Kremlin, de onde assis-tem todos os anos à parada de 1º de maio – rapaz, você criou um anúncio fantástico! Segue o texto, inteligente, baseado na concessão dos russos a que a Pepsico instalasse na URSS uma fábrica de refrigeran-tes: "Que vai ser do mundo? Os russos convidaram a Pepsi-Cola para o Partido! Eles estão prontos a engarrafar e vender o elixir capitalista dentro da União Soviética – mas isso é apenas um detalhezinho de nada. Eles estão comprando dos Estados Unidos toda sorte de tecnolo-gia, desde fundições a sistemas de controle de vendas em supermerca-dos. A nova edição de *Fortune* explica a você por que" etc.

- Título: "Que tem você feito por seu país ultimamente?" (Shell). Soa como o de um anúncio cívico meio banal. Agora, se na foto está uma pessoa abrindo a porta do carro para esvaziar na calçada seu cinzeiro cheio, este gesto, tão egoísta e corriqueiro, em contraposição ao título, triplicou o interesse da mensagem.

- Um apelo de fim de ano: "This Christmas, buy a drink for someone who needs it" soa, em si mesmo, como sugestão paupérrima. Agora se o título é ilustrado por um velho indiano maltrapilho, de pé no meio do deserto árido e horroroso do Maharastra, esta mensagem da Christian Aid ganhou força incomparavelmente maior.

- Um anúncio famosíssimo, premiadíssimo na América: foto do Módulo Aranha pousado na Lua. Título: "É feio, mas leva você lá". Embaixo, a marca do Volkswagen.

Por sua vez, nem a foto do Politburo, nem a do "sujismundo", nem a do indiano, nem a do módulo, tem em si mesmo sozinha, qualquer valor criativo ou persuasivo. A criatividade explode na junção com os textos que vão sobre elas.

Seja instintivo.

Conheça as opções, os recursos, os bons anúncios e bossas que faíscam nas páginas dos anuários internacionais de propaganda, porque tudo isso pode constituir matéria-prima para seu estalo amanhã, face a um problema real.

Mas, na hora do problema real, enfrente-o cara a cara, procure vencê-lo a *seu* modo, sem apelar para nada nem ninguém. Aceite o desafio como uma questão *pessoal* e dispense ajuda de quem quer que seja.

Mesmo porque, numa hora dessas, ninguém pode mesmo ajudá-lo.

E o que menos pode ajudá-lo, o que mais pode prejudicá-lo no momento em que você enfrenta um problema real, tendo na estante as páginas deslum-brantes dos anuários de propaganda americanos, suíços, franceses – é o plágio.

254 criatividade em propaganda

Em propaganda, plágio chama-se "chupar". Não discuto haver vezes em que, momentaneamente, a chupada salva o indivíduo da pressão. Afinal, quem vai reconhecer um título publicado em sueco, ou uma idéia de foto premiada no Japão? Não há praticamente cobrança de direitos autorais no Brasil para essas coisas. Se a idéia funciona, aumenta vendas, o cliente, por sua vez, em geral, está se ralando para a procedência. Por um instante, você pareceu muito esperto.

Contudo, o precedente que você abriu, *contra você*, vai lhe custar caro. Criar idéias publicitárias, ao contrário de inspiração, é uma técnica, um mecanismo, um hábito. Uma vez implantado, é uma galinha dos ovos de ouro. Plagiar idéias de outros, onde as relações (cuja procura é o grande desafio para o sujeito criativo) já vêm estabelecidas, prontas, *mata a galinha*. Você permite que seu cérebro conheça uma "lei do menor esforço" viciosa e esterilizante. Sua propensão dinâmica para estabelecer novas associações definha-se. Para o homem criativo, isso é o começo do fim.

É ótimo e sugestivo examinar, no lazer, as grandes demonstrações de criatividade do mundo todo, publicadas em anuários e revistas profissionais. Mas pode ser um perigo até consultá-los na "hora da verdade", quando está em jogo sua chance de ter uma idéia original e inédita, digna de figurar na próxima edição desses anuários.

Ao aceitar levar a cabo este curso, preocupei-me muito sobre como deveriam ser os "trabalhos práticos" passados em aula.

Sondando, vim a descobrir que havia hábitos como, por exemplo, apresentar à classe um problema real, trazido de uma agência, e tentar criar toda uma campanha com base nas informações reais de marketing de um cliente também real. Isso pode dar, aparentemente, muito *status* à turma, que passará a trabalhar num enorme *brainstorm*, mas os resultados serão, naturalmente, paupérrimos. Alunos de um curso de criatividade não têm obrigação de apresentar traquejo com problemas de operação, adequação e *salesmanship*, que, afinal regem a feitura de uma campanha real, dentro de uma agência. Com este sistema, boas idéias, ou pelo menos idéias originais, estarão naturalmente eliminadas de saída.

Outro hábito é o de mandar os alunos pela rua, anotando os cartazes que mais os impressionassem para um posterior debate em sala. Que criatividade isso pode fomentar? Ao contrário, como disse, é concordar em ser "ofuscado" pela solução de outrem, é colocar-se na posição não de publicitário criativo, mas de consumidor da criatividade dos outros.

Achei assim melhor criar pequenos testes, rápidos, não necessariamente fundamentados em problemas reais, mas que apresentassem soluções viáveis, possíveis, eventualmente operativas. Forçar a turma a criar, de qualquer maneira, dentro daquelas opções que apresentei como parâmetros de especulação. E eles criaram em volume e qualidade muito superior ao que, com otimismo, imaginei possível no início do curso. Dos resultados, mandei mais tarde fotografar mais de 70 enfoques originais, eventualmente operativos. Em caso de chance, e bem desenvolvidas, são idéias perfeitamente capazes de representar soluções de comunicação – melhores do que muita coisa que já vi assinada por agência profissional.

Vou apresentar alguns desses testes, sem ordem nem hierarquia, mesmo porque não me ocorreu classificá-los, à medida que os ia criando. Aliás, foi muito agradável criá-los. Na prática, deram certo também quanto ao aumento de interesse e envolvimento dos alunos. Talvez sirvam como sugestões para que se criem outros, em cursos mais extensivos de criatividade publicitária.

Teste

1. Nós já apresentamos, no Capítulo 10 o teste de procurar uma imagem criativa concreta para ilustrar uma alegação subjetiva: "Boas comunicações são dinheiro no banco" (a fita de telex em torno do maço de notas).

Vejamos outro caso. Ilustrar criativamente o seguinte anúncio da revista americana *Machine Design*. Título: "A piada agora é conosco...". Texto: "Não faz muito tempo que os produtos japoneses eram uma piada neste país. Não estamos mais rindo. Pois o Japão tornou-se potência automobilística em tempo incrivelmente curto. Além disso, os japoneses estão dando um salto à frente em rádios e pequenos televisores, tanto quanto em desenho inovador e preços competitivos. Eis por que os editores de *Machine Design* estão pesquisando o quanto a indústria americana é vulnerável".

Após cerca de cinco minutos de discussão, a turma já tinha mais ou menos concordado que, desta vez, uma imagem visual em torno do título, da expressão "piada", não tinha nada a ver com o assunto (um Tio Sam com um nariz de palhaço de circo não ilustrava o que o anúncio *realmente* queria dizer).

O que o anúncio queria dizer? Pedi para que resumissem a mensagem numa frase e a escrevi no quadro: "A indústria americana não está resistindo à ofensiva da indústria japonesa". Muito bem, é isso. Pedi então para que fossem resumindo, encurtando, de qualquer maneira, esta frase, sucessivamente. Respostas óbvias, da turma:

"A América não está resistindo à ofensiva da indústria japonesa."
"A América não resiste à indústria japonesa."
"A América cai ante a indústria japonesa."
"A América cai ante o Japão."

256 criatividade em propaganda

Sim, é impossível reduzi-la mais. Agora temos dois elementos, dois campos para pesquisar. "O que é a América? O que pode melhor simbolizar, visualmente, os Estados Unidos? Vamos fazer uma lista com todas as sugestões". E lá vinham as sugestões: Broadway, Empire State, Nixon, Hollywood, Estátua da Liberdade, Coca-Cola, beisebol, a bandeira americana, Lincoln, Washington, o dólar, Wall Street, o faroeste, a cápsula *Apolo* – enfim, vinte idéias.

E o Japão? Outra lista: gueixas, o sol nascente, caratê, quinquilharias, kung fu, os grandes petroleiros, o trem Tokaido, flor de cerejeiras, o Buda de Kamakura, saquê, Hirohito, o Fujiama – de novo, vinte sugestões.

Eu me limitei então a perguntar: das sugestões sobre a América, qual a visualmente mais marcante, mais óbvia, melhor – e punha as alternativas em votação. O resultado foi a Estátua da Liberdade, com ligeira vantagem sobre o Empire State. Nenhuma influência minha.

Depois perguntei: e da lista do Japão, qual a melhor? Única contribuição que acrescentei: "prestem sempre atenção no que o anúncio quer dizer". Ou melhor: "prestem atenção no 'tipo de Japão' a que o anúncio está se referindo" (o Japão que "vence" a América). O resultado, após breve debate, foi quase unânime: quinquilharias.

Agora, os alunos tinham escolhido a Estátua da Liberdade e as quinquilharias japonesas. Como combiná-los criativamente? Sem nenhuma intervenção da minha parte, um dos alunos acabou acertando com o elemento comum de todas as quinquilharias japonesas que assolam os mercados mundiais; o selo "made in Japan". A Estátua da Liberdade com o selo "made in Japan!".

Eu ainda perguntei, já me sentindo como animador de programa de auditório: "E a estátua, como está a estátua? De pé ou caída?". E o coro: "Caída". E eu então abri espalhafatosamente a página do *Advertising Age* de 12 de junho de 1972, com o anúncio do *Machine Design,* tendo por título "A piada é conosco" e, por ilustração, uma miniatura da Estátua da Liberdade caída, lendo-se por baixo: "Made in Japan".

Algumas observações sobre essa experiência:

- Eu não esperava de forma alguma que a brincadeira levasse à ilustração exata do anúncio existente. Eu supunha que a turma pudesse chegar a sugestões como, por exemplo, o retrato de Hirohito na nota de dólar. Eu me sentiria até mais seguro se o final fosse pelo menos a miniatura do Empire State, com o selo "Made in Japan". E não a solução realmente melhor, espetacular.
- Não venham me dizer que nesses testes eu agia na base do "tá quente" ou "tá frio". No caso citado, por exemplo, minha intervenção foi ape-

nas, como disse: a) pedir a frase que resumisse a mensagem e, depois, que ela fosse reduzida ao mínimo; b) pedir lista de sugestões sobre a América e o Japão, e submetê-las à votação, sem qualquer comentário (exceto de que os alunos não perdessem de vista o *conteúdo* do texto que eles estavam "ilustrando"); c) pedir que, finalmente, combinassem os resultados de sua votação. Mais nada.

- Este teste parece me desmentir, rebater certo desprezo que tenho por qualquer *brainstorm* além de duas pessoas. Talvez eu esteja me contradizendo neste livro. Repito como Walt Whitman: "Eu me contradigo? Muito bem, eu me contradigo".

Teste

O problema é criar anúncio para o lançamento de NOVA revista empresarial americana: *Machine Design.* Uma revista dedicada a engenheiros, mais do que qualquer outra publicação semelhante. Terá artigos de grande interesse para engenheiros em postos de comando, inclusive abordando questões como o papel do *design* no sucesso ou fracasso de um produto ou uma indústria, face, por exemplo, à concorrência de novas potências industriais emergentes, como o Japão.

Alguém tem uma boa idéia?

Quem sugeriu, precipitadamente, o inteligente anúncio anterior, perdeu um ponto. É evidente que ele é somente um anúncio correto, como anúncio de sustentação, ou de mera venda de um número especial – jamais serviria como peça de *lançamento* de uma nova revista.

Seria o caso de criatividade, dez; adequação, zero.

Teste

Foto de uma porção de varetas coloridas, dispostas naquele jogo ("Pega-varetas") em que cada uma vale determinado número de pontos, dependendo da cor, e você tem de recolhê-las, uma por uma, sem que nenhuma outra se mexa, por pouco que seja. Para que serve isso – criativamente?

Algumas sugestões;

1. *Opção:* "Ano passado você optou por tal projeto de incentivos fiscais. E este ano, vai escolher qual?" (Corretora de Valores).
2. *Demonstração:* "Veja a importância das cores" (empresa química, fabricante de pigmentos).

258 criatividade em propaganda

3. *Símbolo concreto:* Complexidade. Computação. Escolha de priorida-
des. Reconhecimento de situações críticas, mínimas, mas fatais (empresa de consultoria, de projetos, de organização.)
4. *Onírico:* Casal feliz, alegre, ele rindo e observando e ela tocando uma
vareta, ela "apavorada" com medo de tremer (uísque, rum, gin, licor,
cerveja).
5. *Humanização:* menino e menina jogando, muito sérios e compenetra-
dos: "Quantos pontos eles perderão, daqui a vinte anos, cada vez que
errarem na vida?" (caderneta de poupança, fundo de investimentos).
6. *Faça o cara viver o drama:* ilustração para anúncio de produto farma-
cêutico, L-Dopa, contra doença de Parkinson. Ou tranqüilizante.
7. *Demonstre seu produto:* "A firmeza começa no pulso". Mão de homem levantando vareta com o dedo, relógio Bulova no pulso.
8. *Faça o cara viver o drama:* Mão de homem prestes a tocar numa
vareta. "Você não pode prever o próximo segundo de sua vida" (seguro de vida).
9. *Desperte a curiosidade:* "O próximo a jogar vai limpar o jogo. Ele é
cego de nascença" (Better Vision Institute, transplante de córneas).
10. *Pitada de humor:* (Varetas totalmente emaranhadas) "Quando a coisa
realmente fica dura, o próximo passo é uma dose de Cutty Sark".
11. *Sexo:* Casal jogando, ela decotada, mais interessados um no outro.
"Quem perde ganha, quem ganha perde" (*Playboy*).
12. *Antiproduto & humor:* Um dos jogadores não consegue nunca acertar
porque o outro "fiscaliza" as varetas de muito perto e está com mau
hálito (Kolynos.)
13. *O produto:* Jogo Pega-Varetas, bom para qualquer idade, um produto
da Estrela.

Exceto a solução 1, por sinal longe de ser a mais criativa, todas as outras
foram conquistadas em classe. Mais tarde, por coincidência, deparei também
na imprensa médica com a solução 6 (propaganda farmacêutica).

As "classificações" de cada solução foram dadas por mim neste momento,
escrevendo este livro.

Você pode "inventar" milhões de outros testes, com outras fotos, outros
objetos.

Teste

Pedi à classe o nome de dez animais, e anotei: boi, vaca, bezerro, touro
(esses quatro bovinos consecutivos foram tentativas de humor de alguém),

macaco, leão, tigre, gato, pantera e onça (os cinco felinos, do mesmo alguém). Então, dei a esse alguém a tarefa de fazer dez anúncios usando o nome desses animais em forma de *termos quentes*, idiomáticos, não importa para que empresa anunciante. O *meu* humor estava no fato de que eu ia colocar esse aluno em dependência, em caso de fracasso .

Mas não consegui colocá-lo em dependência. Eis os resultados, conseguidos por ele com a colaboração de colegas:

1. *Boi de presépio:* "O maior salário de sua firma pode ser o do diretor que lhe responde sempre 'sim senhor' (para uma editora).
2. *Vaca sagrada:* Foto de uma vaca de raça, exuberante. "Nós jamais a sacrificaremos. Ela é uma das muitas matrizes especialmente selecionadas para a criação de rebanhos da mais alta estirpe e produtividade" (Fazenda Santa Mônica).
3. *Bezerro desmamado:* Foto do carrinho Chevette, ao lado dos tradicionais carros grandes da Chevrolet.
4. *Touro sentado:* Foto de um chefe índio Sioux, carrancudo, sentado em frente à sua cabana de pele de búfalo. "O Oeste dos Estados Unidos o espera com um mundo de atrações" (bureau de turismo americano).
5. *Cumbuca é isso!!! Agora mete a mão:* Foto de uma caixa de peças de Volkswagen não-originais (Esta solução foi ótima: o ditado "macaco velho não mete a mão em cumbuca" ficou implícito; o rapaz soube superá-lo sem quebrar as regras do jogo. Valeu).
6. *Leão-de-chácara:* Foto de um homem magro, humilde, cercado de flores. A história de José Rodrigues Leão, cultivador de plantas e paisagista, cliente do Banco Nacional (humor pela contradição entre título e imagem).
7. *Tigre de bengala:* Foto de empresário, acidentado, mas ainda com pose de dominador (Golden Cross).
8. *Gata siamesa:* Foto de tailandesa sensual. Anúncio de linha aérea oferecendo Bangcoc como escala atraente (e grátis) numa viagem a negócios ao Japão. Veiculação em *Playboy, Homem, Status* etc.
9. *A pantera cor-de-rosa:* Mais uma "gata", com penhoar cor-de-rosa, mostrando felinamente as unhas. Novo tom do esmalte Cutex.
10. *A amiga da onça:* Mulher com casaco de pele artificial e uma onça pintada, viva, ao seu lado. Não precisou sacrificar o bicho para ter um casaco igualzinho ao original. Lançamento da Sloper.

Você, se quiser, pode continuar a brincadeira, para se testar, com uma porção de outros animais. É de fato um jogo do bicho.

Teste

E já que estamos no reino dos animais (nenhum outro sentido pretendido), vamos tomar, como desafio, uma das mais longas e famosas campanhas do mundo: a dos computadores Honeywell.

Esta campanha se constituiu de uma infinidade de esculturas (tecnicamente, seriam mais modelagens) de bichos, feitas todas pelo artista Jack N. Rindner com apenas fios, transistores, válvulas, resistências, enfim, equipamento eletrônico, algo muito sugestivo em se tratando de computadores. Sobre cada um desses bichos, um título introduzia algum aspecto sobre a seleção, uso e compra de um computador, a ser persuasivamente explorado no texto em benefício da Honeywell.

Exemplos reais, publicados pela Honeywell (bicho e título):

1. *Gato:* "Ao escolher um computador, não há tempo para *passyfooting* (como traduzir? aquelas brincadeiras de um bichano com novelo de lã).
2. *Peixe:* "Nosso novo computador de disco 115 combina o poder de um tubarão com o preço de um atum".
3. *Cegonha:* "Está chegando o novo bebê da Honeywell".
4. *Tartaruga:* (apresentada virada, de casco para baixo): "Eis como Honeywell ajuda os médicos a pôr de pé seus pacientes, e fazê-los andar por aí de novo".
5. *Coruja:* "Problemas com computador podem surgir a qualquer hora. Da mesma forma Honeywell".
6. *Papagaio:* "Quando Dictaphone dita, Honeywell responde".
7. *Elefante:* "Todo mundo quer um computador que trabalha a troco de amendoins" (quer dizer, por quase nada).
8. *Lebre:* "Como Honeywell mantém-se sempre um salto à frente".
9. *Dragão:* "Seu computador é um monstro?".
10. *Vários bichos* (crocodilo, hipopótamo, jumento, arara, canguru, numa banheira): "Encontramos um modo de oferecer serviços de tempo parcial a praticamente todo mundo".

Tais foram, como dissemos, títulos reais, de anúncios reais, publicados pela Honeywell.

O teste era o seguinte: com os mesmos animais aqui citados, criar títulos mais ou menos no mesmo estilo, para o mesmo cliente Honeywell. Evidentemente eu não sabia, não podia saber, nem estava interessado em saber, os problemas específicos de marketing dessa empresa, que cada um dos anúncios reais, aqui citados, tentava solucionar (adequação). Tampouco sei se, em virtude de problemas muito precisos, os textos eram elaborados e em seguida as esculturas encomendadas em função dos tais textos (o que me pareceu ter acontecido no caso da tartaruga virada), ou se, ao contrário, face à coleção completa da bicharada, já pronta, os textos foram criados e aplicados em função de cada bicho (e de um objetivo de "boa imagem" da companhia). Pensando bem, devem ter ocorrido ambos os casos.

Sem saber os problemas reais de comercialização da Honeywell, eu estava apenas interessado em títulos que, genérica e aparentemente, soassem como apropriados para desenvolver argumentos inteligentes em torno da venda de computadores. No estilo da campanha original. Só isso. Vejamos no que deu:

1. *Gato:* "Para muito empresário, todos os gatos são sempre pardos".
2. *Peixe:* "Nós conhecemos casos de computadores que morreram pela boca".
3. *Cegonha:* "Está em tempo de o senhor saber a verdade: as boas idéias não nascem sem algum sacrifício".
4. *Tartaruga* (emborcada): "Nem sempre a tartaruga chega na frente".
5. *Coruja:* "Ao escolher um computador, tanto quanto informações técnicas, o senhor necessita de sabedoria".
6. *Papagaio:* "Um vendedor da Honeywell está longe do que o senhor possa pensar de um vendedor".
7. *Elefante:* "A mais perfeita memória do mundo".
8. *Lebre:* "Até num negócio tão tecnológico como computadores, muita gente compra gato por lebre".
9. *Dragão:* "A República Popular da China decidiu comprar no Ocidente um único computador de terceira geração. Advinhe que empresa escolheu?".
10. *Vários bichos:* "Nunca programas tão diferentes conviveram tão bem...!".

Teste

Reunir agora dez "termos quentes". As sugestões em sala eram imediatamente anotadas no quadro-negro:

- Feira da Providência.
- Bomba-relógio.
- Complexo de Édipo.
- Diga-me com quem andas.
- Lotação esgotada.

262 criatividade em propaganda

- Dor de cotovelo.
- Selva de pedra.
- Chato de galocha.
- Jardim-de-infância.
- Mão na roda.

Agora, ilustrar cada um desses títulos com uma foto e um texto, se necessário, de modo que o conjunto redunde num anúncio viável para determinado anunciante, a critério do aluno.

Alguns resultados:

- *Feira da Providência* – Foto de uma tenda de feira vendo-se no balcão e nas prateleiras grande coleção de amortecedores de segunda qualidade. Texto: "A Providência tem de vir junto a um amortecedor barato, inferior, que você compra para seu carro. Na estrada, você vai precisar Dela, já que não conta com ele" (Cofap).
- *Bomba-relógio* – Foto de uma cabeça-de-negro. Texto: "É uma questão de tempo, talvez de minutos, que uma brincadeira dessas se transforme num desastre, talvez numa mutilação de seu filho" (campanha contra o uso de fogos juninos proibidos).
- *Complexo de Édipo* – Variant ao lado de Veraneio. Texto: "Quando você precisa de um carro maior para os fins de semana, convença-se: você precisa mesmo de um carro maior. A Veraneio é uma verdadeira mãe para toda a família. Praticamente pelo mesmo preço, ela lhe dá mais conforto, mais segurança e muito mais daquilo que você espera de um carro maior: espaço. E acaba com os complexos que você sente rodando pela estrada com aquele carro-filhote que só parece maior quando está vazio".
- *Diga-me com quem andas...* – Nome dos maiores bancos de investimentos do país (anúncio de uma corretora nova, mas que vende papéis de renda fixa daquelas prestigiosas instituições e por isso procura capitalizar um pouco seu prestígio).
- *Lotação esgotada* – Foto do planeta Terra visto do espaço (campanha de controle da natalidade.)
- *Dor de cotovelo* – Foto de um braço de escavadeira, virado para baixo, sugerindo um cotovelo. Texto: "Você jamais se arrependerá de ter preferido um equipamento Koerling em sua obra".
- *Selva de pedra* – Fotos de estátuas do tigre real, do urso panda, do okapi, do tamanduá e de tantos animais em vias de extinção. Texto: "Em breve, só assim você poderá vê-los" (campanha de proteção à ecologia).

- *Chato de galocha* – Foto: operário com uniforme, óculos protetores, botas de borracha. Texto: "Para o mundo empresarial americano, nada mais problemático e assustador do que *suas* exigências contínuas e inflexíveis. A revista *Expansão* oferece em sua edição de setembro levantamento completo das relações entre a indústria e os sindicatos na América, e sua repercussão na política das grandes empresas – de emigração de investimentos" etc.
- *Jardim-de-infância* – Foto: pátio interno de uma penitenciária. Texto: "Aqui se promove a continuação do curso do menor abandonado" (Juizado de Menores).
- *Mão na roda* – Foto: mãos segurando carretel de fita magnetizada de computador, que sugere uma roda; ao fundo, computador. Texto: "Se sua empresa alugou um computador apenas para 'lhe ajudar', ela pode estar perdendo dinheiro" (IBM).

Em todos os exemplos, como nos demais testes, não estava absolutamente em jogo nem a técnica do texto, nem sua conveniência para os aludidos "anunciantes". Estava em jogo apenas o estabelecimento de relações criativas, eventualmente possíveis de serem desenvolvidas

Teste

Eis aqui o título de um bom anúncio publicado pela Canon: "Como se divertir fazendo filmes sem filmes". O teste é o seguinte: como *explicar* esse título aparentemente absurdo?

Sugestões dos alunos: a) o anúncio trata de coleção de livros que a Canon publica, ensinando a filmar antes de começar a gastar; b) o anúncio divulga as normas da Censura Federal, de forma que se você está pensando em fazer um filme pornô no Brasil, o mais seguro é fazê-lo com a câmera vazia; c) trata-se de um novo produto da Canon que em vez de usar filmes usa, digamos, polietileno, mas funciona em qualquer projetor.

"Muito bem", interrompo eu, com um sorriso cruel, tentando me desforrar, trinta anos depois, do que sofri com os meus professores salesianos. "Tudo o que foi dito é bobagem, este teste está totalmente errado, foi dado de propósito para testar a atenção e inteligência de vocês, e quem o respondeu, certo ou errado, vai perder um ponto!"

Por que este teste está totalmente errado?, pergunto agora a você.

Simples: porque, ao morder a isca do título, a pessoa fica na posição de consumidor, e não de criador. Quebrar a cabeça para descobrir o enigma de um título intrigante não representa solução de problema nenhum de comuni-

264 criatividade em propaganda

cação, quero dizer, problema seu. Ao contrário, é o que a agência da Canon quis de você, agora. E conseguiu.

Incidentalmente, a explicação daquele título, dada no texto do anúncio, é que o *zoom* da Canon é tão poderoso que, mesmo sem filme, você pode apontar, pela janela, para uma garota trocando de roupa em outro apartamento distante, e "trazê-la" até você.

Teste

"A masculinização da mulher moderna." Um teste que parece simples, mas que tem um espinho escondido. Quero que cada aluno me descreva *detalhadamente* uma foto criativa para ilustrar esse título.

Alguns resultados conseguidos (na verdade, nesse caso, estou incluindo também soluções profissionais, já publicadas):

- Mulher vamp, *sexy*, acendendo um charuto havana.
- Mulher limpando carinhosamente, de maneira feminina, um cachimbo.
- Pernas lindas de mulher de saia, sentada em poltrona de executivo e amarrando os sapatos, pretos, 100% masculinos (capa da *Industry Week*).
- Mulher de biquíni, provocante, ao lado de enorme par de halteres cor-de-rosa no chão.
- Mulher dando de forma graciosa, espalhafatosa, um laço na gravata.
- Mulher seminua, tentadora, vendo-se no seu braço uma tatuagem grosseira: "Amor de mãe".
- Loura espetacular, com o rosto ensaboado, fazendo a barba no espelho (capa do *Esquire*).
- Um grupo de *pin-ups*, no cais do porto, vestidas como estivadoras, munidas de ganchos e luvas, esperando trabalho.
- Olhos lindos, maquilados, insinuantes, vistos através da grade do capacete protetor de um jogador de futebol americano.
- Loura sensacional, de pé, de costas, num mictório masculino, fazendo pipi como os outros homens (pôster famoso).

Qual a dificuldade em que vários se atrapalharam?

Primeira: a situação criativa terá de ser sempre, por definição, surpreendente, inédita, até absurda, como as dos exemplos citados. Qualquer outra que afinal já esteja inserida nos novos costumes da "masculinização da mulher moderna" não despertará maiores atenções. Por exemplo: mulher saltando de pára-quedas; mulher sargento (Israel); mulher atleta de luta-livre (Hamburgo); mulher de botas etc.

Segunda, a principal: o problema criativo, como qualquer um percebe, é combinar mulher com um atributo típico masculino: charuto, cachimbo, tatuagem, sapatões pretos, halteres, o ato de fazer barba, o ato de fazer pipi de pé etc. Contudo, a força criativa está, basicamente, originariamente, em apresentar esta "mulher" como superlativamente *feminina.* Ela terá de ser uma *pin-up* de *Playboy* para causar, em contato com o símbolo masculino, uma situação realmente curiosa. Qualquer coisa que lembre remotamente as lixeiras de Moscou é besteira. Qualquer coisa que sugira, por pouco que seja, uma lésbica, mulher-macho, é um desastre.

Quem, na descrição detalhada que pedi da foto, não deu destaque à feminilidade indiscutível da *mulher,* no caso, perdeu ponto...

Teste

Vejamos os seguintes títulos de anúncios, muito conhecidos.

- "Ponha um tigre no seu carro" (Esso).
- "Um jornal é tão bom quanto as verdades que ele diz" (*JB*).
- "Esperando um homem como você" (Cuecas Adam).
- "Europa. Considere-a uma cidade" (Lufthansa).
- "Quanto melhor você é, melhor tem que ser o seu banco" (Itaú).
- "Você nunca conheceu de verdade o tempo das vacas magras" (Rhodia).
- "Para o homem que já tem tudo" (English Lavander).
- "Um diamante é para sempre" (De Beers, Consolidated).
- "Ao sucesso" (Hollywood).
- "Ninguém ama um homem gordo" (Suíta).

Agora, vejamos se é possível criar, com esses mesmos títulos, anúncios para qualquer outra empresa.

Algumas respostas obtidas em sala:

- "Ponha um tigre no seu carro" – Foto: Jaula sobre rodas, típica de circo, com um grande tigre dentro. Ao lado muito orgulhoso, o dono do Grande Circo Arizona, cercado de domadores, palhaços, equilibristas, sorridentes. Texto: "Todo negócio quer crescer, e para isso precisa investir na aquisição de elementos necessários a esse crescimento. Para um peque-

266 criatividade em propaganda

no circo, como o Grande Circo Arizona, um tigre real sempre pareceu um sonho impossível. O Banco Lar Brasileiro financiou sua aquisição" etc.

- "Um jornal é tão bom quanto as verdades que ele diz." "Conversa-fiada. Um jornal é tão bom quanto as verdades que ele diz... e mostra. Em reportagem, como em propaganda e em tudo o mais, nenhuma câmera é tão flexível, tão verdadeira como a Nikon. Não admira que mais de 70% dos melhores jornais de todo o mundo armem seus repórteres com todo equipamento Nikon" etc.
- "Esperando um homem como você." Foto: pivete, menor delinqüente, armado, na rua (Juizado de Menores).
- "Europa. Considere-a uma cidade." "Poluição por poluição, por que gastar tantos dólares seus lá, principalmente se já a conhece? Safari Tours lhe oferece dez dias de navio pelo Tocantins, pescando, contemplando o coração da Amazônia, não fazendo nada, com todo o conforto do melhor hotel de Paris" etc.
- "Quanto melhor você é, melhor tem de ser o seu banco." Foto: rapaz boa-pinta, conquistador, dentro de carro, com garota, ambos em bancos reclináveis Pro-Car, ela pronta para ceder.
- "Você nunca conheceu de verdade o tempo das vacas magras." A seca do Nordeste. Dois bovinos esquálidos, um terceiro já morto. "Agora, isso acabou" (Sudene).
- "Para o homem que já tem tudo." Propaganda farmacêutica lançando a nova droga "prostaglandinas" (ela existe), útil no combate desde a espasmos cerebrais, até a artrites, hipertensão, úlceras, asma, glaucoma, problemas renais e nariz entupido (é verdade).
- "Um diamante é para sempre." Foto: ladrão visitando a caixa de jóias da família (seguros).
- "Ao sucesso." Em Hollywood (anúncio de recrutamento de possíveis interessados na carreira cinematográfica, a serem submetidos a teste).
- "Ninguém ama um homem gordo." Foto: Herman Khan. O homem que advogou – também por meio de "previsões" para o ano 2000 – posições invariavelmente contrárias ao mundo subdesenvolvido. Tentou "pensar" a guerra nuclear como "racional" em alguma medida. Quem assinaria no Brasil um anúncio desses? Uma agência, muito decidida, o fez (o único exemplo, dos dez nesse teste, que não foi criado em sala).

Teste

Vamos escolher um produto real, ou melhor, vamos inventá-lo. Digamos: um pneu totalmente à prova de furos. O cliente veio aqui e botou em cima da nossa mesa o produto que ele vai lançar, que todos *nós* vamos lançar: um pneu que não fura: o Dunlop F-15.

Cada aluno vai criar dez anúncios, baseados em dez das opções eventuais que apresentamos antes, visuais ou editoriais, a critério de cada um.

Soluções apresentadas:

1. *Informação:* "Agora no Brasil. Pneus Dunlop F-15. Não fura! Não fura nunca!".

2. *Imponha um raciocínio:* "Se a tecnologia já descobriu há oito anos materiais que resistem aos meteoritos do espaço, por que demorou tanto para descobrir um pneu que não fura aqui na Terra?".

   Ou então: Foto de carro, com família, parado de noite na estrada, homem trocando pneu furado, dois assaltantes se aproximando. Título: "Quando, num fim de semana, vindo de Friburgo ou Cabo Frio, seu pneu fura na Baixada Fluminense, aumenta muito a chance de você também ser furado...".

3. *Aventura visual:* O F-15 cheio, vestindo um colete de balas. Ao lado, metralhadoras, rifles, munição, muitas cápsulas detonadas, furos de balas na parede, atrás do pneu.

4. *Humanize:* Foto: mulher parada, receosa, com frio, ao lado de carro com pneu baixo. Título: "O lugar mais solitário do mundo é qualquer lugar em que uma mulher tenha um pneu furado" (este anúncio de fato existe, é da Good Year.)

5. *Teste à vista de todos:* Carro com F-15 correndo por uma "pista" muito especial, cheia de pregos virados para cima: Título: "Nós compramos todas as camas de faquires do mundo para mostrar a você como o F-15 funciona".

6. *Explique o produto:* "Você verá melhor nosso F-15 completo, sempre cheio, se conseguir ver as 300 mil microcélulas de titânio que defendem sua banda, à prova de furos. Mas só no microscópio".

7. *Particularize:* "Cada fio de titânio que une as microcélulas da banda protetora do F-15, cinco vezes mais fino que um fio de aranha, tem força para levantar uma lanterna de pilha. Quando emaranhados, aos milhões, numa teia poderosíssima, um prego na estrada vira um palito de fósforos...".

8. *Sexo:* Calendário cripto-pornô, para fundo de oficinas. Foto do F-15, tendo ao lado, à direita, mulher nua. Título: "A prova de furos. Mas só o da esquerda".

9. *Compare para valorizar:* Foto de carro, com F-15 superando um trem que corre ao lado. Vêem-se as rodas enormes, de aço, da locomotiva.

268 criatividade em propaganda

Título: "A verdade é que o F-15 não é absolutamente a primeira roda que não fura!".

10. *Termos quentes:* "Papo-furado? O F-15 é o único pneu que prova que não fura!".

Ou então: "Furo" do ano! Foto: jornais noticiando em manchete a chegada do F-15.

Ou ainda: "O fura-bolos". Foto: dedo indicador (fura-bolos) apontando o F-15. Explicação no texto: "A única coisa que o F-15 fura, destrói, é a possibilidade de você dar 'bolo' em qualquer encontro, por causa de um pneu arriado".

11. *Testemunhal:* Seria com profissionais, sempre envolvidos em compromissos, horários, obrigações a que não podem jamais se arriscar a chegar atrasados por causa de um pneu baixo. Por exemplo, um médico: "Era um furo mínimo no crânio, mas o menino só pôde ser salvo porque cheguei a tempo no hospital. Felizmente, não aconteceu outro furo em nenhum pneu do meu carro no caminho". O advogado: "Consegui levar, na última hora, a testemunha-chave até os juízes, para provar o furo que havia na argumentação do promotor. Felizmente não aconteceu outro furo em nenhum pneu do carro no caminho". O engenheiro: "É como a história dos antigos diques na Holanda; no início é um furinho de nada, que rapidamente transforma-se numa catástrofe. Conseguimos chegar antes da catástrofe. Mas imagine se ocorresse outro furo em algum pneu do carro, no caminho". Etc.

12. *Hard-selling:* Foto do pneu Good Year com o Life Guard Safety Square (existe) e do Dunlop F-15, um ao lado do outro. Texto, a propósito do primeiro: "Quando este pneu fura de noite, ele ainda pode rodar, furado, até o primeiro borracheiro aberto, num raio de 20 km, se houver algum". Texto, sobre o segundo: "Por Cr$ 90,00 a mais – você tem um pneu que não fura *nunca*!".

Da mesma forma, explorando as possibilidades das opções, pudemos fazer testes com outros produtos irreais e também produtos reais: Modess, relógio Omega, empresas de engenharia, campanhas contra o fumo etc.

Trabalhos para casa, valendo pontos

Frente a uma turma de 15 alunos, procedi à chamada. Cada aluno, ao ouvir seu nome, respondia com o nome de um anunciante qualquer: Varig, Casas da Banha, Lycra, Mobral, Texaco, Fenit – não importa. Só não podia repetir o nome que outro colega já tivesse dito.

Fiz a chamada dez vezes consecutivas obtendo, em tempo relativamente curto, e sem necessidade de qualquer pesquisa, nomes de 150 anunciantes que todos os alunos conheciam sem exceção (qualquer dúvida era prontamente esclarecida, ou a sugestão recusada). Em seguida, escrevi no quadro dez opções: 1. Aventura Visual; 2. Humanize; 3. Particularize; 4. Humor; 5. Sexo; 6. Imponha um raciocínio; 7. Compare para valorizar, 8. Desperte a curiosidade; 9. Desdobre o uso do produto; 10. Termos quentes.

Ato seguinte, voltei a proceder à chamada, agora informando ao primeiro da lista os dez primeiros nomes da série de anunciantes que a turma toda escolhera. E assim por diante.

A tarefa: apresentar cada um dez (possíveis) anúncios criativos, um para cada empresa das dez que lhe couberam, usando em cada anúncio uma das dez opções mencionadas. Apenas a ordem era indiferente, quer dizer, a opção 8 podia ser aplicada à empresa 2, por exemplo. Mas todas as dez empresas deveriam merecer um anúncio, e todas as dez opções deveriam ser aplicadas.

O resultado: da massa geral de trabalhos, achei, sinceramente, digno de mandar fotografar cerca de 40 idéias!

Tarefa: escolher em revistas e folhetos dez fotos – de modas, reportagens, ou mesmo de outros anúncios – que sirvam de ilustração, depois de aplicadas a títulos, ou a títulos e textos, de anúncios *criativos* para qualquer anunciante, a critério do aluno.

É facultado usar mais de uma foto, cortar a foto, ou mesmo acrescentar à foto escolhida qualquer elemento que facilite a idéia pretendida, a criação.

Assim, cada peça terá de conter: a) pelo menos uma foto real, tirada de revista ou de qualquer lugar; b) um título que se combine criativamente com ela; c) uma assinatura, o nome de um anunciante.

Resultado: trinta e tantos trabalhos dignos de serem arquivados.

Critério de avaliação dos trabalhos

Evidentemente é muito difícil. Pensei em vários critérios, mas o melhor pareceu-me o seguinte: para dez trabalhos, dez pontos, é óbvio. Agora, deparei com trabalhos que eram visivelmente pobres, com um mínimo de criatividade: nesses casos, eu dava meio ponto. Por outro lado, havia trabalhos que eram muito bons, criativamente valiosos, e então eu dava um ponto com exclamação. Assim, houve aluno que tirou nota mais baixa, porém a existência da exclamação mostra que, pelo menos uma vez, ele acertou em cheio. Pessoas com notas maiores, sem exclamação, às vezes podiam não ser tão criativas como outras, com notas mais baixas.

Há meio século, um Roosevelt criava a moda das caçadas no Brasil Central

A exclamação não pesou nas notas enviadas à secretaria. Era apenas uma informação minha, pessoal, para controle do aluno.

Caso importante: facultei aos alunos usarem não só ilustrações de outros anúncios, como até mesmo ilustrações de reportagens. Então, por exemplo, uma bela foto em cores tirada de uma reportagem sobre decoração de cozinha: alguém fez anúncio sobre azulejos, alguém sobre ladrilhos, alguém sobre fogão, alguém sobre o refrigerador etc. – e eu dei zero para todos eles. Que criatividade há nisso? O cara tem de sair do quadrado. Com uma foto de cozinha eu queria um anúncio para a Swissair, para o Kharman-Ghia, para a pílula anticoncepcional.

Para os alunos que pegaram fotos de crianças, ou gente descansando, feliz, e fizeram anúncios de seguros, eu dei meio ponto, de má vontade.

Para aqueles que usaram qualquer foto bonita e fizeram anúncio de Kodak, ou filmes, ou câmeras, levaram zero. Que criatividade há nisso?

Para os alunos que, por vontade própria me apresentaram peças propositadamente engraçadas (aconteceram vários casos), ainda que eu tenha pedido "anúncios", invariavelmente ganharam o ponto. Um exemplo notável: título "Jacaré no seco anda", aplicado sobre a foto de uma reportagem de *Manchete* sobre a Amazônia.

Falando diretamente aos alunos:

"Eu, antes de ver os trabalhos, estava disposto a ser muito mais flexível, quero dizer, eu jamais iria dar zero para todo mundo: eu teria de criar um critério que respondesse mais ou menos à média da sala.

Devo dizer que o critério que adotei pôde ser – graças a vocês – relativamente exigente. Assim, quem levou 6, levou 6 dentro de um padrão de julgamento, como disse, exigente. Isso está sendo dito como estímulo para vocês todos."

Até mesmo – completo eu agora – para duas moças, tão simpáticas, mas cuja criatividade não deu para passar...

14 à guisa de encerramento

"Ora, você quer mesmo entrar?", perguntou o lacaio. "Essa é a primeira questão, você sabe."

Alice no País das Maravilhas

"Sob o familiar, descubram o insólito.
Sob o cotidiano, desvelem o inexplicável.
Que tudo que é considerado habitual provoque inquietação.
Na regra, descubram o abuso.
E sempre que o abuso for encontrado, encontrem o remédio."

Bertold Brecht

Photographis

Íntegra da última aula, com alguns acréscimos

Há alguns dias correu aqui na faculdade curioso boato, envolvendo minha pessoa. De acordo com ele, tinha gente me cogitando para ser eleito professor homenageado da turma (o que de fato se confirmou – Nota do Editor).

Face a tal possibilidade, pus-me a pensar que, como professor homenageado, afinal eu seria obrigado a estar presente à formatura de vocês, embora não tivesse estado à minha própria. Pior ainda: eu corria o risco de ser chamado a fazer uma saudação ou coisa que o valha.

Fiquei a imaginar que coisa poderia dizer, ou como começaria meu discurso de professor homenageado. Eu talvez dissesse o mesmo que Miguel de Unamuno disse na Universidade de Salamanca, ao lhe ser dado o Colar de Santiago da Espada, por Afonso XIII:

– Agradeço a honraria que Vossa Majestade acaba de me conceder... e na verdade a mereço.

Apenas como curiosidade, vale lembrar a continuação da história. O rei comentou com o filósofo:

– É curioso, mas todos aqueles a quem tenho agraciado dizem sempre que não merecem essa distinção....

Ao que Unamuno respondeu:

– Eles têm razão, Majestade...

Claro, estou brincando com a imaginação, eu não diria nada disso. Na verdade, se acaso, na opinião de vocês, maioria ou minoria, eu estive à altura de algum mérito, no fim desse curso de trinta aulas, foi antes de tudo pelo esforço com que procurei transmitir a vocês um *estado de espírito*. Procurei transmitir a vocês aspectos de irreverência, confiança em si, e autodisciplina, bem como franqueza acentuada, que são hoje matéria-prima para o sucesso em tantos setores industriais modernos – talvez, principalmente, criatividade e propaganda.

276 criatividade em propaganda

Essa franqueza, muitas vezes chocante, leva-me a opinar que, ao contrário do Colar de Santiago da Espada, o diploma que vocês vão receber, de formandos em Comunicação, não vale muita coisa... para dizer o mínimo! Ele pode inclusive atuar na carreira de vocês como um elemento contraproducente: afinal, de um modo ou de outro, vocês vão lidar, desafiar e serem desafiados pelo *establishment* da Comunicação, todo formado por talentosos autodidatas... sem diploma algum!

O cartucho, pelo qual alguns alunos já me chatearam às vezes, pedindo "presença" depois das aulas, pois sem elas não poderiam obtê-lo, não lhes dá direito algum, não "forma" vocês em nada, não é invejado nem respeitado na vida prática. Não é sequer conquista a ser celebrada, pelo menos na minha opinião. Cuidado para que ele não trabalhe contra o sucesso que vocês merecem.

Sem mudar de assunto, volto à moral de minha primeira aula: há 17 anos, um rapaz que se interessava desesperadamente por se afirmar em propaganda, mas que estava miseravelmente fracassando em todos os aspectos, recebia uma lição decisiva, uma revelação redentora, de Orígenes Lessa, quando dizia: "Propaganda é uma merda!". Praticamente tudo o que obtive até hoje dessa profissão partiu dessa lição. *Mutatis mutandis*, é uma boa razão para que eu diga agora que o diploma de vocês... também é isso!

Realmente, é a primeira recomendação que eu daria a quem quer dos presentes que vá abraçar a profissão de publicitário, principalmente na área de criação: fuja do bacharelismo como o diabo da cruz! Cultivem o ceticismo, a curiosidade, a irreverência, a autodisciplina. Mas, para o bem de vocês, não se considerem "doutores" de zorra nenhuma!

Muito do que foi dito antes, nas aulas, teve confirmação na apresentação dos testes e trabalhos – muitas vezes para (agradável) surpresa minha. Criatividade é um fato. Não está condicionada nem a teorias, nem a regras, nem a preconceitos. O primeiro e maior inimigo da pessoa criativa é a mistificação. O coitado irá se perder em enfoques totalmente viciados e estéreis, em vez de tentar ir direto ao fato, sem medo; em vez de ver, de ter coragem de *ver soluções*.

"O negócio é pegar o diabo desse lápis e descobrir o que é possível ser dito sobre esse lápis para fazer com que outro sujeito o compre! só isso!"

Dentro da própria propaganda há muita mistificação sobre propaganda. Um bom exemplo é a balela dirigida ao grande público: "A propaganda é feita para ajudar você a viver melhor". Isso é conversa-fiada, e poucos homens de criação realmente competentes reconheceriam, em particular, essa afirmação como verdadeira. A propaganda ajuda prioritariamente os *donos* da propaganda a viverem melhor (anunciantes, agências e veículos).

No entanto, é simplório fazer-se carga unilateral contra a propaganda comercial, o que tantas vezes ocorre por parte mesmo de publicitários, em congressos de propaganda, quando algo muito semelhante a um "complexo de culpa" toma conta do ambiente.

Nós vivemos num determinado sistema econômico, político e cultural, que é o de economia de mercado, se é que vocês ainda não notaram. Se ele é bom ou mau – isso fica na área de avaliação de cada um. Agora, o que todos concordarão sem dificuldade é que todas as atividades e profissões dentro desse sistema estão condicionadas por ele. A engenharia está condicionada por ele. A medicina está condicionada por ele (e como!). O jornalismo, o direito, o magistério, a política partidária, a religião, estão fortemente condicionados pelo sistema, dispensando citar, óbvio, setores como produção, investimentos, administração e vendas. (As obras de Marcuse contra o capitalismo, consideradas como "os escritos mais subversivos jamais publicados na América", tornaram o autor rico e famoso.)

Somente a propaganda comercial não está condicionada pelo sistema. Ela é o sistema! E o é abertamente, confessamente, como matéria paga. Quer dizer, tudo considerado, ela o é de forma muito mais honesta e leal do que certas demonstrações de ganância e avidez de lucros que tantas vezes pontificam em atividades pretensamente puras e humanitárias.

Claro, em medicina você ainda pode ser um Albert Schweitzer, mas você não pode ser um Albert Schweitzer em propaganda. E daí? Será isso um anátema? Albert Schweitzer não é um caráter propriamente inflacionado em profissão alguma, nem hoje nem nunca (note que o próprio se definia na África como um *refugiado*).

A função da propaganda é vender, fazer circular mercadorias, com *lucro* para fabricante e associados. Se ela não funciona, o sistema não funciona. Que escândalo há nisso? Um anúncio de Coca-Cola pode ser muito sugestivo, humano, comovedor, mas tenho como axiomático que qualquer leitor, de Q.I. igual a 2, tenha como evidente que a companhia que pagou milhões por uma única página de revista – aberta, caracterizadamente – não o fez para matar a sede de ninguém...

Se parto dessa evidência (uma dúvida: haverá consumidores com Q.I. abaixo de 2?), não preciso, honestamente, ter qualquer escrúpulo ao me desdobrar criativamente para levar o leitor a retirar a tampinha da garrafa. Certo? O ruim de tudo isso é se amanhã, "falando sério", em conferência pública, eu empresto meu nome para defender a tese de que Coca-Cola Company veio para o Brasil antes de tudo para ajudar a nos transformar em potência e, em segundo lugar, para proporcionar a todo brasileiro o melhor acompanhamento possível para seus pratos típicos, como *o hamburger* e o *ham'n'eggs*...

Lamentavelmente muitos publicitários não-criativos parecem acreditar nesses outros propósitos (expostos aqui caricatamente) e passam a insistir no caráter "benemérito" da propaganda. Primeiro resultado: homens de criação, que

278 criatividade em propaganda

fundem a cuca para produzir idéias *unicamente* voltadas para a venda de produtos de seus clientes, isto é, para persuadir, manipular consumidores (o que é realmente a única posição viável e correta de um homem de criação numa agência), deparam-se de repente com dilemas morais, praticamente sem solução (exceto fazer *freelance* não remunerado em campanhas de caráter social, por exemplo, para os alcóolatras anônimos).

Segundo resultado: é muito difícil vender um peixe podre. Vender teses acintosamente falsas é uma receita eficaz para o descrédito. Tenho em mãos pesquisa da Opinion Research, publicada em 18 de abril de 1975 na *Gazeta Mercantil*, sobre a quantidade de crédito de que gozam diferentes setores de atividades nos Estados Unidos: "Quanto ao comportamento moral e ético, os diretores de empresas estão no último lugar, com os publicitários, líderes sindicais e dirigentes do governo federal" (Watergate? – as agências não tiveram nada com isso. O descrédito delas é por outros motivos). "Para melhorar a imagem das empresas – continua a notícia – o vice-presidente da Opinion Research, O'Neill, sugere apenas uma solução: "Dizer sempre a verdade, de maneira aberta e completa".

Assim, paradoxalmente, os maiores mistificadores e desmoralizadores a longo prazo da propaganda podem estar, como disse, na própria propaganda. Ela não é, absolutamente, uma atividade virtuosíssima ou transcendental, embora dê condições para você ser simplesmente honesto. Ela é o sistema, pura e simplesmente. Para efeito de definição, prefiro posicionar minha opinião pessoal sobre a propaganda bem próxima da do Lessa – urna das razões "relaxantes" porque o Lessa foi um dos publicitários mais produtivos que conheci.

Desmitificar-se é perder o medo, e até mesmo o respeito pelos desafios que vão surgindo na área de criação. É tratar o assunto com um equilíbrio ideal entre certa falta de consideração para com os problemas, e a capacidade de responder bem às pressões físicas e psíquicas da profissão. É duvidar fundamentalmente de todas as regras e partir para o caso real, específico, e sua solução. Você e o problema – cara a cara.

Em sua maioria, os alunos tiveram a oportunidade, em momentos diferentes, de responder satisfatoriamente aos problemas de criação que eu ia apresentando aqui em classe. O exemplo da colega Abigail é mais ou menos clássico, mesmo fora da escola. Ela acompanhou todo o curso, mas no último mês teve de se ausentar em viagem. Foi quando dei os testes finais, valendo nota. A moça voltou no último dia de apresentação dos trabalhos e me pediu para considerar sua situação e prorrogar a data por alguns dias. Recusei. Em vez de se conformar com zero, e ficar em dependência, Abigail trancou-se numa sala e meteu a cara na tarefa. Ela tirou nota regular, seis, porém o que ficou provado é que ela tirou a nota média da sala, mais ou menos aquela que ela tiraria se, em vez de três horas ela tivesse as três semanas que seus colegas tiveram. Ela trabalhou sob pressão e produziu satisfatoriamente bem.

O que quero lembrar com isso é que inspiração não existe. Existem orientação, técnica, treino, talento, desenvolvimento do talento – e capacidade de enfrentar pressões.

Essas pressões não advêm de "manias" dos contatos, dos clientes, nem dos donos da agência. Elas advêm do fato de os problemas em propaganda serem súbitos, prementes, às vezes contínuos, outras vezes estourando em grupo. E também do fato de, normalmente, os empresários não possuírem a capacidade criativa que vocês poderão desenvolver. Por isso, esses problemas vão lhes cair nas mãos como batatas quentes. Vários alunos estiveram na minha agência e viram como é a coisa às vezes. Contudo, se os problemas começarem a cair em cima de vocês, o dinheiro também começará...

Alguns alunos talvez tenham estranhado, ou até se ressentido, que eu nas aulas tenha mencionado tanto "dinheiro", "remuneração", "lucros" etc. Mas a verdade é que DINHEIRO faz parte intrínseca do nosso negócio. Diria mais: da honestidade do nosso negócio, como produtores de "matéria paga", reconhecidamente.

Criação poética, artística, filosófica, cientifica, não tem nada a ver – nada! – com criação publicitária. Esta é fundamentalmente comercial, pragmática, mercenária. E uma profissão voltada para o sucesso, no termo mais corrente. Um bom homem de criação será, deverá ser um homem bem-sucedido também financeiramente. Cada dia que passa, a sociedade tecnológica mais e mais depende dele, procura-o, contrata-o, atura-o etc. Digo isso como um estímulo (ou então como um alerta) às pessoas no limiar de se envolverem nessa profissão, de futuro tão promissor na medida em que a sociedade tecnológica, numa economia de mercado, tem futuro promissor. (?)

E a sociedade tecnológica procura o homem criativo porque é um homem que fundamentalmente soluciona problemas! E os soluciona de forma mais rápida, mais econômica e, vez por outra, com uma simplicidade que deixa atônito todo mundo ao redor dele!

Digo isso mesmo para alunos que não vão se filiar diretamente a uma agência, mas que mesmo assim podem desenvolver técnicas, *hábitos* de combinação de elementos conhecidos que, uma vez combinados, geram novos usos que vão solucionar problemas.

Permitam-me lhes dar um conselho que parece acaciano, mas cujo valor reputo muito alto: amanhã, num emprego qualquer, que os senhores estarão decididos a manter, não liguem muito para o patrão, nem mesmo para o salário, nem para a competição dos colegas, nem para símbolos de *status* terrivelmente esterilizantes; ao contrário, interessem-se primordialmente em descobrir quais os problemas da empresa ao seu redor e apresentem sugestões úteis para solucioná-los. Fixem-se nos problemas que os cercam e tratem de resolvê-los. Se a empresa não os promover em breve, troquem de empresa: de qualquer forma, o sucesso de vocês terá chance triplicada de ser conquistado!

Mais ainda se essa empresa for uma agência: concentrem-se obsessivamente nos dois únicos tipos de desafio que importam: 1) a localização dos problemas de persuasão dos clientes; 2) a solução desses problemas. Numa agência, como aliás em toda parte, pode haver muita competição, inveja ou fofoca. Nunca percam tempo demasiado com nenhum desses obstáculos, mas percam todo o tempo do mundo em localizar e resolver problemas criativamente. Se acaso vocês forem bem-sucedidos nesse campo, todo mundo – colega, patrão, cliente, empregado, superior ou inferior – se acomodará à sua batida e abrirá passagem para vocês. Ocupem-se e não se preocupem!

Para solucionar problemas de persuasão é imprescindível uma posição alocêntrica. Nada de "estou na minha", ou "fica na tua" nessas horas. Há que se sentir, cada um, como se fosse *dono* do produto. Depois, colocar-se como se fosse *consumidor* do produto. Pensar na pele dos outros: o que eles são, o que sentem etc., antes de criar qualquer anúncio.

E também "curtir" o produto, familiarizar-se totalmente com ele, seja um lápis, um chocolate dietético ou uma escavadeira. Colocá-lo em cima da mesa, anotar o que pode ser dito instintivamente sobre ele, brincar imaginosamente com sua forma, descascá-lo, explodi-lo, procurar relações com outros elementos que você conhece, gozá-lo, caricaturá-lo, esgotar suas possibilidades associativas.

Nós apreciamos, em aula anterior, várias teorias da criatividade. Elas foram apresentadas apenas para dar certo cunho universitário, acadêmico, ao curso. Não servem para nada do ponto de vista prático, pragmático, da criação publicitária. Apenas vale lembrar a parte da teoria freudiana que dá tanto valor ao humor infantil. O humor infantil é extremamente valioso à criação publicitária. Vale também lembrar aquela parte da teoria dos neofreudianos que criaram o conceito do pré-consciente, onde a pessoa vai buscar a solução dos problemas.

Nós tivemos aqui, nos trabalhos apresentados pela turma, inúmeros exemplos irretorquíveis de criatividade. Contudo, e isso não é culpa de ninguém, só uns poucos teriam chance de serem usados imediatamente na prática. A maioria, ainda que imaginosos, não seria solução real para seus anunciantes, porque estariam desfocados dos problemas reais, práticos, dessas "empresas", problemas não apresentados em classe. A necessidade de levar em consideração tais problemas reais na vida profissional, e resolvê-los pelo ato de criação, foi o que chamei de necessidade de adequação, o que inclui a atualmente tão festejada necessidade de posicionamento. Creio que essa exigência ficou bem clara ao longo do curso.

Não há fórmula para esse ato de criação. Mas há pelo menos um método que pode estimulá-lo, não importa em que contexto a criatividade é exigida, dentro ou fora da propaganda: 1) Ler, estudar, conhecer tudo sobre o problema, "curtir" o produto, até sentir o cérebro prestes a se fundir; 2) Desligar-se totalmente do problema, passear, ir ao cinema etc.; 3) Voltar ao problema, esquentar tudo de novo – até receber a solução; 4) Verificar a validade da solução por meio de critérios que chamei, no campo da propaganda, de adequação.

É para aquela fase de esquentamento, nos casos em que o problema é de persuasão publicitária, que organizei e listei a série de opções eventuais, capazes de, quando nada, ajudar a esquentar a cabeça do publicitário envolvido no problema. Concordo, por outro lado, que air da mais profícuo para esse publicitário do que checar as possibilidades dessas opções uma a uma é agir alocentricamente: colocar-se direto no lugar do sujeito a ser persuadido, viver o drama dele, compreendê-lo, ser ele. Ou *ser* o produto, definir diretamente, espontaneamente o enfoque, a frase, a visão que vai resolver seu problema de persuasão.

Tudo o que aqui ensinei, mesmo muitos nomes que usei, são sugestões gerais, hipóteses básicas de trabalho. EU NÃO ENSINEI REGRA ALGUMA – apenas tentei estabelecer linhas de raciocínio, e também alternativas para possíveis tentativas na solução criativa de problemas publicitários. Exceto quanto à lista das opções, que justamente lembram tais possíveis abordagens e variantes de exploração, ou talvez quanto a uma ou outra informação mais dramática, os vistosos cadernos de criação publicitária, que vi alguns dos alunos diligentemente preenchendo, podem agora mesmo ir para o lixo. Eu procurei ensinar um estado de espírito!

As opções podem ser lembradas, checadas como alternativas por quem vai trabalhar em agência. Para quem não va trabalhar em agência, elas servirão muito pouco: o exercício de "reconhecer" a toda hora se um anúncio "impõe um raciocínio" ou usa "termo quente" é praticamente inútil, vale menos do que palavras cruzadas...

Tanto em agências quanto fora delas, em outros empregos, na vida diária, procurem ser pessoas que não perdem de vista as possibilidades fantásticas de seu cérebro. O que importa é se conscientizar dos problemas reais (também na vida pessoal) e quebrar a cabeça até resolvê-los. Lembremo-nos de que os problemas só surgem quando já estão presentes todas as condições para solucioná-lo. Essa solução está a milímetros do seu alcance, mas dificilmente você chegará lá sem algum esforço. Ou sem muito esforço, "1% de inspiração, 99% de transpiração".

Quando aceitei dar este curso, eu tinha um único problema: dar um curso completo, o mais substancial possível, de uma matéria – "Criação Publicitária" – que nem currículo possuía, nem bibliografia, nem apostilas, nem testes que eu pudesse consultar. Na verdade, não conheço um único livro que trate especificamente desse tipo de criatividade, talvez por desatenção da minha parte. O fato é que não conheço.

Assim, desde o início, desinteressei-me de fatores menores como: 1) fazer média com os alunos (bom-mocismo); 2) jogar com os 25% de faltas a que todo professor tem direito; 3) acolher discussões sobre questão de "presenças", "ausências" ou coisa que o valha. Preferi apelar para a imaginação, concentrar-me no desafio óbvio, em todas as suas fases e aspectos, em busca da única solução honrosa: ministrar o curso, e ministrá-lo bem.

O padrão estimulante dos trabalhos apresentados, a freqüência maciça dos alunos, inclusive de alunos de outros períodos e cursos, e até o boato de que lhes falei no início da aula, demonstram que talvez eu tenha conseguido ministrar o curso mais ou menos bem.

E ainda que tivesse, ao longo dessas trinta aulas, considerado todos os alunos (vários deles inclusive graduados por outras faculdades) muito profissionalmente, às vezes friamente, talvez como meus futuros concorrentes, vocês todos me forçaram afinal a ficar gostando bastante da turma e da preciosa oportunidade que tive de levar a cabo esta experiência.

Estou agora torcendo por vocês

O que também vale para você, leitor.

Leia também de Roberto Menna Barreto

"A história da Humanidade é a história das idéias"

Com essa citação, Roberto Menna Barreto inicia um livro que é mais do que um simples dicionário de pensamentos edificantes ou curiosos, prontos a serem colhidos e utilizados num discurso, numa palestra ou em outro livro. *Idéias sobre idéias* propõe-se a ser um livro inspirador sobre Criatividade, com citações encadeadas do princípio ao fim, de modo a tornar a leitura saltitante e fluente. Proporciona um panorama sobre a Criatividade que é ao mesmo tempo rico e multifacetado, espirituoso e enérgico, controverso e desafiador. Afinal, lidar com Criatividade é lidar com a contradição.

"Quando se quebram convenções, novos mundos podem surgir."

Esta é uma coletânea eclética e bem-humorada. Uma citação, em princípio, expressa uma verdade com talento. Como tal, deixa de ser propriedade de seu autor, até mesmo do autor do livro que a cita, para tornar-se universal, propriedade de quem se disponha a usá-la com critério e sagacidade. É este o convite que Menna Barreto faz ao leitor: "use-a bem e você será cumprimentado". De acordo com suas próprias palavras, ou melhor, palavras que ele cita:

"Não há nada que melhor defina uma pessoa do que aquilo que ela faz quando tem toda liberdade de escolha."

Este livro é, talvez, a obra mais abrangente e bem-sucedida no sentido de desmistificar as "pompas" e "lantejoulas" que têm sido apostas a essa palavra de 12 letras: Criatividade.

É a obra que conseguiu equacionar e tornar acessíveis os processos psicológicos capazes de pôr essa faculdade – imprescindível ao sucesso, em qualquer setor – a serviço das metas profissionais e pessoais do leitor.

Fornece algo totalmente inédito: o BIP – os ingredientes práticos e infalíveis da Criatividade!

Roberto Menna Barreto busca nesta obra aberta e inspiradora atender aos pedidos de seus leitores, e dos participantes de centenas de seminários que já ministrou para empresas e público em geral.

Roberto Menna Barreto nos dá um livro absorvente e delicioso, ao mêsmo tempo instrutivo, substancial e principalmente – vale insistir – *prático*.

www.gruposummus.com.br